AF315640

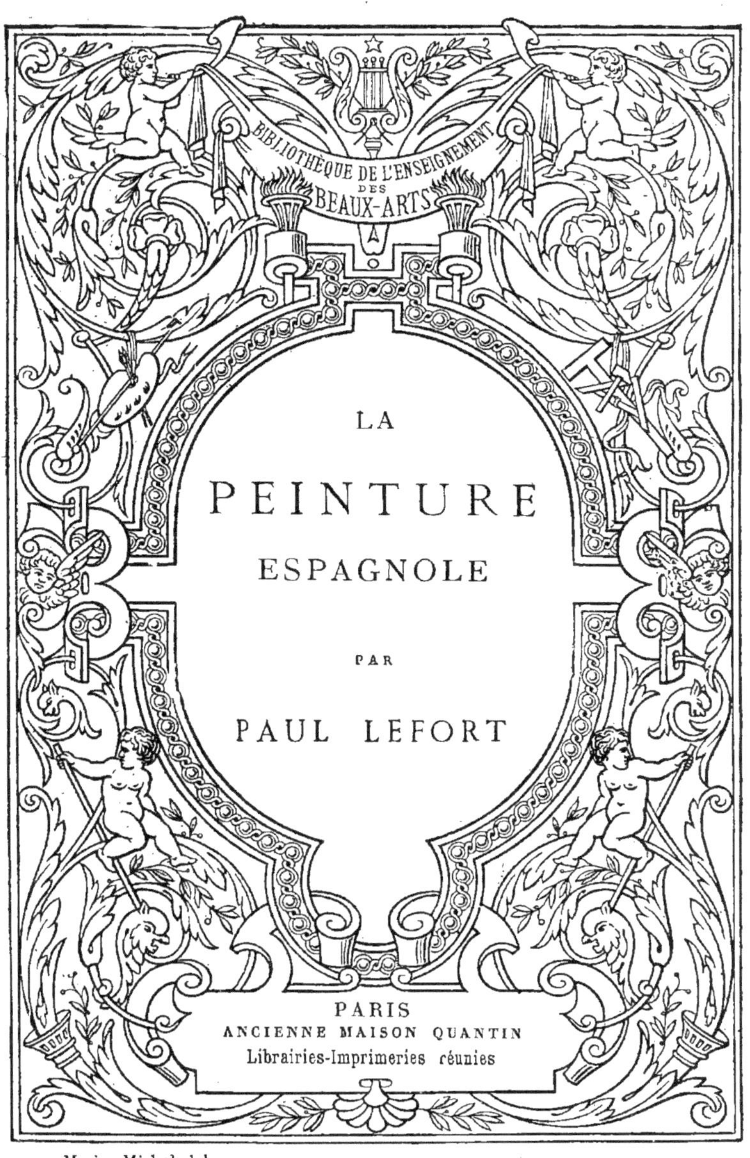

LA PEINTURE ESPAGNOLE

PAR

PAUL LEFORT

PARIS
ANCIENNE MAISON QUANTIN
Librairies-Imprimeries réunies

Marius Michel del.

BIBLIOTHÈQUE DE L'ENSEIGNEMENT DES BEAUX-ARTS
PUBLIÉE SOUS LA
DIRECTION DE M. JULES COMTE

LA PEINTURE
ESPAGNOLE

PAR

PAUL LEFORT

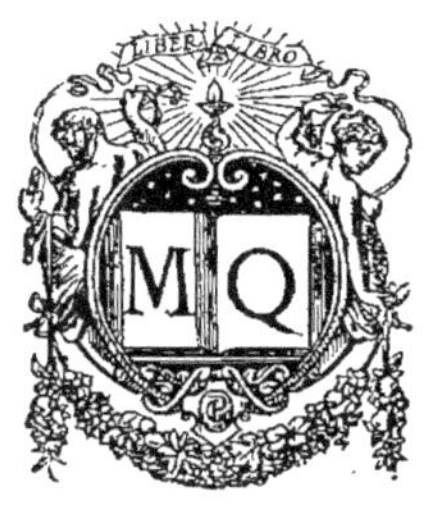

PARIS
ANCIENNE MAISON QUANTIN
LIBRAIRIES-IMPRIMERIES RÉUNIES
MAY & MOTTEROZ, DIRECTEURS
7, rue Saint-Benoit

PRÉFACE

Nous n'avons pas adopté, dans ce précis d'histoire de la « Peinture espagnole », la division en écoles locales, provinciales ou régionales habituellement employée par les anciens auteurs et appliquée par eux à un groupe, ou à une suite d'artistes, nés ou établis en un même centre ou en une commune région.

A notre avis, cette division est absolument arbitraire et ne doit être entendue que comme simple expression géographique. Pris en son sens esthétique, le mot « école » impliquerait, en effet, l'existence plus ou moins prolongée, et plus ou moins active, d'un groupe ou d'une suite d'artistes possédant, sinon une unité absolue d'enseignement, du moins une communauté de tendances, de traditions, de sentiment, voire même, dans l'exécution, une certaine fraternité de méthodes. Or, ces conditions essentielles à l'existence d'une école, nous ne les rencontrons nulle part réunies, du moins jusqu'à un certain moment, pas plus en Catalogne et en Aragon qu'à Valence, Tolède, Madrid ou Séville. Ce n'est seulement que dans le dernier tiers du XVIe siècle, et plus pleinement au commencement du siècle suivant, que les diverses manifestations locales ou provinciales, jusque-là divergentes, viennent se fondre en une seule et même école, homogène en ses tendances, unie en un même principe, le naturalisme, vraiment indigène et nationale enfin, et bien espagnole.

Avant cette éclosion définitive, lentement préparée par des artistes de transition, parfois inconscients du but à atteindre, aucun des groupes provinciaux, qualifiés trop pompeusement et improprement du titre d'écoles, n'offre donc, dans la succession de ses peintres, une unité, un ensemble véritable de traditions et de doctrines. Tour à tour, et selon l'enseignement reçu, ces artistes ont, à l'origine, imité les primitifs italiens ou flamands; puis, lorsque la Renaissance a pénétré chez eux, ils ont couru étudier leur art à Florence, à Rome, à Venise. Qu'à cette diversité d'études et d'initiation, puisées hors de leur patrie, l'on joigne encore la variété des exemples pratiqués par les maîtres étrangers, italiens ou flamands, établis en Espagne, et l'on se rendra compte de l'extrême diffusion de styles et de méthodes dont chaque province, chaque ville même, a été le théâtre.

Aucun des centres artistiques, qu'il s'agisse de Séville, de Valence, de Tolède ou de Madrid, comme de l'Aragon ou de la Catalogne, n'a donc échappé à cette mêlée, à cette lutte d'influences extérieures.

A son aurore, la peinture espagnole est byzantine comme l'avait été l'enluminure; elle est, au xve siècle, simultanément flamande et italienne, selon que le peintre a été enseigné dans l'une ou l'autre école; brusquement, au xvie siècle, elle s'affranchit des timidités gothiques et passe à l'imitation des grandes œuvres vénitiennes, florentines ou romaines.

Parmi les nouveaux initiés, les plus marquants ne sont, à quelques exceptions près, que des « italianisants » de seconde main, mais qui laissent cependant entrevoir de bonne heure, à travers leurs imitations et leurs emprunts, quelque chose de particulier à leur race et à leur terroir. Alors, en effet, que les successeurs de Michel-Ange et de Raphaël ne sont déjà plus que des décadents, des demi-païens, pratiquant surtout le culte des élégances et des sensualités de la forme, les Espagnols, leurs élèves, continuent de conserver intacte leur foi simple et sincère qu'ils traduisent, d'ailleurs, avec quelque éloquence, dans leurs ouvrages.

Une tendresse leur est commune, qu'ils n'ont pas apprise des Italiens. Ils aiment les petits, les humbles, les pauvres et jusqu'à leurs haillons pittoresques. Aussi, par quelque endroit, trouvent-ils toujours prétexte à les introduire en leurs compositions et celles-ci en prennent on ne sait quoi d'intime, de familier et de touchant. Et ces tendances naturalistes, allant parfois jusqu'à la trivialité, que l'on voit d'abord poindre chez les artistes appartenant aux deux premiers tiers du xvie siècle et simultanément en Andalousie, à Valence et en Castille, grandissent et vont s'affirmant de plus en plus jusqu'à devenir enfin, au xviie siècle, avec le goût inné des colorations sobres, saines et puissantes, les caractères les plus éminents et les plus typiques de la peinture espagnole.

P. L.

BIBLIOGRAPHIE

PACHECO, *El arte de la pintura, su antiguedad y grandesas;* Séville, 1649.

CARDUCHO (VICENTE), *Dialogos de la Pintura;* Madrid, 1633.

PALOMINO DE VELASCO, *El museo pictorico y Escala optica;* Madrid, 1724.

CEAN BERMUDEZ, *Diccionario de los mas ilustres profesores de las bellas artes en España;* Madrid, 1800.

ZARCO DEL VALLE, *Documentos ineditos;* Madrid, 1870.

W. STIRLING, *Annals of the artists in Spain;* Londres, 1848.

BOUTELOU et PASSAVANT, *El arte cristiano en España;* Séville, 1877.

G. VILLA AMIL, *l'Espagne artistique et monumentale;* Paris, 1842.

OSSORIO Y BERNARD, *Galeria biografica de artistas españoles del siglo XIX;* Madrid, 1868.

PEDRO DE MADRAZO, *Catalogo descriptivo e historico de los cuadros del museo del Prado de Madrid;* Madrid, 1872.

— *Viage artistico de tres siglos por las colecciones de cuadros de los reyes de España,* Barcelone, 1884.

A. PONZ, *Viage de España;* Madrid, 1787.

JUSEPE MARTINEZ, *Discursos practicables del nobilissimo arte de la pintura;* Madrid, 1866.

CRUZADA VILLAAMIL, *Catalogo provisional, historial y razonado del Museo Nacional;* Madrid, 1865.

C. BOUTELOU, *la Pintura en el siglo XIX;* Séville, 1877.

CONDE DE LA VIÑAZA, *Adiciones al diccionario historico de Cean Bermudez;* Madrid, 1890.

CHARLES BLANC, *Histoire des peintres, École espagnole;* Paris.

W. STIRLING et W. BURGER, *Velasquez et ses œuvres,* 1865.

F.-M. TUBINO, *Murillo, su epoca, su vida, sus cuadros;* Séville, 1864.

L. VIARDOT, *les Musées d'Espagne;* Paris, 1860.

P. LEFORT, *Velazquez;* Paris, 1890.

— *Francisco Goya;* Paris, 1877.

— *Murillo et son école;* Paris, 1892.

CONDE DE LA VIÑAZA, *Goya;* Madrid, 1887.

CURTIS, *Velazquez and Murillo;* Londres et New-York, 1883.

PEINTURE ESPAGNOLE

CHAPITRE PREMIER

LA DÉCORATION DES MANUSCRITS.

L'art de l'enluminure a de beaucoup précédé en
Espagne, comme du reste chez les autres nations occi-
dentales, l'art de la peinture proprement dite. C'est
donc aux illustrations des manuscrits qu'il convient de
recourir pour retrouver les origines ainsi que les plus
anciens monuments de l'art indigène.

Au temps des rois goths, les peintures sur vélin ne
consistent, le plus souvent, qu'en lettrines très simples,
tracées au minium et relevées de quelques mouchetures
d'or. Cependant, la figure du Christ en croix se rencontre dans un missel dont la date, selon Eguren, re-
monterait au viie siècle. Le manuscrit *Comes*, qui fait
partie de la collection de l'Académie de l'Histoire, à
Madrid, fut commencé, en 744, par l'abbé du monastère de San Emiliano. Le dessin des figures et des
formes y apparaît on ne peut plus rudimentaire et bar-
bare. Sous ce rapport il offre certaines analogies avec la
manière du dessinateur des figures des évangélistes,

dans le code de Saint-Gall, que l'on croit être l'œuvre
d'un moine irlandais. La première page du *Comes* est
ornée d'une croix, formée de rubans entrelacés, d'où
pendent les lettres alpha et oméga ; cette croix est sur-
montée de deux anges, dont les pieds sont trop petits
et d'un modelé tout à fait insuffisant. Le nom de ce
manuscrit lui vient de l'inscription tracée au bas de la
représentation d'un guerrier, armé d'une lance et portant un écu de forme ronde, marqué d'une croix. En
une écriture postérieure à celle du titre, on lit ces mots :
Tellus comes Ruconum sub era 756, date qui paraît
être celle de l'achèvement du manuscrit. Passavant,
dans son étude sur l'*Art chrétien en Espagne,* signale,
dans la bibliothèque de Saint-Gall, un autre manuscrit, appartenant à la même époque, qui paraît également
ment avoir été exécuté en Espagne, par quelque moine
irlandais ou anglo-saxon. Au-dessous d'une figure
d'homme, placée sous un arc mauresque et offrant les
mêmes caractères de dessin que l'on remarque dans le
Comes, on lit la signature : *Vandalcarius fecit.*

L'Académie de l'Histoire, à Madrid, possède une
Apocalypse du xe siècle, œuvre de Beatus. Le titre en
est orné d'une représentation de l'Agneau, placé dans
un médaillon et au centre d'une croix dont les extrémités sont formées par les animaux symboliques,
attributs des évangélistes ; les couleurs employées par
l'enlumineur sont le pourpre, le jaune et le vert. Les
feuillets suivants sont ornés de diverses miniatures,
parmi lesquelles on remarque saint Jean écrivant, avec
un ange soutenant son livre, et la Vierge, représentée
debout. Ces figures sont d'un dessin encore bien rudi-

mentaire, et leurs pieds, rapprochés et posés comme
dans les peintures égyptiennes, sont présentés de pro-
fil. Sous des arceaux voltigent des anges. L'un de ces

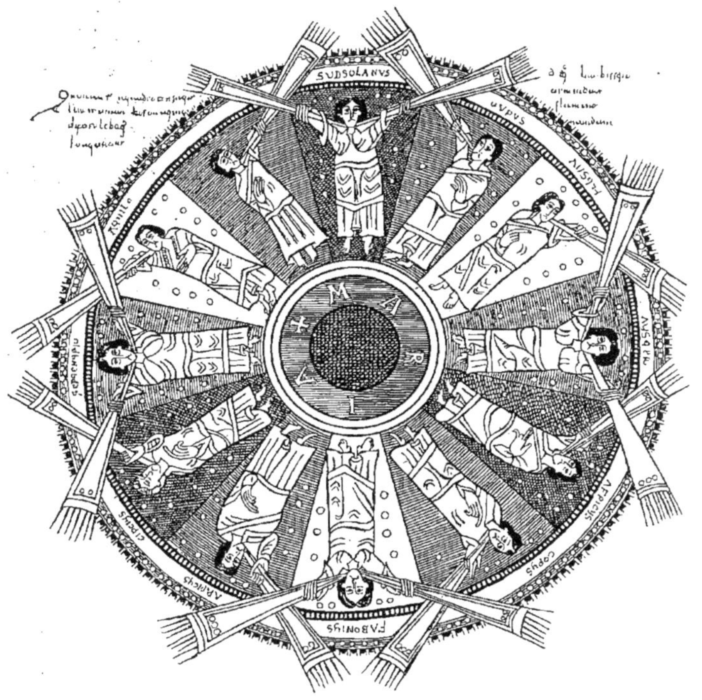

Fig. 1. — Miniature tirée du *Codice vigilano*.

(Manuscrit du xe siècle, appartenant à la Bibliothèque nationale de Madrid.)

arceaux est de forme arabe. Quant à l'ornementation
des marges et des lettrines, elle ne diffère pas sensiblement de celle des manuscrits, français ou allemands,
de l'époque carlovingienne. Notre Bibliothèque nationale a acquis trois autres manuscrits du même Beatus,

renfermant des *Commentaires de l'Apocalypse* et enrichis de figures d'un dessin hardi, parmi lesquelles on voit les dix rois alliés de la Bête, vêtus en jongleurs ou en fous, se précipitant dans l'abîme, sous les yeux de l'Agneau triomphateur[1]. L'un des exemplaires, quelque peu postérieur au xe siècle, offre un symptôme naturaliste curieux à relever : c'est une initiale, un grand M, dont les jambages sont formés par deux musiciens dansant. L'un d'eux tient un archet et en racle les cordes d'un instrument qui ressemble beaucoup à une guitare. M. L. Delisle a décrit, dans ses *Mélanges de paléographie*, le troisième manuscrit de Beatus, ne contenant pas moins de soixante miniatures, d'une exécution assez grossière du reste. Le savant paléographe a rapproché cet exemplaire de plusieurs autres du même ouvrage exécutés dans les monastères d'Espagne, à la Cogolla, à Saint-Isidore-de-Léon, à Silos et ailleurs et, de son examen, est sortie, entre autres, cette observation : que les enlumineurs d'alors n'aimaient pas le bleu, mais le remplaçaient presque constamment par le pourpre ou le violet. Il note que cette dernière nuance alterne avec le rouge dans la plupart de leurs initiales et que leur coloris est le plus souvent avivé par une gomme à reflets argentins.

On doit au moine Vigila, du couvent de San-Martin-de-Abelda, un manuscrit, daté de 976, relatif à divers conciles généraux, dont l'un tenu à Tolède, et qui appartient à la Bibliothèque nationale de Madrid. Entre autres miniatures, ce *Codice vigilano* renferme

1. Lecoy de la Marche, *les Manuscrits et la Miniature*, p. 270 (Bibliothèque de l'enseignement des beaux-arts). Paris, A. Quantin.

les portraits des rois don Sancho el Craso et don Ramiro, de la reine doña Urraca et même celui de l'enlumineur qui, d'après sa propre attestation, se fit aider, dans ce travail, par les moines Saracino et Garcia. Un

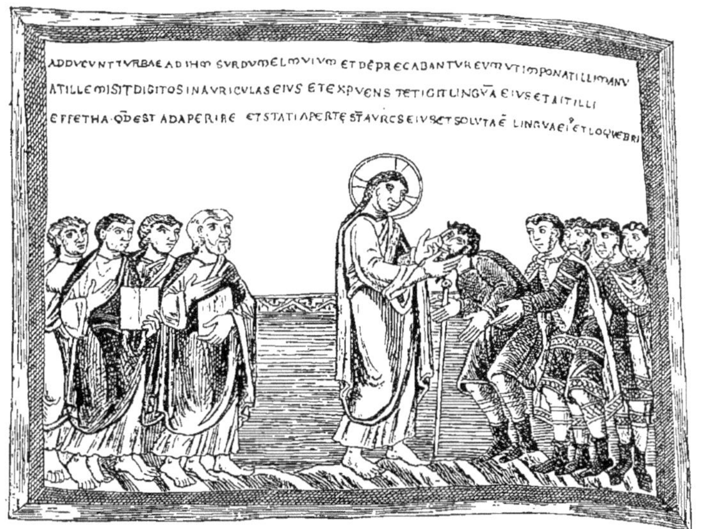

Fig. 2. — Miniature tirée des Évangiles ou *Codice aureo.*

(Manuscrit du xie siècle, exécuté en Allemagne et appartenant à la bibliothèque de l'Escurial.)

autre manuscrit, conservé à l'Escurial, relatif également ment à l'histoire des conciles et paraissant dater de la même époque que le précédent, nous montre, sur sa première page, l'artiste enlumineur assis sous un portique d'architecture mauresque. Plus loin, il a représenté Adam et Ève sous l'arbre de la science du bien et

du mal; puis vient l'image du Sauveur, bénissant à la
manière grecque. Le dessin de ces miniatures, byzantines d'inspiration, mais où les personnages n'ont que
des apparences de pieds, alors que leurs mains sont de
dimensions disproportionnées, est excessivement brutal et archaïque; il ne présente point de progrès sur
les enluminures datant du viii⁰ siècle et reste inférieur,
comme art, aux miniatures allemandes, mais byzantines d'inspiration, du *Codice aureo*, don de l'empereur
Conrad II, en 1020, que possède également l'Escurial.

De nombreux manuscrits, remontant au xii⁰ et au
xiii⁰ siècle, où se rencontrent des miniatures intéressantes pour les détails de costumes, d'armures, et dont
le dessin commence à se rapprocher de celui des artistes flamands, français ou allemands contemporains,
sont conservés dans le Trésor de la cathédrale de Tolède, à la Colombienne de Séville et dans la Bibliothèque de l'Académie espagnole de l'Histoire. Une
Bible, écrite pour le roi Alphonse le Savant, par le
peintre Pedro de Pamplona et appartenant à la Colombienne, est particulièrement remarquable pour les
nombreuses représentations de sujets sacrés dont se
compose son illustration, où apparaissent fréquemment des détails d'architecture mauresque. Un très
grand intérêt d'art s'attache également au manuscrit de
l'Escurial, exécuté à Séville pour le même roi Alphonse
et intitulé : *Juegos diversos de Axedrez, de dados y
tablas;* il abonde en curieuses enluminures aquarellées,
représentant des seigneurs et des personnages appartenant aux différentes classes de la société du temps,
jouant à ces divers jeux, et le roi Alphonse lui-même,

assis sous un portique et enseignant les échecs à un
page ; ailleurs, c'est un prince maure s'entretenant avec
un professeur d'échecs ; dans une très belle peinture à
l'eau, placée au commencement du manuscrit, l'artiste
a représenté le roi dictant à un scribe les règles de

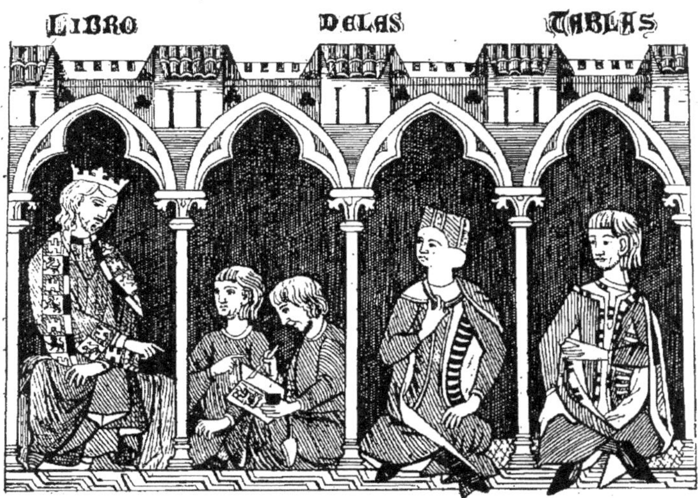

Fig. 3. — Miniature extraite du *Libro de las Tablas*.

(Manuscrit espagnol du xiiie siècle. — Bibliothèque de l'Escurial.)

divers jeux, ayant à sa gauche un groupe de personnages ; tous sont assis sous des arceaux de style gothique.

Le *Pontifical* de la cathédrale de Séville, commencé
en 1390 et terminé seulement en 1473, renferme de nombreuses compositions enluminées, d'exécution très di-
verse, mais rappelant, pour la plupart, le style de l'école
franco-flamande contemporaine. Quelques-unes sont
d'un grand intérêt, tant par l'importance des sujets re-

présentés que par leurs dimensions extraordinaires et surtout par l'extrême habileté que l'artiste a déployée. Encadrées dans des ornements formés d'ingénieux caprices et de détails exquis, elles se détachent sur des fonds d'or, rouges et bleus, disposés en petits carrés, variés de couleur, sur lesquels sont peints en rehaut des ornements d'or.

Le missel du cardinal Mendoza, qui appartient à la même cathédrale, est aussi enrichi de superbes miniatures, d'un format moindre que les précédentes, mais d'un caractère d'art qui permet d'en rattacher quelques-unes à l'école des Van Eyck. Certains détails typiques d'architecture, de costumes, de physionomies et un coloris plus brun dans l'exécution des carnations et, en général, plus chaud que dans les miniatures flamandes, prouvent que l'artiste qui en est l'auteur était Espagnol ou, du moins, qu'il habitait l'Espagne. Un autre superbe missel, décoré dans le style des écoles du Nord et qui fut achevé, pour la reine Isabelle, en 1496, par Francisco Florès, est conservé à Grenade dans le Trésor de la chapelle sépulcrale des rois catholiques.

L'art italien a aussi sa large part d'influence dans l'exécution de quelques manuscrits du même temps. Cean Bermudez cite, entre autres monuments de cet ordre, des *Décrétales*, œuvre de Garcia Martinez, qui travaillait à Avignon vers 1343, ainsi que les miniatures qui ornent le missel du cardinal Ximenez de Cisneros; ces ouvrages font partie de la bibliothèque de la cathédrale de Séville. Le dernier, outre diverses petites compositions d'un caractère italien évident, en renferme une d'un plus grand format où l'artiste, un

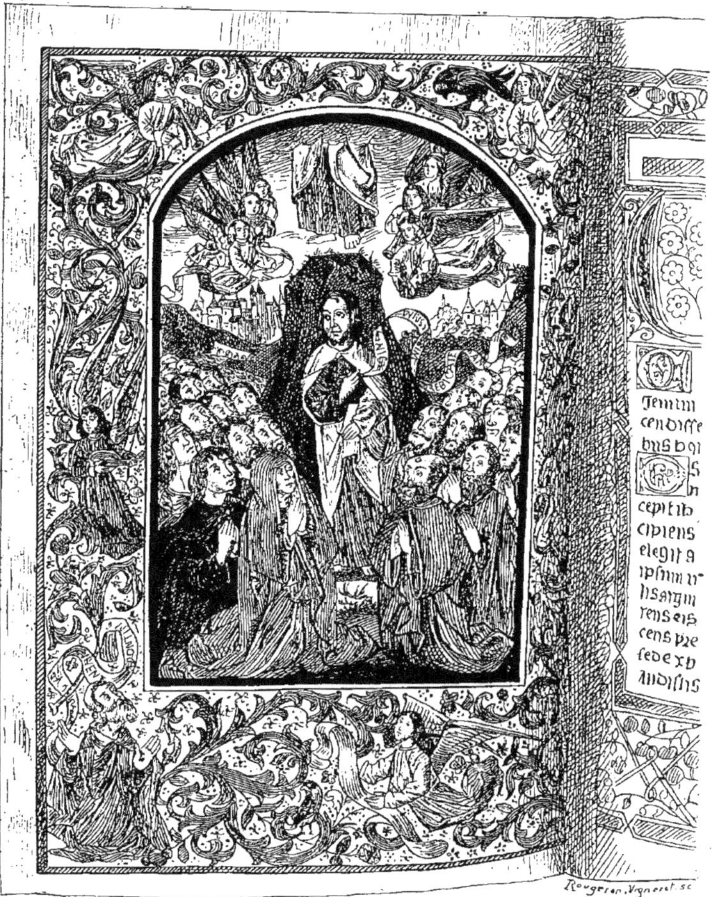

Fig. 4. — Miniature tirée du *Devocionario* de la reine Isabelle la Catholique.

(Manuscrit du XVᵉ siècle. — Bibliothèque de l'Escurial.)

indigène assurément, car ses types de figures sont bien espagnols, a représenté le *Crucifiement*.

Avec les règnes de Jeanne la Folle et de Charles-Quint, nous voyons reparaître l'influence flamande,

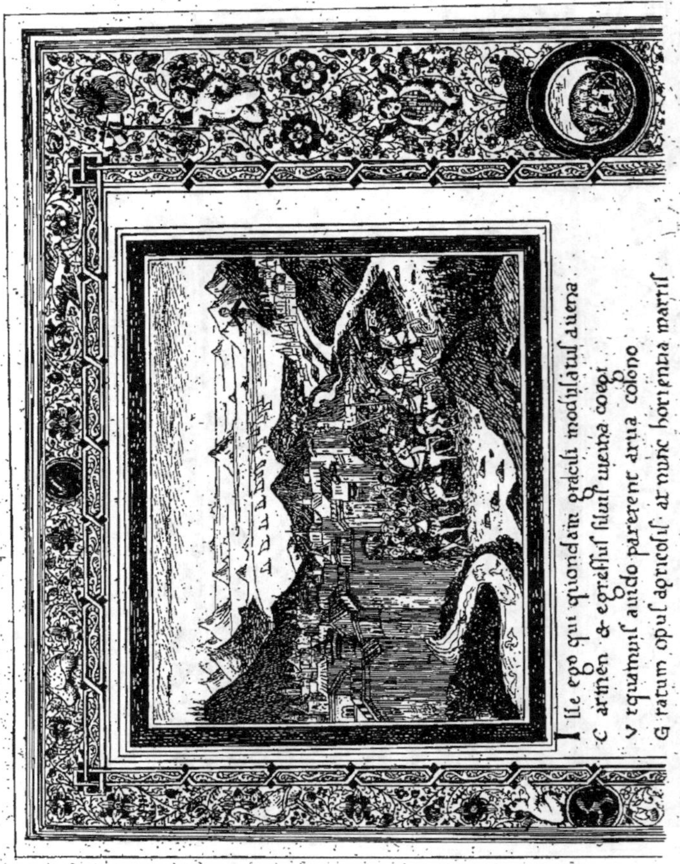

Fig. 5. — Miniature tirée du « Virgile ». (Manuscrit florentin du xvᵉ siècle. — Bibliothèque de l'Escurial.)

d'abord dans un *Office de la Vierge,* de la bibliothèque de l'Escurial, puis dans un *Devocionario* qui a appartenu à Charles-Quint. L'intéressant *Libro de Mon-*

teria, ou recueil consacré aux divers genres de chasse,

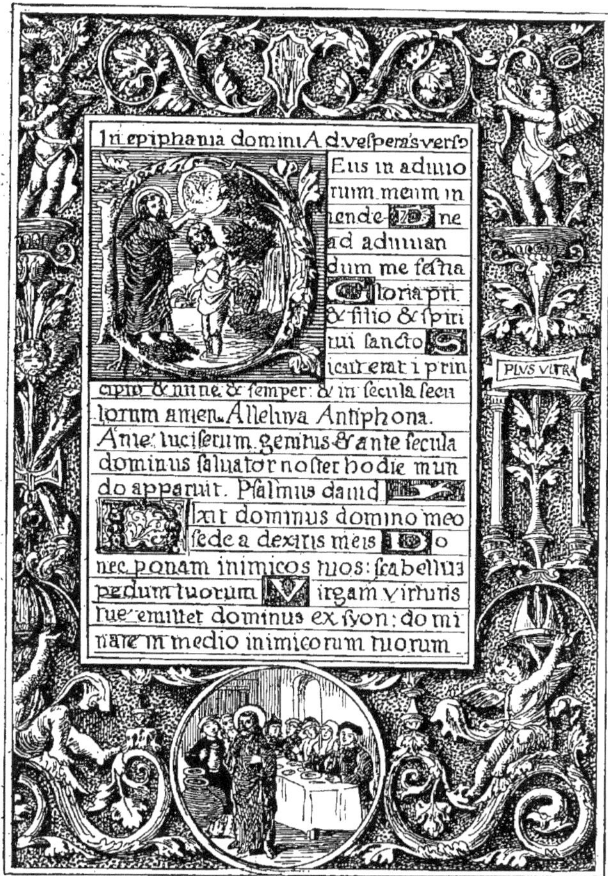

Fig. 6. — Miniature tirée du *Devocionario* de Philippe II.
(Manuscrit du xvie siècle. — Bibliothèque de l'Escurial.)

que possède la bibliothèque royale de Madrid, est une
œuvre du xvie siècle, empreinte du naturalisme des

écoles du Nord, mais dont l'exécution n'égale cependant pas la précision, la finesse de dessin ni la délicatesse de coloris des grands enlumineurs bourguignons ou flamands contemporains. Comme l'avait fait Charles-Quint pour le célèbre enlumineur Antonio de Holanda, Philippe II protégea son fils, Francisco de Holanda, Portugais d'origine et fort habile miniaturiste dans la manière de Julio Clovio. Ayant à faire exécuter les livres de chœur de l'Escurial, Philippe II n'appela à concourir à ce travail que des artistes, soit italiens d'origine, soit espagnols, mais formés à l'école romaine ou florentine. Parmi ces derniers, on note, comme ayant fait preuve d'une particulière habileté, fray Andrès de Léon, Nicolas de la Torre, Jusepe Rodriguez, Francisco Hernandez, Simon de Santiago, fray Martin de Palencia, Juan Salazar et fray Julian de la Fuente del Saz.

Quelques-uns de ces *illuminadores* collaborèrent également avec Francisco de Villadiego et Diego de Arroyo, qui avait étudié son art en Italie, à la décoration de divers livres de chœur pour la cathédrale de Tolède. Il convient de citer encore, comme auteurs des splendides miniatures du missel, en six volumes, offert à cette même cathédrale par le cardinal Cisneros, missel qui fut terminé en 1518, les noms de Bernardino Canderroa, d'Alonso Vazquez et de fray Felipe. Avec le xviie siècle commence le déclin de la miniature; elle fut cependant pratiquée longtemps encore au cours de sa décadence, et nous rencontrons des noms d'enlumineurs jusque vers la fin du xviiie siècle. Mais l'étude de leurs ouvrages n'offrirait plus aucun intérêt d'art.

De l'examen chronologique des quelques manuscrits
dont nous venons de parler, il ressort clairement que,
tantôt l'art des écoles du Nord, tantôt l'art italien a
inspiré les enlumineurs espagnols et qu'ils obéissent à
l'une ou à l'autre influence, non selon l'époque et le
milieu où vit l'artiste, — puisque nous voyons ces
deux influences s'exercer simultanément en un même
centre et au même moment, — mais plutôt comme conséquence et comme résultat de l'enseignement que cet
artiste aura reçu et qu'il continue, d'ailleurs, en y mêlant
quelque chose de sa personnalité et des tendances naturalistes de sa race.

CHAPITRE II

§ 1er. — LES ORIGINES DE LA PEINTURE
DANS LES ROYAUMES DE VALENCE,
D'ARAGON ET EN CATALOGNE.

DEPUIS LE XIVe SIÈCLE JUSQU'AU COMMENCEMENT DU XVIe.)

Absorbée depuis le VIIIe siècle jusqu'à la fin du XVe dans ses luttes incessantes contre les Maures, ses envahisseurs, l'Espagne n'eut ni le goût, ni le loisir de cultiver beaucoup les arts et d'acquérir, comme les nations voisines, les raffinements de la civilisation. Cependant, des documents d'archives établissent qu'elle a eu des peintres dès le XIIIe siècle. Dans un compte de dépenses, datant du règne de Sanche IV, RODRIGO ESTEBAN est déjà qualifié du titre de *peintre du roi;* il est vrai que nous ignorons quel genre de peinture pouvait bien exercer cet artiste. En 1382, un Catalan, JUAN CESILLES, s'engage, par contrat, et moyennant le prix de 330 florins d'Aragon, à peindre, pour le maître-autel de l'église de San Pedro, à Reus, la représentation des douze apôtres et divers autres motifs décoratifs. Enfin, sur le tombeau de l'évêque Pedro Tenorio, mort en 1399, placé dans la chapelle de San Blas, attenant au cloître de la cathédrale de Tolède, on relève la signature de Feran Gonzalez, qui se qualifie *peintre et tailleur d'images*. Dès les premières années du xivᵉ siècle, Valence a son *mestre* Marzal, à qui le municipe concède un local pour l'exercice de son art; puis, c'est Guillermo Arnaldo, né à Mayorque, mais établi à Valence, qu'une charte de Juan Iᵉʳ d'Aragon autorise, en 1392, à porter des armes; un peu plus tard, on relève, en divers documents, les noms de nombreux peintres valenciens : Tristan Bataller, Juan Zarabolleda, Guillermo Stoda, Pedro Nicolau, Roger Esperandeu, Juan Palaxi, Jaime Stopinya, Antonio Perez, Domingo Adzuava et encore Juan Reixats, artiste de grand renom, qui travaillait autour de l'année 1456.

Au xivᵉ siècle, nous rencontrons, en Aragon, qui, de même que la Catalogne et Valence, avait d'incessants rapports politiques et commerciaux avec l'Italie, et où la peinture prit dès lors un grand développement, des peintres indigènes. C'est, de 1300 à 1350, Raymond Torrente, Guillen Tort et Pedro de Zuera; puis, vers 1473, le *maese* Alfonso qui décore de tableaux le maître-autel du couvent de San Cucufate del Vallès et, dans le même temps, Juan de la Abadia, l'auteur du retable de Santa Orosia, à la cathédrale de Jaca; c'est enfin, vers la fin du xivᵉ siècle et le commencement du xvᵉ siècle, le peintre catalan, Luis Borrasa, dont la réputation s'était étendue en dehors de la Catalogne et de l'Aragon, et qui orne de ses ouvrages les retables de San Juan de Valls, de San Salvador de Guardiola, de San Antonio de Manresa et même de l'une des églises de Burgos. Au xvᵉ siècle, la Catalogne est en possession de toute une légion d'artistes, parmi lesquels on distingue particulièrement le moine Senis, qui était en même temps sculpteur; Fontanet, peintre sur verre et l'auteur de quelques vitraux de la cathédrale de Barcelone; les Alemany, famille d'artistes qui compta, du xive au xve siècle, des sculpteurs, des peintres et des orfèvres, Clemente Domenech, titularisé peintre du Conseil, Gerardo Janer, Jaime Azberto Dezpla, Luis Claver, Francisco Tries, Diego de Sevilla, Poncio Colomer, sur lesquels nous ne savons rien si ce n'est qu'ils exerçaient leur art ou leur métier à Barcelone, Juan Squella, qui peignait les bannières des royaumes d'Aragon et de Catalogne, vers 1440, Domingo Matali, qui s'engage, en 1435, à peindre divers tableaux pour le couvent des Augustins, Benito Martorell, auteur du retable, depuis longtemps détruit, de la chapelle de San Marcos, dans la cathédrale de Barcelone, pour lequel l'artiste reçut la somme considérable de 520 florins et qui ne lui demanda pas moins de deux années de travail, et enfin, Luis Dalmau, le plus intéressant pour nous parmi tous ces artistes, puisqu'il est du moins possible de nous rendre compte de son talent par l'examen de son principal tableau, *les Conseillers devant la Vierge,* exécuté pour l'église de San Miguel de Barcelone et conservé aujourd'hui à l'Ayuntamiento. Cette notable peinture, conçue dans le style flamand, représente la Vierge avec l'enfant Jésus, assise sur un trône gothique, dans une chapelle du même style, très richement décorée d'ornements architecturaux et de statuettes. La Vierge est accompagnée de saint Cucufat et de sainte Eulalie, patrons de Barcelone; devant elle sont agenouillés les

cinq conseillers du municipe, peints dans leur costume d'apparat et très certainement d'après nature. Des
groupes d'anges et de jeunes filles, tenant des rou-

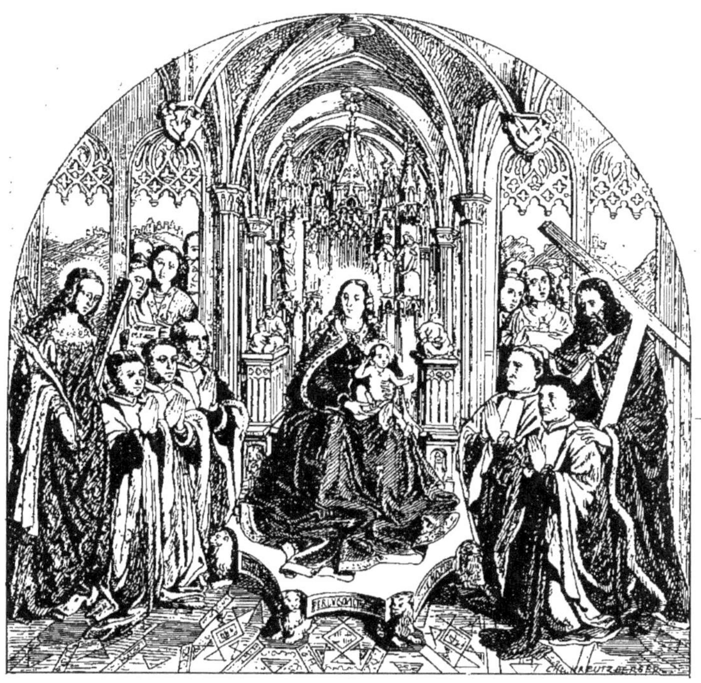

Fig. 7. — Luis Dalmau, *les Conseillers devant la Vierge.*

(Ayuntamiento de Barcelone.)

leaux de musique, occupent les bas côtés de la chapelle, formant des chœurs. Au pied du trône on lit
l'inscription suivante, écrite en caractères gothiques :
Sub anno 1445. per Ludovicum Dalmau. fuisse pictum.
D'un document, conservé aux archives de la munici-

palité, il résulte que cet ouvrage fut commandé à Dalmau, en 1442, à l'occasion de l'élection des conseillers Juan Lull, Ramon Savall, Francisco Lobet, Antonio de Vilatorta et Jaime Destorrent. Parmi les artistes qui portèrent, vers cette même époque, le titre de *peintre de la Députation* du royaume d'Aragon, nous devons mentionner BONANT DE LA ORTIGA, qui habitait Saragosse et qui exécutait, en 1420, le retable de San Augustin de la Seo et, en 1457, le tableau d'autel du couvent de San Francisco. Il meurt en 1492 et PEDRO DE APONTE lui succède dans son titre et son emploi. Il peint, pour le roi Juan II, un autel portatif. En 1479, le roi Ferdinand le Catholique le nomme son peintre et l'emmène en Castille. Peut-être avait-il appris son art en Italie; en tout cas, on lui attribue l'importation, dans les provinces du nord de l'Espagne, de la manière de peindre à l'huile. Il fit les portraits d'Isabelle et de Ferdinand et accompagna les rois catholiques au siège de Grenade. D'après Jusepe Martinez, il serait l'inventeur de ces fameuses murailles de toile peinte dont on entoura le camp de Santa Fé, établi par l'armée espagnole en face de la ville assiégée et qui donnèrent aux Maures l'illusion de murailles véritables, construites tout entières en une seule nuit [1]. Au dire du même auteur, Pedro de Aponte aurait fait, pour l'église de San Lorenzo, à Huesca, deux tableaux qui lui auraient été commandés par Ferdinand et dont il exalte le mérite. En 1517, le même artiste exécutait pour l'église de la Magdalena, à Saragosse, un panneau d'autel qui

---

1. Jusepe Martinez, *Discursos practicables del nobilissimo arte de la pintura*, p. 104. — Madrid, 1866.

est une œuvre remarquable, et offrant quelque analogie avec les ouvrages des primitifs italiens, antérieurs d'un siècle.

Il ne nous a pas toujours été loisible de citer à côté du nom d'un de ces nombreux artistes aragonais, catalans ou valenciens une ou plusieurs de leurs œuvres authentiques. La sécularisation des couvents, l'incurie, la destruction d'anciens retables dans les églises et la dispersion des peintures qui les ornaient ont rendu difficiles, sinon impossibles, d'utiles et indispensables rapprochements entre l'artiste et ses productions. Heureusement, quelques ouvrages, anonymes à la vérité, mais indigènes et appartenant au xive et au xve siècle, nous ont été conservés : ils permettent du moins de se rendre à peu près compte, pour cette même période, de la nature des influences extérieures auxquelles obéirent les artistes des provinces du nord-est de l'Espagne.

L'Académie de l'Histoire, à Madrid, possède divers panneaux, détachés d'un retable, provenant d'un couvent d'Aragon et portant la date de 1390. Six sujets, empruntés à la vie de la Vierge et autant de scènes de la Passion du Christ, décorent les deux volets qui formaient primitivement les côtés du retable, jadis orné de statuettes placées sous des arcs gothiques. Ces peintures, assez faibles de dessin et de coloris, sont empreintes d'une grande naïveté, mais leur exécution et leur arrangement sont lourds et gauches ; elles ne permettraient pas, si l'on en pouvait tirer des conclusions générales, de supposer que l'art de peindre s'élevait alors en Aragon à un degré comparable avec ce que nous rencontrons en Catalogne.

Le cloître de la cathédrale de Barcelone, naguère encore si riche en œuvres d'art des époques primitives, est, entre autres décorations murales, orné d'une peinture remarquable à plus d'un titre; elle représente deux évêques, assis sur un siège très richement ornementé; l'un des évêques paraît être saint Martin; il tient en main la crosse épiscopale; l'action figurée par l'artiste semble faire allusion à la rencontre de deux prélats amis et réunis, pour la première fois, après une longue séparation. Un sentiment d'intimité et de noblesse se dégage de cette scène, traitée, pour les détails des costumes et l'expression des physionomies, avec une conscience et une correction parfaites. L'auteur de cette peinture, exécutée vraisemblablement vers la fin du XIVe siècle ou le commencement du XVe, s'est évidemment inspiré de l'art de l'Italie; mais le ton un peu brun des visages, et d'autres particularités, ne permettent guère de méconnaître sa véritable origine. Des petits sujets, tirés de la vie de saint Martin, encadrent la peinture centrale, exécutée *à tempera*, sur un fond d'or, et d'un coloris harmonieux et franc.

Une autre composition, représentant la *Transfiguration*, peinte également sur fond d'or, estampé d'ornements, mais d'un style plus rude et d'un dessin plus sec que la précédente, existe dans la chapelle des fonts baptismaux du même cloître. Jésus y est figuré, vêtu de blanc, entouré de Moïse et du prophète Élie; il tient les mains levées et semble bénir ou adjurer trois apôtres, qui paraissent l'interroger. Comme le précédent, ce tableau est entouré de divers sujets, empruntés à la vie du Christ, et surmonté de l'écu d'armes du

donateur. On en ignore l'auteur qui a dû étudier en
Italie; sa date d'exécution peut être fixée autour de
1450.

Un panneau d'autel, dans ce même cloître, où sont
représentés saint Barthélemy et sainte Rosalie, sur
fond d'or, rappelle, d'assez près, les ouvrages florentins du commencement du xve siècle, tandis qu'une
autre peinture, figurant sainte Lucie et saint Sébastien, appartient plutôt, comme affinités de caractère, à
l'école des primitifs génois.

Il est à remarquer que l'emploi des fonds d'or, richement estampés, que nous signalons dans ces divers
ouvrages, se prolongea assez tard dans le nord-est de
l'Espagne; on en constate encore l'usage dans les tableaux d'auteur inconnu, ormant le retable de saint
Côme et de saint Damien, et dont l'exécution est postérieure à 1520.

Parallèlement à l'influence italienne, que l'on voit
nettement s'affirmer dans les quelques œuvres indigènes dont nous venons de parler, on peut constater
dans le même cloître qu'elle était loin d'être unique
et que les méthodes, venues des Flandres, comptaient
également en Catalogne d'habiles praticiens. Nous en
trouvons un témoignage dans une peinture exécutée
sur le fond de la niche sépulcrale du fou d'Alphonse V;
elle représente quatre anges, vêtus de blanc et volant
sur des nuées. Le style de l'école des Van Eyck est évident dans cet ouvrage, qui paraît avoir été exécuté de
1440 à 1445, alors précisément que Luis Dalmau terminait, dans les mêmes données d'école, son intéressant tableau des *Conseillers devant la Vierge*.

Ces influences extérieures, s'exerçant presque simultanément, peuvent être constatées aussi bien à Valence qu'à Barcelone. Plusieurs peintures, d'origine
franco-flamande ou bourguignonne, datant du xv⁰ siècle,
et conservées à la cathédrale de Valence et au Musée
provincial, attestent que, là aussi, les artistes indigènes
ont pu demander leurs inspirations aussi bien à l'école
italienne qu'aux écoles du Nord, parfois même à leurs
voisins provençaux.

CHAPITRE III

§ 2. — LES ORIGINES DE LA PEINTURE
EN CASTILLE ET EN ANDALOUSIE.

(DEPUIS LE XIVe SIÈCLE JUSQU'AU COMMENCEMENT DU XVIe.)

Les premiers noms de peintres qu'enregistre l'histoire de l'art en Castille sont des noms italiens. Juan Ier attire à sa cour le Florentin Gherardo Starnina, élève d'Antonio Veneziano, et le comble de richesses (1383); puis, sous le règne de Juan II, on voit arriver en Castille un autre Florentin, Dello, que le roi fait chevalier et qui mène à la cour un train de grand seigneur. Après être retourné quelque temps à Florence pour y faire parade de son titre et de sa fortune, Dello revint en Espagne où il mourait vers 1421. Aucun ouvrage de ces deux artistes, exécuté en Espagne, n'est du reste parvenu jusqu'à nous; il est toutefois à supposer que l'un et l'autre durent exercer une certaine influence sur les peintres indigènes, sans que cependant nous en puissions fournir des preuves. Quelques retables ou fragments de retables, d'un caractère italien marqué, sont conservés à l'Académie de l'Histoire, à Madrid; ils proviennent des monastères supprimés de Piedra, de San Millan de la Cogolla et de l'église de Yuso;

mais les auteurs en sont inconnus et l'époque où ils furent exécutés, probablement le xve siècle, ne saurait être plus exactement précisée.

Le règne de Juan II fut particulièrement favorable au développement des lettres et des arts. Le luxe s'était introduit à la cour de ce monarque qui fit, en 1428, le plus favorable accueil à l'illustre Jean Van Eyck. Attaché à la personne de Philippe le Bon, le maître flamand avait accompagné, en Portugal, l'ambassade envoyée, par le duc de Bourgogne, pour demander la main d'Isabelle, fille de Jean Ier. Il fit le portrait de l'infante, puis entreprit, avec les ambassadeurs flamands, un voyage à travers l'Espagne. Une relation de ce voyage, conservée aux archives du royaume, à Bruxelles, et où sont consignés quelques curieux détails sur les provinces visitées par l'ambassade, la Castille, l'Andalousie, le royaume de Grenade, où régnait l'émir Mohammed, permet de supposer que Jean Van Eyck dut faire quelque emploi de son merveilleux talent pendant son séjour en Castille[1]. Mais, ici encore, les témoignages irréfutables nous font faute. Fût-ce une conséquence de la grande réputation que l'artiste avait sans doute déjà conquise en Espagne qui détermina Enrique IV, fils de Juan II, à faire l'acquisition du *Triomphe de l'Église chrétienne sur la Synagogue,* ce tableau tant discuté et qui fait aujourd'hui partie du musée du Prado? On l'a attribué tantôt à Hubert Van Eyck, tantôt à Jean, tantôt aux deux frères réunis;

1. Gachard, *Collection de documents inédits,* t. II, p. 63. — A.-J. Wauters, *la Peinture flamande* (Bibliothèque de l'enseignement des beaux-arts). A. Quantin.

alors que des critiques allemánds n'y veulent voir qu'une copie exécutée au xvie siècle. Ce qui est hors de conteste, c'est que ce précieux tableau fut donné, en 1454, au monastère du Parral, de Ségovie, et qu'il n'en est sorti qu'en 1836, à la suite de la sécularisation de ce couvent. Plusieurs peintures flamandes du plus grand mérite l'avaient déjà précédé en Espagne. En 1443, le pape Martin V avait offert à Juan II le petit triptyque de *la Nativité*, peint par Roger Van der Weyden, donné par le roi au couvent de Miraflorès, près de Burgos, et qui se trouve aujourd'hui au Musée de Berlin. Ce sont encore des ouvrages de Van der Weyden, ou de son école, dont ce monarque enrichit de son vivant le même monastère où, vers 1499, le mystérieux artiste, appelé *Juan Flamenco*, par les documents espagnols, achevait d'importantes peintures murales.

On constate, d'ailleurs, pendant tout le xve siècle, une émigration constante d'œuvres d'art entre les Flandres et la Castille, et qui s'explique par les liens de famille qui unissaient les deux maisons de Castille et de Bourgogne. Les dons, les acquisitions d'ouvrages de l'école flamande se multiplièrent encore sous le règne des rois catholiques et de leurs successeurs, ainsi qu'en témoignent les inventaires des collections royales, conservés aux archives de Simancas. On y rencontre, mêlés à des peintures byzantines, des tableaux de sainteté, des portraits de personnages royaux, des oratoires portatifs en forme de diptyques ou de triptyques, dont les auteurs ne sont pas toujours connus ou clairement désignés, mais parmi lesquels apparaissent fréquemment les noms de *maître Michiel* ou *Miguel* (?), de Van Eyck, Van der Weyden, Memling, Petrus Cristus, Jean de Mabuse, Gérôme Bosch, que ces documents appellent *el bosco*, de Joachim Patinier et de Quentin Metsys, et plus tard, quelques noms d'artistes allemands, tels que Albert Dürer, Cranach, Holbein, Lucas de Leyde, etc., etc. Le nombre des architectes, des sculpteurs et des peintres, attirés des Flandres et de Bourgogne pendant les xive et xve siècles, pour diriger les constructions des cathédrales et des demeures royales, ou collaborer à leur décoration, fut également considérable. On s'explique, dès lors aisément, comment, de ce mélange des influences flamandes et italiennes, tour à tour ou simultanément subies par les artistes locaux, sans personnalité accusée, sont nées ces peintures espagnoles si difficiles à définir en tant qu'origines, tant elles sont hybrides et timides de caractère, dont l'exécution appartient au xve siècle. Suivant les contacts, l'enseignement suivi, les exemples qu'ils se proposent d'imiter, ces artistes primitifs prennent aux uns, empruntent aux autres et, de ces amalgames, encore étrangement hésitants et débiles au début, ils dégageront, peu à peu, quelque chose comme une manière, comme un style intermédiaire, dont le caractère réaliste, plus conforme au génie national, ira peu à peu s'accentuant jusqu'à s'épanouir enfin au xviie siècle en une efflorescence originale et superbe.

Nulle part, comme en Castille et en Andalousie, on ne démêle mieux, en étudiant les productions primitives des artistes indigènes, par quelles phases d'imitations et de tâtonnements, par quelles lentes transitions a passé, en Espagne, l'art de peindre avant d'aboutir à une entière émancipation.

Le plus ancien peintre dont fassent mention les archives de la cathédrale de Tolède est JUAN ALFON, désigné, dans un document daté de 1418, comme l'auteur des peintures de deux retables depuis longtemps détruits. Il s'agissait, vraisemblablement, de retables de sculpture qu'Alfon eut charge de colorier.

Un testament, daté de 1455, nous révèle le nom d'un véritable peintre, JORGE INGLES, que le marquis de Santillan, D. Inigo Lopez de Mendoza, chargeait de décorer, pour l'hôpital de Buitrago, un retable composé de deux corps. De chaque côté de la statue de la Vierge, qui en occupait la partie centrale, l'artiste représenta le donataire, agenouillé et priant, son page derrière lui, et la marquise, à genoux, accompagnée de sa *doncella*. Au-dessus de ces personnages figurait un chœur d'anges, que surmontait un saint Georges. Ces peintures d'Inglès existaient encore, paraît-il, à la fin du siècle dernier, et Cean Bermudez en put examiner quelques fragments, dont il fait d'ailleurs de grands éloges.

Un contrat, daté de 1476, mentionne deux autres artistes, GARCIA DEL BARCO et JUAN RODRIGUEZ, que le duc d'Albe charge de décorer « à la morisque » diverses pièces et galeries de son château del Barco. Ce genre de décoration, dit style *mudejar*, relevait plutôt du métier que de l'art; il consistait à colorier des stucs, travaillés à la façon des Maures, et des plafonds en bois, et à mêler à leurs arabesques de capricieuses figures, et le plus habituellement des plantes, des fleurs, des oiseaux. DIEGO LOPEZ, ALVAR PEREZ DE VILLOLDO, MARTEL, ALONSO SANCHEZ et LUIS DE MEDINA, auteurs de la décoration du *paranymphe* ou théâtre scolastique de l'Université d'Alcala, n'exercèrent probablement pas un art plus relevé que les précédents.

Un acte authentique, daté de 1448, nous fournit les noms de JUAN DE SEGOVIA, PEDRO GUMIEL et SANCHO DE ZAMORA, qualifiés peintres et sculpteurs, qui exécutèrent en collaboration le retable composé de peintures et de sculptures de la chapelle de Saint-Jacques, à la cathédrale de Tolède. Ce précieux monument de l'art indigène, et l'un des plus anciens qui nous aient été conservés, est formé de plusieurs corps. Autour d'une statue polychrome de saint Jacques de Compostelle sont rangées quatorze figures peintes sur fond d'or; au sommet est la Vierge avec l'Enfant, assise sur un trône et adorée par des anges; au-dessous sont représentées des scènes de la Passion et diverses figures de saints évêques, de saintes et d'apôtres. En bas, dans la prédelle, deux des petits panneaux qui la composent sont remplis par les représentations de D. Alvaro de Luna, avec derrière lui son saint patron, et de doña Juana Pimentel, sa femme, enterrés tous deux dans cette chapelle. Le caractère de ces peintures est en général flamand, principalement dans les portraits des deux personnages agenouillés et priant. Mais on y démêle un apport indigène qui se montre nettement dans l'exécution chaudement colorée et un peu dure, ainsi que dans les contours accusés des figures.

Les biographes ne fournissent que bien peu de

renseignements sur la vie et les ouvrages de PEDRO

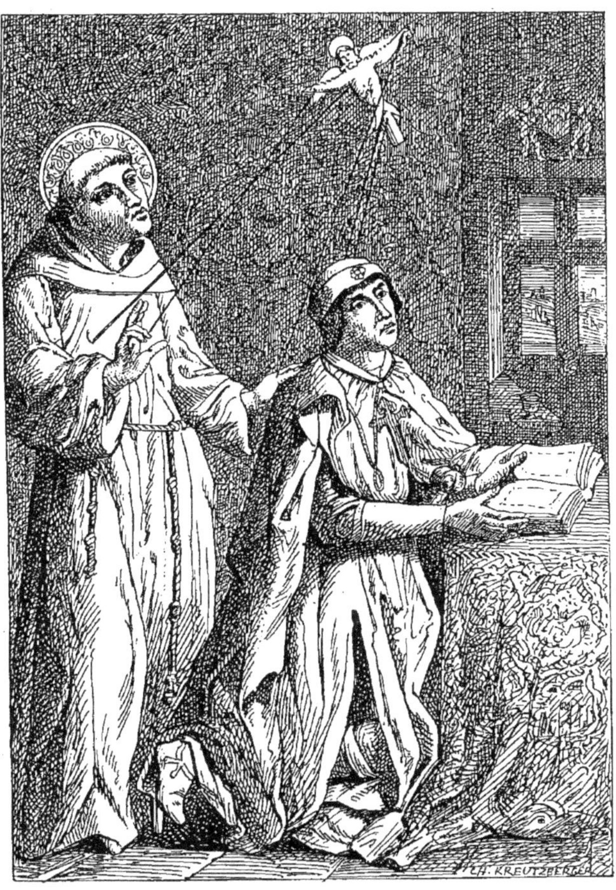

Fig. 8. — JUAN DE SEGOVIA, P. GUMIEL et S. DE ZAMORA.
Portrait de D. Alvaro de Luna.

(Fragment d'un tableau d'autel de la chapelle Saint-Jacques, à la cathédrale de Tolède.

BERRUGUETE, qui travaillait en Castille vers la fin du

xve siècle et probablement encore pendant les premières années du xvie. Ce maître fut cependant le peintre en titre du roi Philippe le Beau, mari de Jeanne la Folle, et il eut pour fils le célèbre Alonso Berruguete. Il était né, croit-on, à Paredès de Nava, où il se maria en 1478. En 1483, conjointement avec un collaborateur, que l'on suppose être Antonio del Rincon, le chapitre de la cathédrale de Tolède chargea Pedro Berruguete de décorer de fresques l'ancienne sacristie, travail qu'il terminait en 1488. Un peu plus tard, en 1495, il peignit également à fresque le cloître de la même cathédrale. Rien ne subsiste aujourd'hui de ces deux grandes décorations, pour lesquelles l'artiste reçut des sommes considérables. On ignore si ce fut avant ou après son séjour à Tolède que Pedro Berruguete exécuta à Avila, en collaboration avec Sàntos Cruz, des ouvrages nombreux et importants, tels que divers rétables à la cathédrale, au couvent de Saint-Dominique et dans le cloître du couvent de Saint-Thomas. Neuf peintures sur panneaux, provenant de ce dernier couvent, sont aujourd'hui conservées au musée de Madrid. L'une représente saint Dominique, la tête ceinte d'un nimbe d'or, où se lit en caractères gothiques l'inscription : *Santo Domingo enquisidor*, introduisant sa crosse dans la gueule d'un monstre qui vomit des flammes ; sept autres ont trait à des sujets empruntés à la vie de saint Dominique, de saint Thomas d'Aquin et de saint Pierre martyr ; la neuvième représente une communauté de Bernardins assistant à un *Exorcisme*. Un dixième panneau, appartenant au même musée et attribué selon toute vraisemblance à

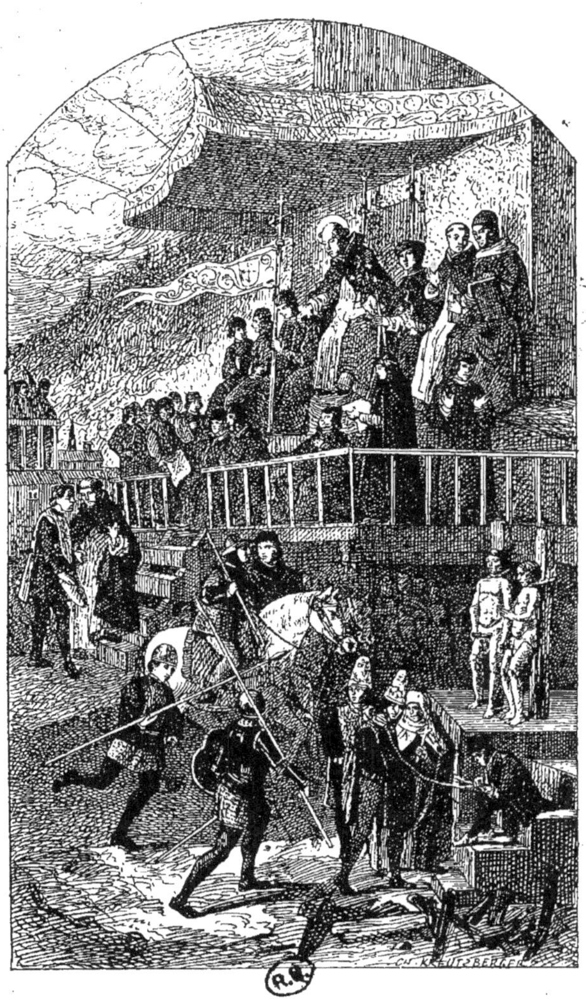

Fig. 9. — PEDRO BERRUGUETE, un *Auto de Fe.*

(Musée du Prado.)

Pedro Berruguete, nous montre un *Auto de Fe,* auquel préside saint Dominique. Toutes ces peintures sont exécutées sur des fonds d'or ou d'argent et rehaussées d'ornements d'or en relief dans les draperies et les accessoires. L'exécution de ces dix ouvrages n'est pas homogène et l'on y distingue assez nettement le travail de deux mains différentes, dont l'une, peut-être celle de Santos Cruz, est plus débile que l'autre. Par la couleur, qui est puissante, plutôt que par le dessin, qui est sec, découpé et naïvement incorrect, ces peintures rappellent d'un peu loin les primitifs de l'école vénitienne.

Antonio del Rincon, qui paraît s'être associé à Pedro Berruguete pour certains travaux entrepris en commun à la cathédrale de Tolède, serait né, d'après les biographes espagnols, à Guadalajara, vers 1446. Passé de bonne heure en Italie, il y aurait étudié son art et aurait eu, d'après eux, pour maître, Domenico Ghirlandajo. Ce n'est pas impossible; la manière de Rincon est certainement italienne et offre quelques rapports avec les méthodes de Ghirlandajo. A son retour d'Italie, Rincon vit son talent hautement apprécié. Ferdinand et Isabelle, les rois catholiques, le nommèrent leur peintre, et il eut fréquemment à reproduire leurs portraits. Il peignit notamment ceux qui se voyaient jadis au-dessus du maître-autel de San-Juan-de-los-Reyes, à Tolède, de même que celui d'Antonio de Nebrija.

L'œuvre capitale de Rincon, encore heureusement conservée, est le retable de l'église de Robledo de Chavela, composé de dix-sept panneaux représentant divers sujets empruntés à la vie de la Vierge, avec *l'Assomption* pour sujet central. Ces peintures justi-

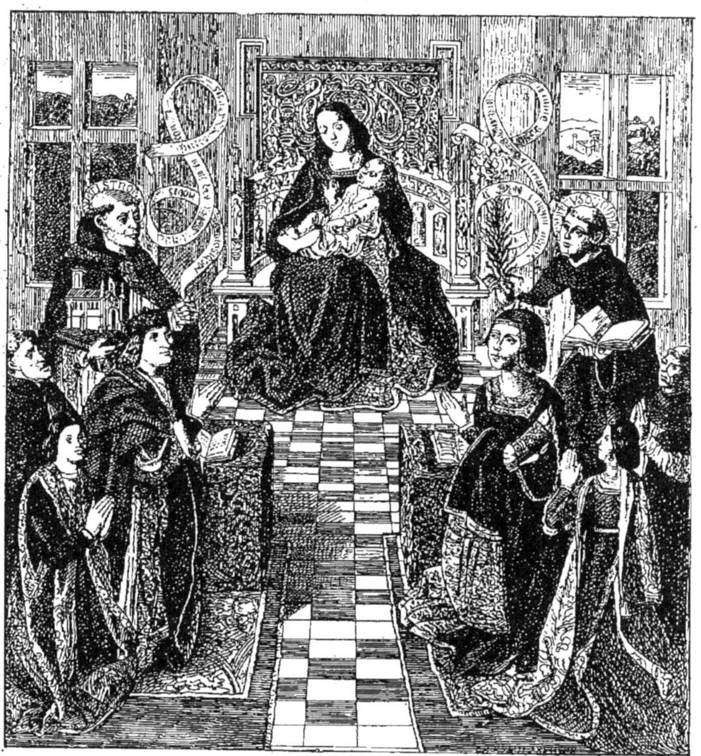

Fig. 10. — École de Castille du xvᵉ siècle. — Attribué
à ANTONIO DEL RINCON, *les Rois catholiques en prières devant la Vierge.*
(Musée du Prado.)

fient pleinement la réputation dont l'Espagne a entouré le nom de l'artiste ; le dessin s'y montre encore un peu naïf et timide, mais déjà plus souple et plus vrai que chez nombre de ses contemporains; ses types de figures sont expressifs et vivants.

Dans son *Iconografía española*, D. Valentin Carderera a attribué à Antonio del Rincon le tableau catalogué au musée de Madrid sous le n° 2184, et qui représente les rois catholiques, agenouillés et priant devant la Vierge tenant l'Enfant et assise sur un trône de marbre de la plus riche décoration gothique. A côté des rois, vêtus de costumes estampés d'ornements d'or, figurent les infants, D. Juan et doña Juana. Derrière le roi est agenouillé l'inquisiteur Torquemada, et saint Pierre, martyr, derrière la reine. Saint Thomas d'Aquin se tient debout à la droite du tableau, et saint Dominique à la gauche. Exécutée vers 1491 pour le couvent de Saint-Thomas, à Avila, par l'ordre du grand inquisiteur, cette intéressante composition votive, destinée à rappeler les bienfaits de Ferdinand et d'Isabelle envers le couvent, n'est certainement point d'un artiste flamand, comme l'avance Cruzada Villaamil dans son catalogue du musée du Fomento, mais bien l'œuvre d'un pinceau espagnol. Toutefois, l'attribution à Rincon demeure douteuse. On croit que cet artiste mourut vers 1500 à Séville, où il avait accompagné la cour.

D'autres monuments de la peinture en Castille, au xvᵉ siècle, font également partie des collections du musée de Madrid. Nous citerons notamment, pour l'intérêt que présente leur exécution, rappelant tantôt l'école de Cologne, tantôt l'école florentine, la suite d'ouvrages comprise au catalogue sous les nᵒˢ 2178 à 2183, dont l'auteur ou les auteurs sont demeurés inconnus.

Ces tableaux proviennent du couvent de la Sisla, à
Tolède; ils représentent *la Salutation angélique,* d'un

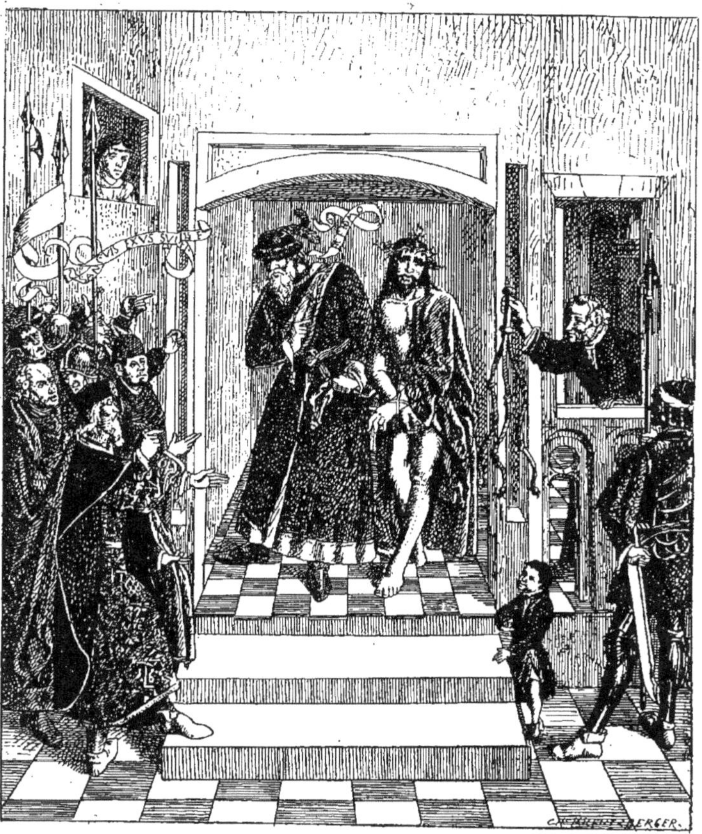

Fig. 11. — École espagnole du xve siècle, *Ecce Homo.*

style d'une grande noblesse et inspiré des Florentins;
la Visite de la Vierge à sainte Élisabeth, œuvre particulièrement intéressante pour le caractère oriental des

figures, et où l'artiste a peint une ville d'aspect mauresque ; *l'Adoration des Rois, la Présentation au Temple, la Circoncision* et enfin *la Mort de la Vierge.* Ce dernier tableau répète presque textuellement la célèbre composition dite du *Maître de Cologne,* qui est au musée de Munich.

Vers la seconde moitié du xve siècle naissait à Salamanque un peintre, FERNANDO GALLEGOS, sur qui les biographes ne nous ont transmis que des renseignements vagues, trop succincts, et parfois même inexacts. Auprès de quel maître avait-il appris son art, à coup sûr flamand d'inspiration ? Il y a de lui, dans la cathédrale de Salamanque, plusieurs panneaux d'un grand intérêt : *la Vierge assise, portant l'Enfant dans ses bras, et accompagnée de saint André et de saint Christophe,* au bas duquel on lit la signature : *Fernandus Gallecus.* Passavant, dans ses *Christliche Kunst in Spanien,* rapproche cette peinture des ouvrages de Petrus Cristus, qu'il suppose avoir voyagé en Espagne, et émet l'hypothèse, en observant entre les deux artistes certaines affinités de dessin et d'exécution, que Gallegos pourrait être élève de ce maître. Mais D. Pedro de Madrazo, dans son savant catalogue du musée du Prado, trouve, de son côté, que la manière de l'artiste espagnol présente de grandes analogies avec celle de Thierry Bouts. Quoi qu'il en soit de l'une ou l'autre conjecture, nous observerons que Gallegos conserve dans son exécution certaines particularités de caractère et de coloration qui sont bien de son temps et de son terroir. Il donne à ses carnations cette teinte foncée, un peu fauve, dont nous avons déjà signalé le fréquent emploi dans divers ouvrages du

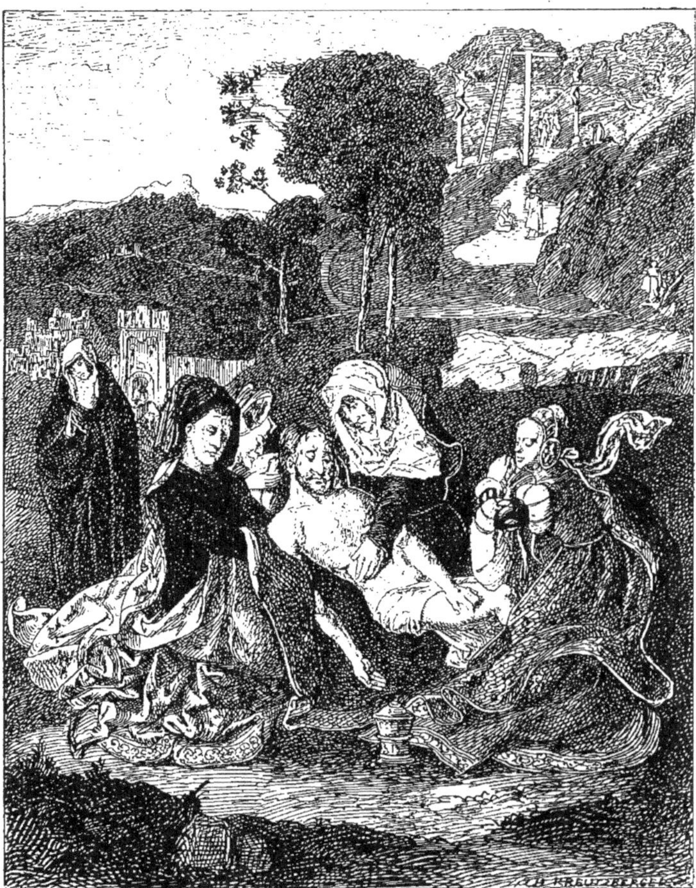

Fig. 12. — FERNANDO GALLEGOS, *le Christ mort*.

(Panneau central d'un triptyque du musée de Cadix.)

xve siècle; ses fonds de paysage sont aussi d'un ton roux, presque noir et sourd, bien différents des fonds clairs et fins des Flamands. En général, son dessin, surtout dans les extrémités, est gauche, et ses nus sont peints avec quelque sécheresse. On peut observer ces particularités dans les six tableaux représentant des sujets tirés de la vie de la Vierge et de celle de saint Jean-Baptiste, catalogués sous les nos 2155 à 2160 au musée du Prado, et provenus du monastère de Miraflorès.

Différentes œuvres que l'artiste avait exécutées à Salamanque ont disparu; mais la cathédrale de Zamora a conservé de lui un retable, formé de six panneaux, qu'il terminait en 1470, date que l'on rencontre de nouveau sur un important triptyque portant la signature du peintre et qui fait partie du musée de Cadix.

Parmi les nombreux artistes qui travaillaient vers la fin du xve siècle aux décorations picturales de la cathédrale de Tolède, nous citerons les frères Comontès (Inigo et Antonio), qui étaient élèves d'Antonio del Rincon, et un maître plus important, Juan de Borgona, dont la nationalité est obscure. Nous savons, par des documents conservés aux archives du chapitre, qu'il peint en 1495, à la fresque, dans le cloître, une *Visitation*; qu'en 1499, il achève, en collaboration avec Alvar Perez de Villoldo, de nouvelles décorations murales; qu'en 1502, il commence avec Francisco de Amberes et Fernando del Rincon, fils d'Antonio, *à estofar*, c'est-à-dire à peindre au naturel, les sculptures en bois du grand retable de la cathédrale; qu'il est l'auteur d'une partie des peintures de la salle capitulaire, exécutées partie à fresque, partie *à tempera*, et qui représentent divers sujets empruntés à la vie de la Vierge, ainsi que *Saint Ildephonse recevant des mains de la Vierge la chasuble miraculeuse;* qu'il est également l'auteur des portraits des archevêques de Tolède, y compris celui du cardinal Cisneros, représentés en buste et placés, comme les peintures précédentes, dans la salle capitulaire; et qu'enfin il a peint, en 1514, la grande fresque représentant *la Conquête d'Oran,* de la chapelle mozarabe.

En 1508, Juan de Borgoña, peut-être par suite de la mort de Pedro Berruguete, était chargé par le chapitre d'Avila de peindre quatre panneaux destinés à compléter la décoration du maître-autel de la cathédrale.

Revenu à Tolède, il commence, en 1516, une suite de fresques pour la *Libreria* et peint à l'huile deux nouveaux portraits, ceux des archevêques de Croy et Fonseca, pour la salle capitulaire. Mais à partir de 1533 le nom de Juan de Borgoña ne paraît plus dans aucun document, et nous devons supposer qu'il mourait cette année-là ou l'année suivante. « Aucun peintre contemporain, écrit Cean Bermudez, pas même à Florence ou en Allemagne, n'a montré plus de talent dans l'exécution des draperies et n'a eu un plus brillant coloris que Juan de Borgoña[1]. » Sans insister sur ces rapprochements, dont nous laissons la responsabilité au critique espagnol, nous reconnaissons volontiers que le talent de Juan de Borgoña est certainement supérieur à celui de nombre d'artistes espagnols, ses contemporains. Son style est italien, et sa manière de composer

1. Cean Bermudez, *Diccionario de los mas ilustres profesores de las bellas artes en España.* — Madrid, 1800.

appartient encore à la tradition gothique ; mais il empreint ses figures d'un caractère déjà plus aimable, plus vivant, ses figures de femmes surtout, et son exécution a de la fraîcheur, du charme et de la souplesse ; ses portraits de prélats, rappelant Domenico Ghirlandajo, sont vraiment remarquables.

Séville possède de très anciens monuments de la peinture, et les plus anciens qu'il y ait en Espagne. Sa *Vierge de la Antigua*, dans la cathédrale, remonte très probablement au xiiie siècle. C'est une peinture murale d'un caractère byzantin, exécutée sur fond d'or ; elle représente, dans des proportions plus grandes que nature, la Vierge tenant l'Enfant, et que des anges couronnent. Si l'on en devait croire la tradition, son origine daterait même d'avant la conquête de Séville par le roi Ferdinand.

D'autres représentations de la Vierge, également de caractère byzantin, mais plus altérées par les restaurations que la *Vierge de la Antigua,* se voient encore à Séville dans les églises de Saint-Ildephonse et de Saint-Laurent.

Quelques peintures murales, paraissant dater de la fin du xive siècle, mais en très mauvais état de conservation, subsistent dans le cloître du couvent de San-Isidro del Campo, près de Séville. Elles représentent des saints, des saintes, et, dans un médaillon, saint Bernard entouré de moines et de divers personnages. Le style en est italien, et malgré leur état de dégradation, on peut encore entrevoir que l'exécution devait être remarquablement ferme et belle et l'ensemble d'un grand caractère. Sont-elles l'œuvre d'un artiste indi-

gène ? On n'oserait l'affirmer, surtout lorsqu'on les rapproche par la pensée de ce qu'étaient, si nous en
croyons Pacheco, les naïfs ouvrages, tout réalistes et
flamands, de Juan Sanchez de Castro, le plus ancien
peintre indigène dont l'histoire de l'art en Andalousie
fasse mention [1]. Né à Séville, probablement dans le
premier quart du xvᵉ siècle, cet artiste, dont le maître
est demeuré inconnu, peignait en 1454 le retable dit de
Sainte-Lucie, pour la chapelle de Saint-Joseph, dans
la cathédrale. Cean Bermudez, qui nous donne ce
renseignement, ajoute que ce retable a été détruit de
son temps et remplacé par un autre plus moderne. Il
attribue aussi à Sanchez de Castro un *Saint Christophe,*
entièrement repeint au xviiiᵉ siècle, dans l'église de
Saint-Julien, et signale encore du même artiste, qui
l'avait signé, un *Saint Ildephonse recevant la chasuble,*
disparu depuis longtemps. Il eut un élève, Juan Nunez,
qui continua sa manière. Un tableau de Nuñez, représentant une *Pietà,* est conservé à la cathédrale.

C'est entre 1470 et 1475 qu'il faut reporter l'exécution des peintures de la Salle de Justice, à l'Alhambra
de Grenade. Comme facture, comme coloris, comme
caractère, elles se rattachent aux traditions d'art venues
d'Italie. On ignore cependant si leur auteur était Italien ou Espagnol.

Elles furent exécutées sous le règne de Muley-
Aboul-Hassan (1465-1487), père de Boabdil, qui agran-
dit et embellit l'Alhambra. On sait que, contrairement
aux préceptes du Coran, les Maures d'Espagne, au

---

1. Pacheco, *El arte de la pintura, su antiguedad y grandesas.*
— Séville, 1649.

contact des mœurs et des coutumes chrétiennes, ne reculèrent pas devant la représentation des êtres animés et de la figure humaine. Muley-Hassan fit décorer la coupole de la salle, appelée de son temps *Salle des Rois,* de son propre portrait et de celui des neuf princes nazarites, ses prédécesseurs. Dans deux autres petites coupoles l'artiste peignit, en des costumes encore en usage en Espagne à la fin du xv⁰ siècle, des épisodes de chasse et un combat singulier. Ces diverses représentations, d'un dessin assez naïf, dont les contours sont accusés en noir et où la perspective est assez maltraitée, ont été exécutées sur des morceaux de cuir fixés sur un lattis de cèdre.

A Cordoue, c'est l'art italien, mais déjà amalgamé avec les procédés des écoles du Nord, qui fait son apparition en 1475. Un artiste indigène, PEDRO DE CORDOBA, peignit en effet à cette date, pour la cathédrale, un tableau votif, encore très bien conservé, représentant dans sa partie supérieure une *Annonciation* et, en bas, six saints, avec deux donataires agenouillés. Gothique d'arrangement, cette composition est dans les figures d'un dessin correct; les plis des vêtements sont minces et nombreux, et il y a surcharge d'ornements d'or dans la décoration des étoffes.

CHAPITRE IV

LA PEINTURE ESPAGNOLE AU XVIᵉ SIÈCLE.

§ 1ᵉʳ. — INTRODUCTION DE LA RENAISSANCE ITALIENNE A VALENCE ET EN ARAGON.

C'est à Valence, et dès les premières années du xviᵉ siècle, qu'apparaissent les plus anciens témoignages de l'introduction dans l'est de l'Espagne des enseignements de la Renaissance italienne. Deux artistes, appelés sans doute d'Italie par le chapitre de la cathédrale, Paolo da Arezzo, ou Pablo de Aregio, comme l'appellent les auteurs espagnols, et son collaborateur, Francisco Neapoli, ou Napolitano, élève de Léonard de Vinci, terminent, en 1506, la décoration des volets qui servaient à recouvrir les primitives sculptures d'argent du maître-autel. Chacun de ces volets, peints à l'intérieur et à l'extérieur, présente six compositions relatives, les unes à la vie du Christ, les autres à la vie de la Vierge. Ces peintures, dont les personnages sont de grandeur naturelle, ont été exécutées dans le style milanais, mêlé de florentin.

L'une des compositions, représentant la *Mort de la Vierge,* est particulièrement remarquable par le caractère presque léonardesque des figures, la parfaite beauté du dessin et l'éclat harmonieux du coloris. L'effet produit par ces ouvrages, où l'élévation du sentiment s'allie à une exécution supérieure, et si différents par là des pratiques timides et naïves des gothiques, fut considérable.

L'Italie devint tout de suite la terre sacrée vers laquelle se tournèrent les regards des artistes valenciens. Aussi, pendant toute la durée du xvi⁰ siècle, les voyons-nous émigrer en Italie, allant y chercher les leçons des maîtres ou tout au moins étudier leurs chefs-d'œuvre.

Telles furent, dans leur origine, les causes qui présidèrent à l'éclosion et plus tard au développement de ce foyer d'art dérivé des écoles italiennes, que les historiens espagnols désignent habituellement sous le nom d'*École valencienne,* désignation qui ne doit être

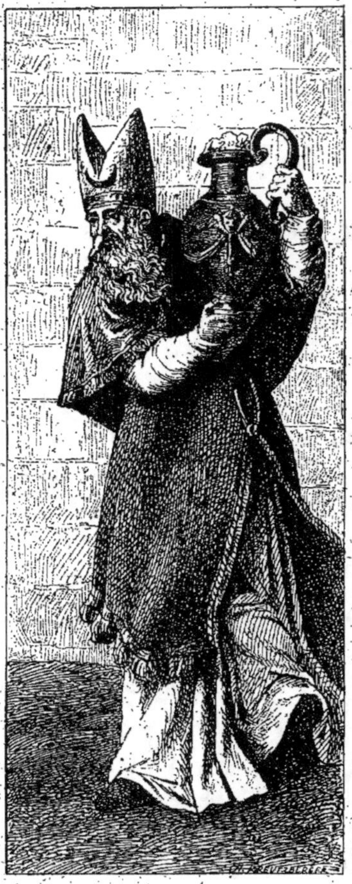

Fig. 13. — JOANÈS.

Le grand-prêtre Aaron.

(Musée du Prado.)

prise que comme expression géographique, n'impliquant, pour les artistes qui composent ce groupe, aucune unité d'enseignement théorique ou pratique.

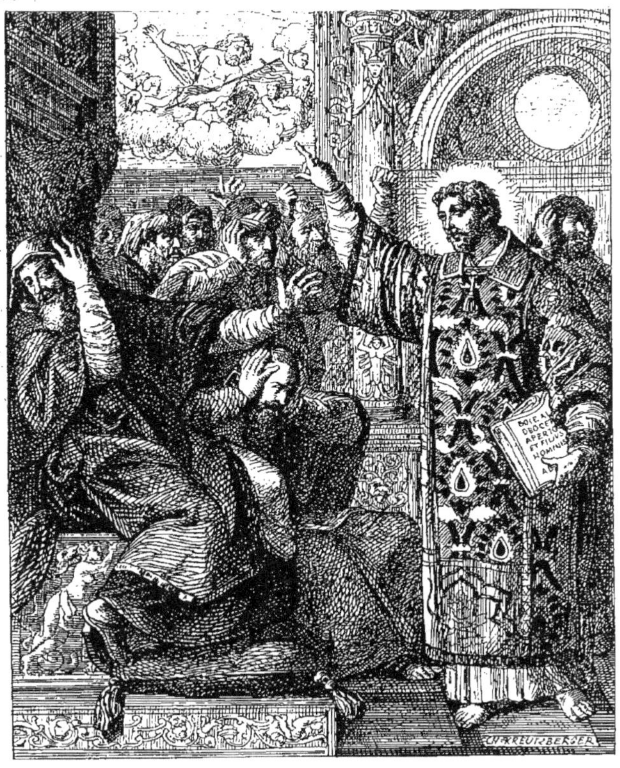

Fig. 14. — VICENTE JOANÈS, *Saint Étienne accusé de blasphème*.

(Musée du Prado.)

VICENTE JOANÈS, ou plus exactement VICENTE JUAN MACIP (1523?-1579), que ses compatriotes désignent habituellement sous le nom de *Juan de Juanès*, et qu'ils ont surnommé encore le *Raphaël espagnol*, bien qu'il ne soit jamais parvenu à s'assimiler ni le fier dessin ni l'idéale pureté de style du grand maître de l'école romaine, fut l'un des plus illustres parmi ces artistes valenciens qui allèrent demander à l'Italie les secrets de son génie. D'après des inductions plausibles, mais incertaines, on suppose que Joanès travailla à Rome dans l'atelier de l'un des disciples de Raphaël : Polydore de Caravage, Jules Romain ou Perino del Vaga. Mais ce qui n'est pas douteux, c'est que l'artiste espagnol a subi de bonne heure l'influence dominatrice des chefs-d'œuvre du divin maître, et les preuves s'en rencontrent dans *la Sainte Famille*, conservée dans la sacristie de la cathédrale de Valence, et dans *le Christ portant sa croix*, du musée du Prado, à Madrid.

A son retour dans sa patrie, à une date qui ne peut être précisée, Joanès vit sa réputation s'établir rapidement et s'étendre dans le royaume de Valence. Les couvents et les églises accaparèrent tout de suite son pinceau, voué d'ailleurs exclusivement à la représentation des sujets religieux et au portrait. Sa piété était grande, et comme Luis de Vargas, son contemporain, il jeûnait et priait, assurent ses biographes, avant d'oser peindre ses compositions sacrées, où éclate du reste toute la pénétrante ferveur de sa foi.

Ses plus beaux ouvrages sont *l'Immaculée Conception*, de l'église des Jésuites, à Valence, qui lui fut inspirée à la suite d'une vision; *l'Assomption*, du musée de Valence; *le Baptême de Jésus* et *la Conversion de saint Paul*, à la cathédrale; *la Sainte Cène*, de l'église de Saint-Nicolas, ainsi que l'importante suite

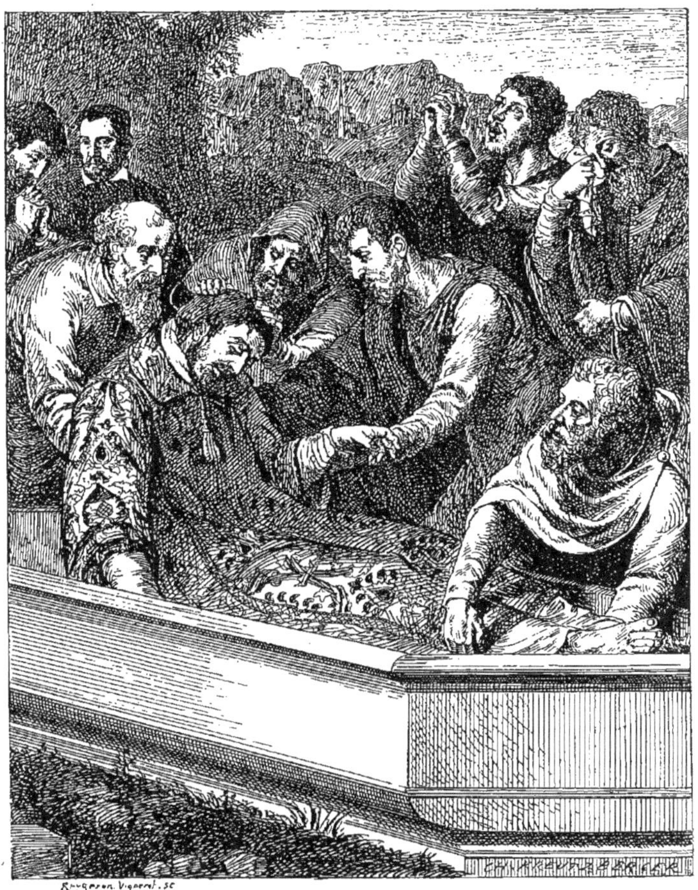

Fig. 15. — VICENTE JOANÈˢ, *Enterrement de saint Étienne.*
(Musée du Prado.)

de tableaux relatifs à *la Prédication* et au *Martyre de saint Étienne*, qui appartient au musée de Madrid.

Parmi ses meilleurs portraits, nous citerons particulièrement celui de Luis de Castelvi, du musée de Madrid, et ceux du saint archevêque Thomas de Villanueva et du bienheureux Juan de Ribera, conservés à la cathédrale. Joanès, après avoir doté de ses ouvrages les églises de Valence, de Segorbe, la chartreuse de Valdecristo et le couvent des dominicains de Castellon de la Plana, ne put achever, en 1579, les peintures du grand retable de l'église paroissiale de Bocairente. Le 20 décembre de cette même année, l'artiste fit son testament, et il mourait précisément le lendemain.

Malgré son séjour en Italie et sa préoccupation de s'assimiler la correction et les beautés de l'école romaine, préoccupation qui reste visible dans ses créations, Joanès n'est cependant pas entièrement italien. L'influence native et les instincts de sa race se mélangent en lui aux influences reçues du dehors pour lui constituer un caractère original et personnel, qu'il doit particulièrement à la sincérité de sa foi, à la profondeur de son sentiment religieux. Ses types, si éthérés, si divins, du Christ et de la Vierge sont bien à lui, en même temps qu'ils sont bien espagnols par leur expression de pénétrante mysticité.

Assez timide dans l'exécution de ses compositions tout idéales, l'artiste valencien montre plus de vaillance devant la nature. Dans ses portraits, il rappelle et égale le Bronzino, sans s'éloigner cependant beaucoup de la manière de Raphaël. Joanès laissa un fils et deux filles qui cultivèrent la peinture, mais sans posséder les éminentes qualités de leur père. On lui donne aussi pour élève ou pour imitateur NICOLAS

BORRAS (1530-1610), qui se fit prêtre et plus tard religieux hyéronimite au couvent de Gandia. Fray Nicolas Borras, doué d'une inépuisable fécondité, a rempli de ses peintures les couvents de son ordre. Le musée de Valence n'a pas recueilli moins de quarante-deux toiles de ce moine-artiste. On remarque parmi les meilleures *l'Enfer, le Purgatoire, la Sainte Famille, la Cène* et *la Naissance de Jésus*. Son pinceau facile et presque banal est loin de rappeler le caractère d'exquise idéalité des créations du maître. Joanès, au demeurant, n'a donc pas créé d'école, ainsi que le prétendent les historiens espagnols. Les peintres valenciens, venus après lui, n'offrent avec le génie de ce maître aucune analogie et n'ont avec lui d'autre lien visible que de partager son admiration pour l'Italie.

FRANCISCO DE RIBALTA (1555?-1628) alla, après un premier apprentissage de son art à Valence, se perfectionner à l'école des Carrache. Les belles œuvres de Sébastien del Piombo le captivèrent ensuite et à son retour à Valence, où l'attendait fidèlement, au dire des biographes de l'artiste, une fiancée adorable et chérie, il fit tout de suite preuve d'un très grand savoir et d'un talent hautement apprécié.

L'archevêque Juan de Ribera lui fit aussitôt la commande d'une *Sainte Cène* pour l'autel du collège du Corpus Christi, sujet que Ribalta a reproduit à diverses reprises en le variant et où il a toujours réussi à exprimer, de la manière la plus heureuse, les sentiments et les caractères typiques des apôtres et de leur divin Maître. L'achèvement de cette vaste composition consacra la réputation de l'artiste. Les églises de Valence et de la province, les couvents des divers ordres lui demandèrent à l'envi des ouvrages de sa main, en même temps que de nombreux élèves accouraient recevoir ses leçons. En tant que création d'un enseignement suivi, fécond, Valence doit plus à Ribalta qu'à Vicente Juanès. Quoique complexe et formée de l'amalgame des différents styles des écoles italiennes avec les tendances natives vers le naturalisme, la manière de Ribalta fit école, au véritable sens du mot, et l'artiste compte une postérité prolongée de disciples et de sectateurs, jusque par delà la seconde moitié du XVIIe siècle.

A la suite de la sécularisation des couvents, le musée de Valence a recueilli un assez grand nombre d'ouvrages de Francisco Ribalta. Les plus remarquables sont : *Saint François embrassant Jésus crucifié, la Conception, la Vierge de Portacœli, Saint Antoine abbé, la Résurrection, Saint Bruno, Saint Isidore laboureur,* et *la Crucifixion,* ainsi que deux volets d'un triptyque dont le musée du Prado conserve la partie centrale représentant *la Descente du Christ aux limbes,* copiée par Ribalta d'après un original, aujourd'hui, perdu de Sébastien del Piombo. L'étude de ces diverses productions laisse aisément pénétrer la nature composite du talent de l'artiste, talent de transition, moitié traditionnel, moitié original, composé qu'il est d'assimilations bolonaises et romaines et de tendances naturalistes et personnelles.

Son fils et son élève, JUAN DE RIBALTA (1597-1628), fut aussi de bonne heure un peintre de mérite. Son tableau du musée de Valence représentant *la Cruci-*

fixion, que l'artiste exécutait à l'âge de dix-huit ans, montre quelle place il eût pu prendre à la suite de son père s'il n'était mort à trente et un ans. Francisco de Ribalta l'associait souvent à ses travaux, et en examinant certains de leurs ouvrages, ceux surtout qui sont les moins empreints de réminiscences italiennes, il serait difficile d'y démêler quelle peut être la part du père et celle du fils. Aussi en Espagne, assez habituellement, on confond leurs manières, et sans plus de recherche on se borne à attribuer telle ou telle de leurs œuvres, de style mal défini, aux deux Ribalta.

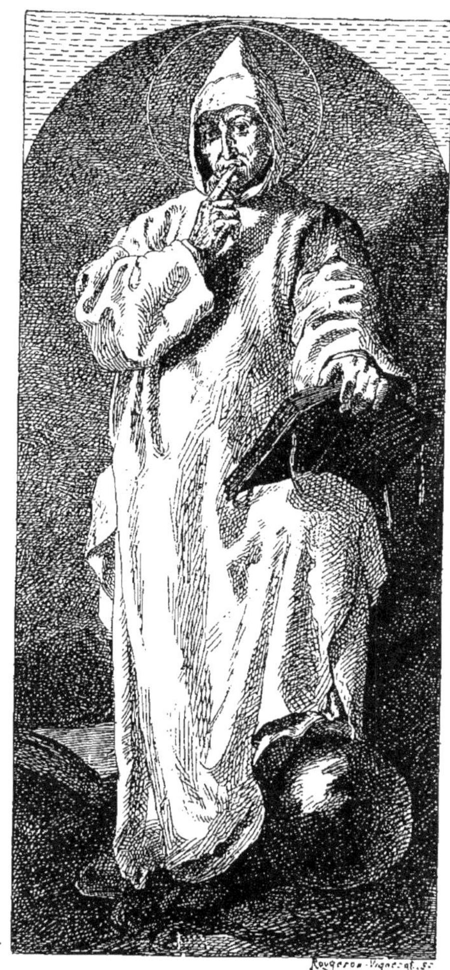

Fig. 16. — F. DE RIBALTA, *Saint Bruno.*

(Musée provincial de Valence.)

A en juger par celles des peintures de Juan de Ribalta qui sont authentiquement de lui, par exemple quelques-uns des portraits d'illustres personnages valenciens, suite qui lui fut commandée par D. Diego Vich et dont une partie se trouve conservée au musée de Valence, les représentations des *Évangélistes saint Jean et saint Mathieu, saint Marc et saint Luc*, du musée de Madrid, et encore *le Chanteur*, du même musée, on perçoit clairement que son style est franchement réaliste et que son exécution, moins serrée que celle de son père, est plus spontanée, plus hardie et, comme méthode, infiniment plus moderne.

Des nombreux élèves, formés à l'atelier de Francisco Ribalta, nous nous bornerons à citer GREGORIO BAUSA (1590-1656), FRANCISCO ZARINENA (1550-1624), GREGORIO CASTANEDA (?-1629), JACINTO GERONIMO DE ESPINOSA (1600-1680), et le plus illustre de tous, JOSE DE RIBERA (1588-1656), qui appartiennent par leurs œuvres au xviie siècle.

Au nombre des peintres contemporains de Joanès et de Francisco de Ribalta, mais qui, sans être élèves de ces maîtres, reflétèrent plus ou moins leurs manières, on trouve les noms du bienheureux F. NICOLAS FACTOR (1520-1583), NICOLAS FALCO, qui florissait vers 1515, VICENTE REQUENA, qui travaillait encore à Valence en 1590, et JUAN BAUTISTA NOVARA, venu d'Italie à Valence, où il peignait à fresque la chapelle du Corpus-Christi, dans les dernières années du xvie siècle. Moins pour la valeur d'art de ses productions que pour leur caractère exceptionnellement marqué de naturalisme, nous joindrons à ces noms celui de Geronimo Rodriguez de Espinosa (1562-1630), père de Jacinto, l'élève de Ribalta, et originaire de Valladolid. Rodriguez de Espinosa était venu s'établir dans la province de Valence, à Cocentaina, dans les dernières années du xviᵉ siècle.

Les libres méthodes italiennes furent introduites en Catalogne et en Aragon, tantôt par des artistes indigènes, qui avaient appris leur art en Italie, tantôt par des peintres italiens appelés en Espagne.

Parmi les premiers nous rencontrons Tomas Pelegret, élève de Polydore de Caravage, et établi à Saragosse vers 1535. Habile fresquiste, Pelegret répandit en Aragon le goût des grandes décorations architecturales extérieures; ses ouvrages, exécutés en clair-obscur, ont disparu, mais on sait par Jusepe Martinez que ce peintre exerça une grande influence sur l'art de son temps. Il composait, d'après notre auteur, et à l'imitation de son maître, d'ingénieux dessins pour les orfèvres, les brodeurs, les ornemanistes, les sculpteurs sur pierre et sur bois, et contribua ainsi à répandre, en Aragon, les gracieuses inventions décoratives de la Renaissance [1].

Le même Jusepe Martinez nous donne les noms de deux peintres italiens, *Micer Pietro,* de Sienne, et *Paolo Esquarte,* élève, selon lui, du Titien, qui vinrent travailler en Aragon à la fin du xviᵉ siècle; ce dernier avait été appelé d'Italie par le duc de Villahermosa pour décorer son palais et sa maison de campagne. Un autre artiste, élève également du Titien, *Rolan Mois,* accompagnait Paolo : il eut principalement pour mission de peindre, d'après d'anciens originaux, les

1. Jusepe Martinez, *Discursos practicables,* p. 133 à 136.

portraits en pied des ancêtres du duc. Ces portraits, *de caractère vénitien* et rappelant un peu la manière de Sanchez Coëllo, existent encore et sont conservés au palais Villahermosa, à Madrid. Martinez cite également un autre portraitiste, *L'Horphelin de Poultiers,* que l'on croit être originaire de la Bourgogne, mais qui avait étudié son art en Italie, puis Juan Galvan, né en Aragon, et revenu aussi d'Italie, et Geronimo de Moras, élève et aide de Federigo Zucchero, qui tous résidèrent et travaillèrent à Saragosse à la fin du xvɪe siècle. A la même époque un peintre florentin, *Lupicino,* vint également s'y établir. Quelques-uns de ses ouvrages subsistent dans la cathédrale de la Seu.

Mais l'oubli où sont tombés ces peintres, étrangers ou indigènes, montre suffisamment qu'aucun d'eux n'était apte à faire germer et fructifier, en cette terre aragonaise déjà depuis longtemps stérilisée, les semences de l'art renouvelé : deux siècles s'écouleront avant que l'Aragon ne donne naissance à un artiste véritablement doué, à Francisco Goya.

Le même phénomène de stérilité que nous constatons en Aragon se produit en Catalogne; c'est à peine si, pendant toute la durée du xvɪe siècle, nous voyons apparaître quelques rares et obscurs praticiens indigènes, tels que Jayme Segarra, à Reus, un gothique attardé, Francisco Olives, Pedro Serafin et Pedro Pablo, qui décorent les panneaux des grandes orgues de la cathédrale de Tarragone; ou encore d'autres, comme Pedro Guitart et Isaac Hermès, gens de métier plutôt qu'artistes, qui peignent en tons naturels les sculptures des retables et les statues des saints.

CHAPITRE V

LA PEINTURE ESPAGNOLE AU XVIe SIÈCLE.

§ 2. — INTRODUCTION DE LA RENAISSANCE ITALIENNE
EN ANDALOUSIE.

La puissance d'attraction que, dès l'aube du
xvie siècle, l'Italie exerçait sur les artistes valenciens
s'était déjà produite un quart de siècle auparavant, et
avec la même irrésistible force, sur les peintres de l'Andalousie.

Alejo Fernandez, qui peignait à Cordoue à la fin
du siècle précédent, vers la même époque où Pedro de
Cordoba exécutait *l'Annonciation,* avait-il appris son
art en Italie ou reçu les leçons de quelqu'un des peintres
italiens venus en Andalousie? Nous l'ignorons. Mais
l'étude de ceux de ses ouvrages qui sont conservés dans
la cathédrale de Séville permet de présumer que cette
dernière hypothèse reste la plus plausible. Le retable,
composé de trois panneaux, qu'on voit dans la sacristie
du chœur, derrière l'autel, présente comme sujets *la
Réconciliation de saint Joachim avec sainte Anne, la
Naissance de la Vierge* et *la Purification.* La date de
leur exécution, constatée par un document conservé
aux archives du chapitre, est 1508.

Une autre composition d'Alejo Fernandez, placée dans la grande sacristie, figure *l'Adoration des Rois;* sa facture semble indiquer qu'elle serait postérieure, mais de peu d'années, aux panneaux précédents. Enfin on connaît encore dans l'église de Santa-Ana, au faubourg de Triana, à Séville, une autre peinture de lui, représentant *la Vierge, assise sur un trône, tenant l'Enfant sur ses genoux et entourée d'anges.* Le style de ces divers ouvrages rappelle les *quattrocentisti* florentins; mais l'agencement des figures, leur dessin, présentent, ainsi que l'exécution, quelque timidité. L'artiste a gardé, comme les gothiques, le goût des ornements d'or semés dans les fonds et sur les costumes. Toutefois, s'il est grandement attardé par rapport à ses contemporains italiens, sa technique n'en représente pas moins de très grands progrès réalisés sur les méthodes encore si barbares de Sanchez de Castro et de Nunez. Ce n'est pas encore l'art de la Renaissance, mais on en pressent l'approche.

Les mêmes remarques peuvent être appliquées aux divers panneaux d'un retable exécuté par PEDRO FERNANDEZ DE GUADALUPE, pour la cathédrale de Séville, à la date de 1526. Au centre est représentée *la Vierge soutenant le Christ mort et entourée des Maries et de saint Jean, Joseph d'Arimathie et Nicodème;* sur les côtés sont les portraits des donataires, et sur les deux autres panneaux *le Christ à la colonne* et *le Repentir de saint Pierre.* L'évolution de Guadalupe vers l'art italien est très sensible dans cet ouvrage où l'on note, cependant deux particularités caractéristiques et bien indigènes : le goût des ornements d'or et l'emploi de colorations de plus en plus vigoureuses et profondes.

Avec ces deux maîtres, qui marquent la transition entre l'art des primitifs et l'art émancipé par le souffle de la Renaissance, disparaissent les derniers vestiges des timidités gothiques. Dès lors, et pour toute la durée du siècle, la peinture espagnole, en Andalousie, obéira presque sans réserve aux influences libératrices, récemment venues d'Italie.

Séville était à cette époque le centre d'une puissante activité artistique, qui se propagea d'ailleurs dans les autres grandes villes de l'Andalousie. L'achèvement de sa merveilleuse cathédrale (1519),

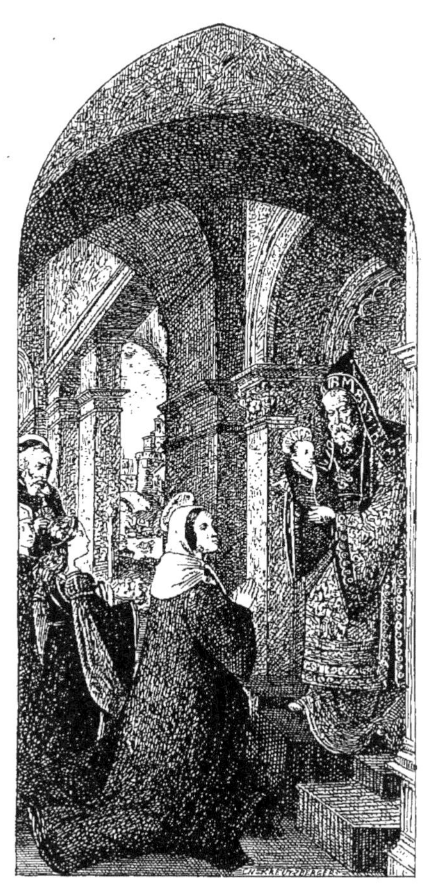

Fig. 17. — ALEJO FERNANDEZ,

Purification de la Vierge.

(Cathédrale de Séville.)

les richesses décoratives qu'exigeaient les autels, les chapelles et le mobilier sacerdotal pour correspondre dignement aux intentions du chapitre, qui avait voulu que sa cathédrale fût sans rivale sous le rapport de la splendeur et du grandiose, avaient attiré une légion d'artistes flamands, italiens et indigènes, appartenant à toutes les corporations artistiques.

Après avoir achevé dans la chapelle de la Antigua le tombeau du cardinal Diego Hurtado de Mendoza, l'habile sculpteur Miguel Florentino, séduit par les offres généreuses du chapitre, entreprend la décoration du *cimborio* et de la porte nord de la cathédrale et modèle les superbes figures de terre cuite qui ornent l'extérieur de la chapelle Majeure (1525). Torrigiani, ce condisciple brutal et jaloux de Michel-Ange, vient à Séville et y laisse un chef-d'œuvre au couvent de Buenavista, son admirable statue de *Saint Jérôme*.

Quelques peintres flamands, comme François Frutet et Fernand Sturm, s'établissent dans le même temps à Séville et y propagent, avec leur goût inné pour la couleur, les enseignements qu'ils rapportent d'Italie. Le plus célèbre d'entre eux est Pierre de Kempeneer (1503-1580), que les Espagnols appellent *Pedro Campaña*. Il avait été nourri à l'école de Michel-Ange et résida longtemps à Séville. Quelques-uns de ses ouvrages en ornent encore les églises; son œuvre capitale est une *Descente de croix* (1548), peinte pour l'église de Santa-Cruz, où, au siècle suivant, elle faisait, d'après le récit de Cean Bermudez, l'admiration de Murillo. Cette belle composition, d'allure magistrale et mouvementée, aux types étranges et très carac-

térisés, au coloris violent et dur, impressionna vivement les peintres indigènes. 'Elle leur apparaissait
comme une note sai-
sissante et nouvelle,
et le grave recueille-
ment de son spectacle,
où passe le souffle de
l'art émancipé, leur
faisait entrevoir un
idéal jusqu'alors in-
connu d'eux.

A l'Alhambra de
Grenade, Charles-
Quint a fait venir
d'Italie deux habiles
fresquistes, Julio et
Alexandro Mayner,
élèves peut-être de
Jean d'Udine, pour
décorer de ces gra-
cieux ornements, em-
pruntés à l'art antique
et qu'on appelle *gru-
teschi,* les salles nou-
vellement construites
(1537). Ils forment à
Grenade, puis à Ube-
da, où Cobos, le se-
crétaire de Charles-

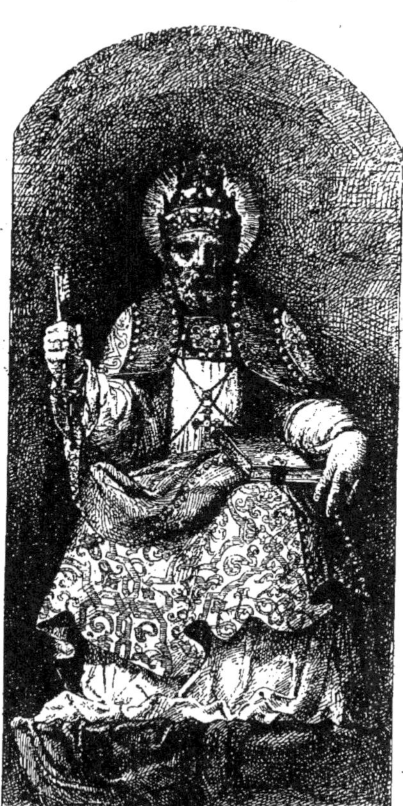

Fig. 18. — LUIS DE VARGAS,

Saint Pierre.

(Cathédrale de Séville.)

Quint, leur fait décorer son palais, des élèves et d'excellents imitateurs. Parmi les artistes espagnols qui re-

cueillent leurs leçons ou s'inspirent de leurs créations,

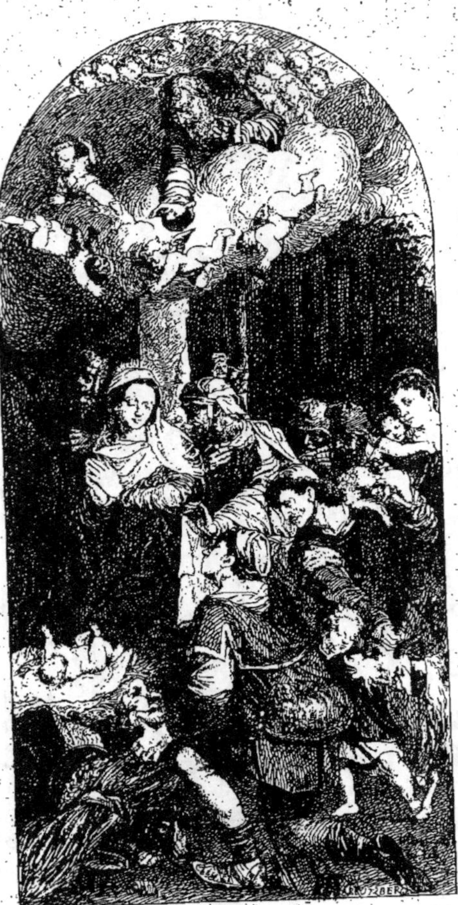

Fig. 19. — LUIS DE VARGAS,
l'Adoration des bergers.
(Cathédrale de Séville.)

Cean Bermudez cite les noms de PEDRO DE RAXIS, d'ANTONIO ARFIAN, d'ANTONIO MOHEDANO et de BLAS DE LEDESMA.

Une invincible attirance vers l'Italie se produit de plus en plus puissante à ce moment du XVIᵉ siècle en Andalousie; un courant d'émigration s'établit, qui va grandissant toujours : architectes, sculpteurs et peintres quittent leur patrie pour aller demander à Rome, à Florence, à Venise les secrets du génie de leurs maîtres.

LUIS DE VARGAS (1502-1567), né à Séville, fut un des premiers artistes sévillans qui

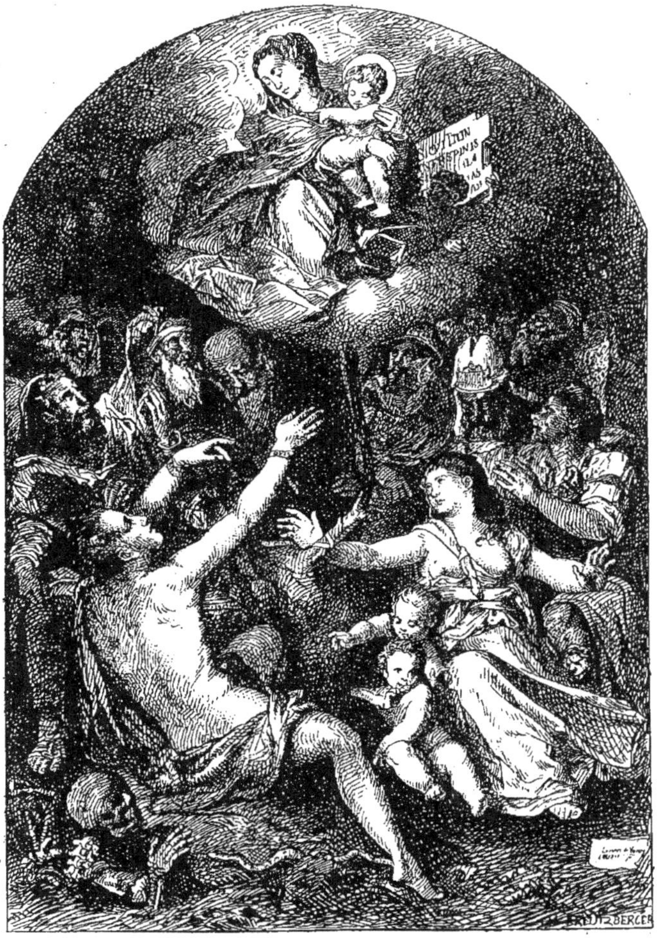

Fig. 20. — LUIS DE VARGAS, *la Génération temporelle de Jésus-Christ.*
(Cathédrale de Séville.)

partirent pour Rome, où il entra dans l'atelier de Pe-

rino del Vaga. Son dessin, son style sont entièrement
raphaélesques; mais si le caractère de ses figures est
expressif et noble, il ne parvient pas toutefois à leur
communiquer la hauteur d'idéal du divin Sanzio. Ses
types sont vivants et empruntés au milieu vrai; en cela,

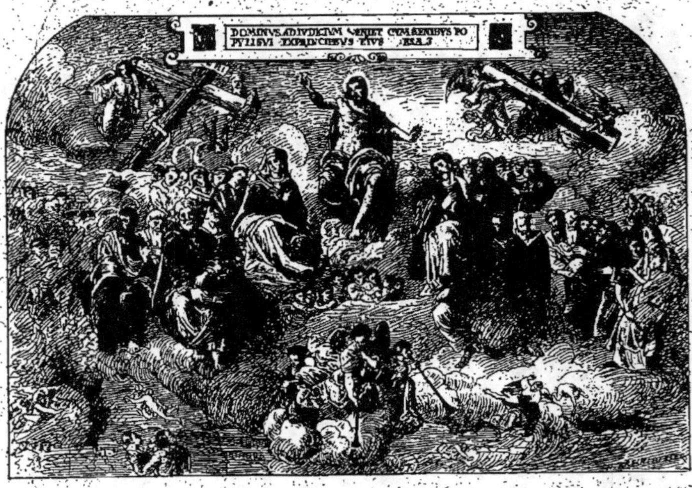

Fig. 21. — LUIS DE VARGAS, *le Jugement dernier*.

(Fresque du couvent de la Miséricorde à Séville.)

Vargas est de sa race et de son terroir; après lui, aucun
peintre espagnol et andalous n'aura garde de s'abstraire de la réalité, non toujours choisie et parfois
même vulgaire.

La cathédrale de Séville possède d'importants
ouvrages de Vargas, entre autres le retable de la chapelle de la Nativité, dont le sujet central est *l'Adoration des Bergers*, et le célèbre tableau dit de *la gamba*,

qui représente *la Génération temporelle de Jésus-Christ*. Dans ces peintures, surtout dans la dernière,

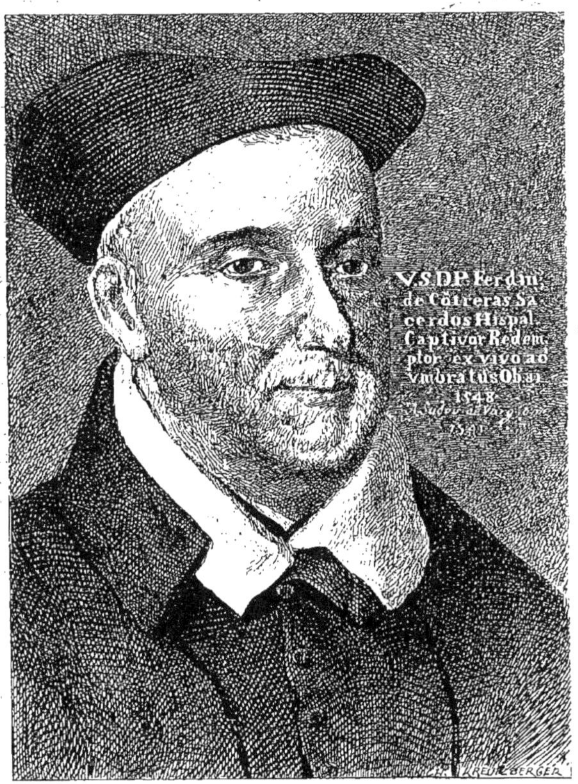

Fig. 22. — Luis de Vargas, *Portrait du P. Contreras.*

(Cathédrale de Séville.)

où Vargas rappelle le mieux Perino del Vaga, la couleur est chaude et dorée, mais un peu trop également claire et soutenue et sans parti bien déterminé de clair et d'obscur. Des belles et importantes fresques qu'il exécuta à la Giralda, à l'église San-Pablo, à l'extérieur de la cathédrale et dans le *patio* de la Misericordia, où il représenta *le Jugement dernier*, il ne subsiste plus guère aujourd'hui que des vestiges.

Sa piété était ardente et sa vie celle d'un saint ; aussi a-t-il empreint tous ses ouvrages d'une haute gravité et du sentiment religieux le plus profond. Sous ce rapport, sa *Pieta*, dans l'église de Santa-Maria-la-Blanca, est une de ses plus pénétrantes inspirations.

On cite parmi ses meilleurs élèves ALONSO VAZQUEZ, ANTONIO DE ARFIAN, qui avait précédemment étudié avec les fresquistes italiens, Julio et Alesandro, et LUIS FERNANDEZ, dont les ouvrages ont disparu, mais qui fut le maître de Pacheco, de Herrera le Vieux et des deux frères Agustin et Juan del Castillo.

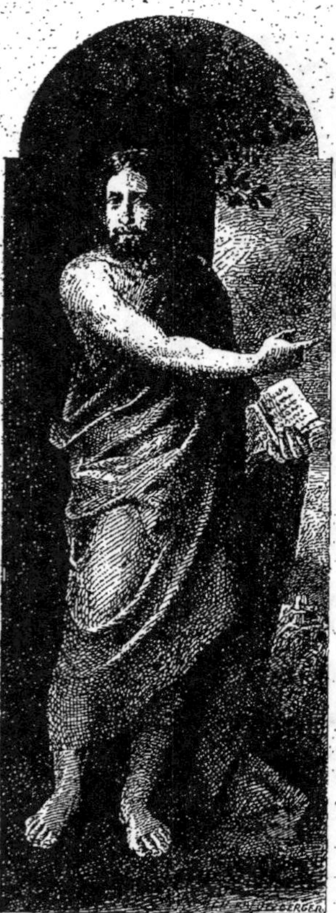

Fig. 23. — LUIS DE VARGAS,
Saint Jean-Baptiste.
(Église de Santa-Maria-la-Blanca
à Séville.)

Comme Vargas, dont il fut l'émule et le contemporain, PEDRO DE VILLEGAS MARMOLEJO (1520-1597) avait probablement appris son art auprès de quelque peintre

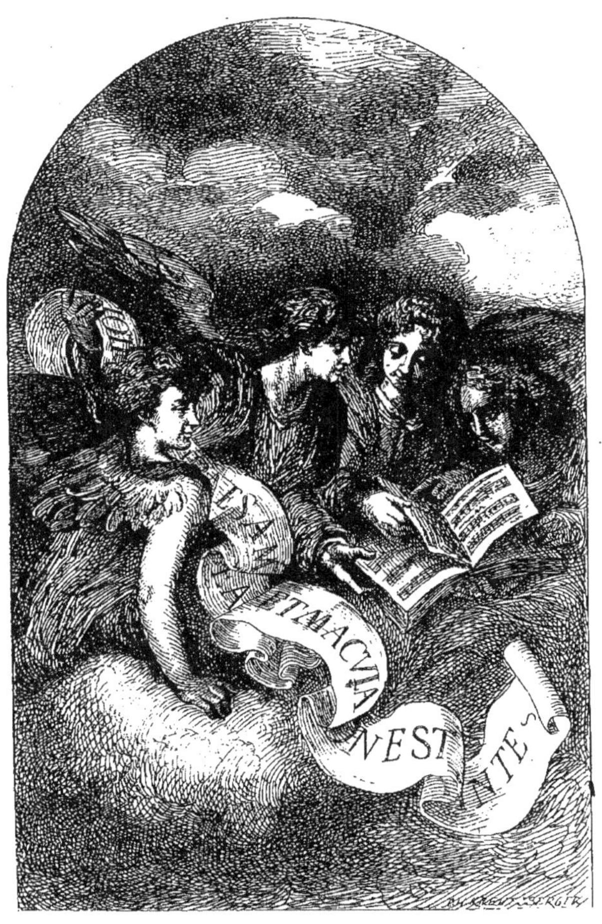

Fig. 24. — LUIS DE VARGAS, *Chœur d'anges.*
(Cathédrale de Séville.)

de l'école romaine ou florentine. Son style, son dessin,

ses réminiscences des grands maîtres, tout dans sa manière atteste des affinités italiennes. Comme Vargas, il
recherche le réel et le vrai, mais sans rien sacrifier
cependant de son idéal, qui tend constamment au
grand style et à la noblesse.

Ses meilleurs ouvrages appartiennent à la cathédrale
de Séville, où il a peint le retable placé auprès des fonts
baptismaux, et dont le sujet central, composé avec infiniment de goût, représente *la Visite de Marie à sainte
Élisabeth*. Diverses autres peintures entourent ce panneau, figurant quelques saints et *le Baptême du Christ*,
et au bas les donataires, accompagnés de leurs enfants.
Ces portraits sont vivants et profondément individua-
lisés. Deux autres œuvres de Villegas se trouvent dans
l'église de San-Lorenzo, là même où l'artiste fut enterré.
Elles représentent *l'Annonciation* et *la Sainte Famille*,
et toutes deux sont empreintes d'un caractère de haute
gravité et d'un sentiment religieux saisissant.

Bien qu'il ne soit pas Andalous, puisqu'il naquit à
Badajoz, où il vécut et mourut, Luis de Moralès
(1509?-1586) appartient, par la hauteur de l'idéal qu'il
poursuit, à ce groupe d'artistes qui demandaient à
leurs pinceaux, non de charmer les yeux, mais de traduire les aspirations de leur foi. On ignore auprès de
quel maître Moralès put apprendre à peindre. Son art,
intensivement pénétrant et personnel, est toutefois singulièrement complexe en ses origines. Ses formes sont
maigres, comme chez certains primitifs flamands ou
allemands, et cependant on peut supposer qu'il cher-
chait en ses grandes lignes à s'approprier les tour-
nures grandioses des maîtres florentins et que Michel-

Ange, plus que tout autre, le préoccupait. Cette dernière hypothèse pourrait sembler aventureuse et para-

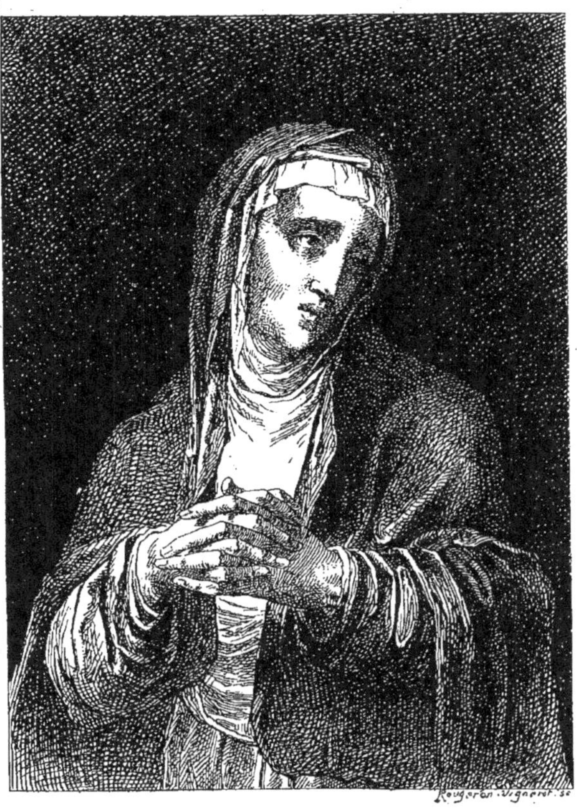

Fig. 25. — MORALÈS, *la Mère de douleurs.*

(Musée du Prado.)

doxale si Mariette, dans son *Abecedario,* ne l'avait à
bon droit avancée. Il signale en effet, à Evora, la
copie que Moralès avait faite, en sa jeunesse, d'une

peinture attribuée à quelque élève de Michel-Ange, représentant *le Christ en croix, avec Marie et saint Jean,* ainsi que diverses autres études également caractéristiques, qui témoignent surabondamment de l'admiration que l'artiste espagnol avait conçue pour les œuvres du grand maître et de quelle application il chercha à s'en assimiler le dessin et la puissance d'expression.

Quant à son coloris, on peut tour à tour le rapprocher, tantôt de Giovanni Bellini, tantôt de Quentin Metsys ou de Lucas Cranach le Vieux. L'étude des ouvrages authentiques de Moralès, car il eut de pitoyables imitateurs qui exagérèrent ses défauts jusqu'à la caricature, prouve qu'au cours de sa longue carrière l'artiste, si peu varié dans ses créations, eut cependant des méthodes assez sensiblement différentes.

Dans ce qu'on pourrait appeler sa première manière, il peint volontiers des compositions d'un assez grand nombre de figures; ses personnages sont parfois traités de grandeur naturelle, et son exécution, relativement large et aisée, contraste singulièrement avec ses méthodes plus tardives. Cette première manière correspond d'ailleurs avec ce que Mariette nous apprend des primitives études de Moralès et des influences florentines qui l'ont alors captivé. Dans sa seconde évolution, l'artiste restreint ses compositions; il n'aborde plus guère que des sujets d'une seule figure ou de deux au plus, ne les peignant encore le plus souvent qu'à mi-corps ou en buste et reproduisant l'un ou l'autre de ces trois motifs : *l'Ecce Homo, la Vierge soutenant le Christ mort* et *le Christ à la colonne.* En même temps, il modifie son exécution. Sur des fonds assombris son

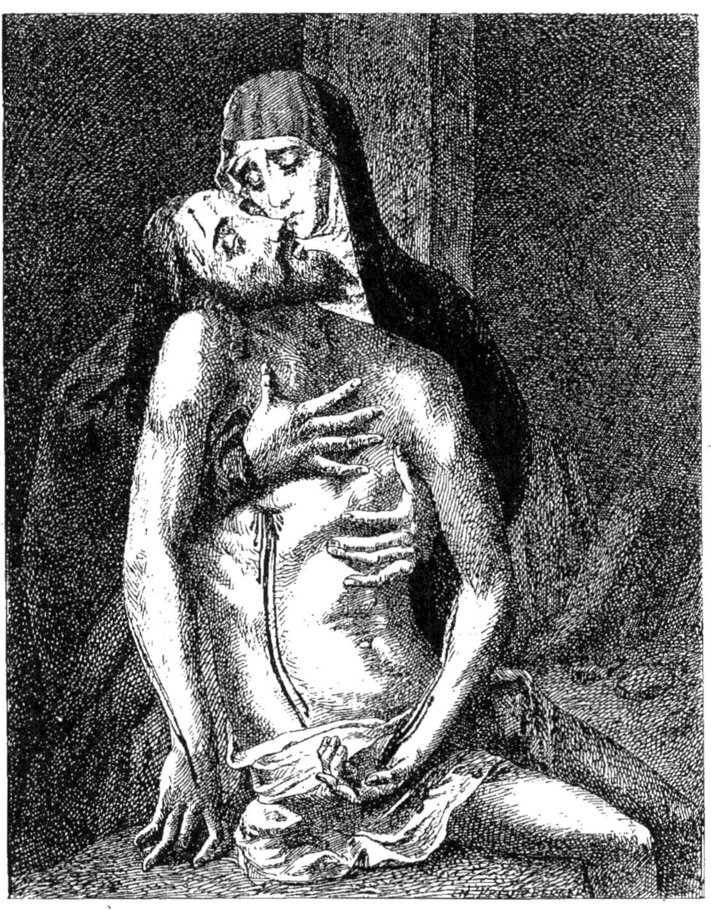

FIG. 26. — MORALÈS, *la Vierge soutenant le Christ mort.*
(Académie de San Fernando.

dessin, ressenti, incisif, découpe d'un trait ferme les

contours de ses formes, d'une structure peut-être un peu grêle et chétive, mais empreinte d'une grâce mélancolique et d'une élégante sveltesse. Son coloris, très délicat, un peu sec, mais brillant comme l'émail et son modelé, procédant par demi-teinte et accusant nettement la fine anatomie des formes, rappellent alors, comme facture, les patients procédés des primitifs flamands et des miniaturistes, non moins que l'application minutieuse qu'il apporte à peindre la barbe et les cheveux de ses personnages, à rendre chaque goutte de sang qui tombe du front de ses Christs, couronnés d'épines, ou les larmes de ses Vierges, pâmées de douleur. Ce qui donne encore un caractère spécial aux créations de cette seconde manière, c'est l'expression nerveusement accusée que Moralès imprime aux visages de ses personnages sacrés et qui, parlant haut au cœur des fidèles, évoque en eux, avec la pensée des angoisses et des tortures subies, la pitié profonde et les grands repentirs.

La renommée du peintre, que ses compatriotes ont appelé *el Divino*, s'étendit rapidement par toute l'Espagne. Philippe II ne paraît cependant pas avoir beaucoup goûté son talent, car il ne lui commanda qu'un seul tableau, *le Christ montant au Calvaire*, dont il fit don à l'église de San-Geronimo de Madrid.

Les cathédrales et les églises ont conservé, en Estramadure, en Andalousie et à Madrid, les plus importants ouvrages de Moralès. Un *Portement de croix*, la *Vierge avec l'Enfant Jésus retenant un oiseau au bout d'un fil*, et *Saint Joachim embrassant sainte Anne*, datés de 1546, appartiennent à l'église paroissiale de la Con-

ception, à Badajoz; dans l'église de Higuera de Frege-
nal, six scènes de la Passion décorent le maître-autel.
Ces ouvrages sont de la première manière du maître,
de même que *la Circoncision* du musée du Prado, à
Madrid, dont le catalogue enregistre encore deux *Ecce
Homo*, une *Vierge de douleurs*, une *Tête du Christ*,
peintures estimables, mais qui ne peuvent être comp-
tées parmi les œuvres supérieures. Deux merveilleuses
productions de l'artiste, un *Christ* et une *Notre-Dame
de la Solitude*, du fini le plus attentif et le plus minutieux, appartiennent au musée provincial de Tolède.
Nous noterons encore à l'église de San-Isidro-el-Real,
à Madrid, un *Christ à la colonne*, où la souffrance
physique de Jésus, sa résignation divine, le pardon
miséricordieux que son regard, voilé par de longues
paupières, adresse à l'apôtre renégat, et la contrition
profonde de saint Pierre sont admirablement exprimés.
Comparable pour l'élévation, la ferveur du sentiment,
et surtout pour l'intensité de l'émotion qu'elle pro-
cure, aux plus pénétrants ouvrages des primitifs italiens, ce chef-d'œuvre expliquerait à lui seul pourquoi Moralès reçut de ses admirateurs le surnom de
Divin.

L'artiste eut un fils, Cristobal Moralès, peintre
lui-même, et forma un excellent élève, Juan Labrador,
qui ne peignit que des *bodegones*, c'est-à-dire des
tableaux de fleurs, de fruits, de nature morte. Labrador mourut à Madrid en 1600.

Les enseignements de la Renaissance italienne
furent introduits, à Cordoue, par Pablo de Cespedès
(1538?-1608). Savant archéologue, poète, peintre,

sculpteur et architecte, Cespedès, qui avait étudié et voyagé longtemps en Italie, est un de ces hommes doués de toutes les aptitudes, qui embrassent tout dans leur insatiable désir d'apprendre, qui réussissent à tout, sciences, lettres, arts, et qui ne manquent d'être les premiers dans tous les genres que parce qu'ils passent de l'un à l'autre avant d'avoir atteint dans chacun la perfection. Destiné dès sa jeunesse à l'état ecclésiastique et élevé dans la maison de son grand-oncle, chanoine prébendé de la cathédrale de Cordóue, Cespedès, envoyé d'abord à l'Université d'Alcala de Henarès, y fit des études très étendues. Il prit ses grades universitaires et, se sentant du goût pour les arts, il quitta l'Espagne pour aller à Rome. Il y venait, sinon chercher les leçons directes des grands maîtres, qui à cette date (1559) étaient déjà descendus dans la tombe, du moins interroger leurs chefs-d'œuvre. Il entra dans l'atelier des frères Zuccheri, où il se lia plus particulièrement avec le plus jeune, Federigo, que Philippe II ne devait pas tarder à attirer à l'Escurial, et aussi avec un de leurs bons élèves, César de Arbasia, qui devait également venir travailler à la décoration des cathédrales de Malaga et de Cordoue.

Cespedès, en même temps qu'il s'appliquait à l'étude de l'architecture et à la pratique de la sculpture, commença de copier les grandes fresques de Michel-Ange et de Raphaël. Bientôt son nom ne fut plus tout à fait inconnu à Rome. Chargé de décorer de fresques la chapelle funéraire du marquis de Saluces, dans l'église d'*Ara Cœli*, Cespedès prouva qu'il méritait d'être compté parmi les meilleurs artistes. En collaboration et sous la direction de Federigo Zuccheri, il prend largement part à la décoration de l'église de la *Trinita del Monte* ; l'*Histoire de la Vierge* et les *Prophètes*, de la chapelle de l'*Annunciata*, sont de sa main. Il est à ce moment un admirateur soumis du grand style de Michel-Ange et il tente de se l'assimiler. En véritable et sérieux érudit, il s'intéressait en même temps aux découvertes que les fouilles faites à Rome et aux environs amenaient chaque jour et c'est probablement à ce moment qu'il entreprit la restauration d'une antique récemment trouvée, et que l'on croyait être la statue de Sénèque. Comme la tête manquait, Cespedès résolut de compléter l'image du célèbre philosophe, et il y réussit complètement. De 1567 à 1570, il quittait Rome pour faire de longues et fructueuses excursions à Naples, puis en Toscane, en Ombrie et dans les provinces du nord de l'Italie, accroissant ainsi par de nouvelles études l'étendue déjà vaste de ses connaissances archéologiques et artistiques. A Parme, à Modène, il s'éprit des ouvrages du Corrège, comme il s'était épris à Rome de Michel-Ange. Les splendeurs de coloris et la puissance de relief et de vie que le Corrège prodigue dans ses créations furent pour Cespedès un nouvel objet d'études dont il tira un grand profit personnel. Ces acquisitions nouvelles, l'artiste les devait communiquer plus tard à ses propres élèves, et c'est peut-être en partie à son enseignement, ainsi que le croit du reste Pacheco, que les peintres andalous de la génération suivante durent les progrès qu'ils commencèrent de réaliser dans le domaine de la couleur. En 1577, Cespedès revint à Cordoue, où il venait d'obtenir une prébende à titre de coadjuteur de son oncle. Tout en remplissant avec assiduité les devoirs peu absorbants, d'ailleurs, de cette sinécure ecclésiastique, il employa ses journées à d'importants travaux d'érudition et de peinture. Peu après son retour dans sa ville natale, il ouvrit un atelier où se formèrent de nombreux élèves ; quelques-uns, comme Antonio Mohedano, Luis Zambrano, Alonso Vazquez, le carme Adriano, Juan de Peñalosa, Cristobal Vela et Antonio Contreras ont plus ou moins marqué dans l'évolution que la peinture acheva d'accomplir en Andalousie, sous la direction de ce maître, tout imbu des enseignements italiens et pénétré de l'amour des chefs-d'œuvre de l'antiquité.

Le premier grand ouvrage qu'entreprit Cespedès était destiné à sa cathédrale. Il peignit à la détrempe une composition sur le vaste rideau qui sert à voiler le maître-autel pendant la semaine sainte. Cet ouvrage ne nous a pas été conservé, non plus qu'une suite de peintures, composant jadis un retable à la chapelle du collège des Jésuites, à Cordoue ; un seul tableau, paraissant provenir de cette suite, *le Sacrifice d'Abraham*, existe dans la cathédrale, mais dans un médiocre état de conservation. Tel est aussi l'état de la *Cène*, la plus importante composition que l'artiste ait exécutée pour la cathédrale. Malgré cet inconvénient, on peut encore se rendre compte des sérieuses qualités dont l'artiste y faisait preuve : un dessin d'une grande correction, des formes, des attitudes, des expressions d'une imposante noblesse, et une exécution solide, mais un peu dure et sèche, rappelant surtout l'école de Michel-Ange, alors que la composition, dans son ensemble

comme dans ses détails, paraît s'inspirer davantage de
Jules Romain. Une autre toile, dans la cathédrale, repré-

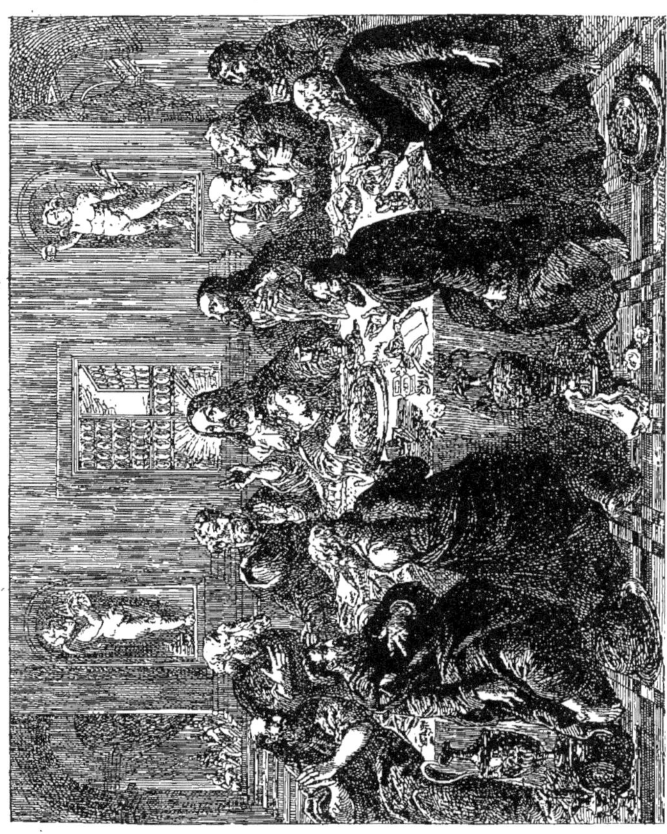

Fig. 27. — Pablo de Cespedès, *la Cène*. (Cathédrale de Cordoue.)

sentant *la Vierge et l'Enfant, accompagnée de saint
Jean-Baptiste et de saint André,* a été gâtée par de mala-
droites restaurations. Heureusement, quatre fresques
de style raphaélesque, figurant les *Vertus,* existent

encore en bonne conservation dans la salle du chapitre de la cathédrale de Séville. La chapelle de l'hôpital de la *Caridad*, à Séville, est également en possession d'une *Vision de san Cayetano*, où l'artiste s'est visiblement inspiré des ouvrages de l'école lombarde. Une *Assomption*, d'une grande tournure, mais rappelant dans son ensemble les maîtres florentins, fait partie des collections de l'Académie de San-Fernando, à Madrid. Cespedès s'exerçait en même temps à la sculpture et produisit quelques ouvrages d'une grande valeur, notamment une figure en pied de *Saint Paul*, qui est dans la cathédrale de Cordoue, et une statue de l'évêque de Séville, *Rodrigo de Castro*, dont il fit le modèle et qui fut fondue à Florence par les soins de Jean Bologne.

Sa haute culture intellectuelle, ses connaissances étendues en histoire, en linguistique, en archéologie, ses liaisons avec tout ce que l'Andalousie comptait de lettrés, de savants et d'artistes, contribuèrent, concurremment avec son goût sûr et l'exercice de l'art le plus élevé, à lui créer une situation prédominante parmi les peintres contemporains. En diverses parties de son *Arte de la pintura*, Pacheco, qui fut son ami, son admirateur et son sectateur, montre bien, par son propre exemple, avec quelle déférence ses avis étaient alors sollicités, ses conseils écoutés et quelle indiscutable autorité, à Séville comme à Cordoue, lui avaient acquise sa grande expérience, sa vaste érudition et son austère enseignement.

Tel que le comprit et le pratiqua Cespedès, son art, trop intellectuel, et trop impersonnel aussi, n'en marque pas moins le point culminant de la direction idéaliste, toute florentine de tradition, qu'il s'efforça d'imprimer

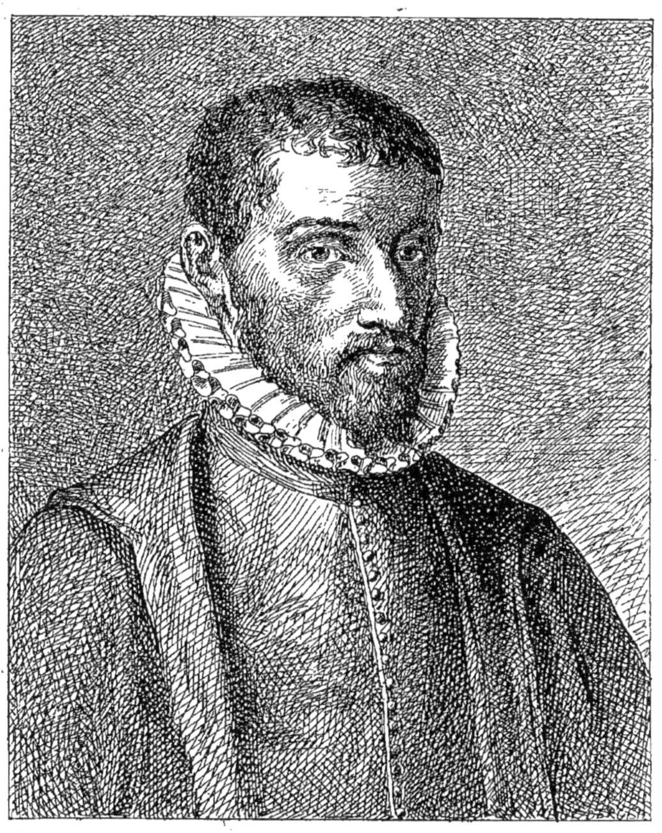

Fig. 28. — PACHECO, *Portrait de Luis de Vargas.*

(D'après un dessin de Pacheco.)

aux peintres de son temps. Cet enseignement eut juste assez d'ascendant pour combattre et neutraliser, mais momentanément, l'invincible tendance qui entraînait la peinture, en Andalousie, vers le naturalisme.

Disciple d'élection de Cespedès, FRANCISCO PACHECO (1571-1664) se fit le propagateur et le défenseur le plus zélé, en même temps que le plus intolérant, des pures doctrines italiennes du maître. Peintre, poète, écrivain érudit, mais plus fervent catholique qu'artiste, son livre de l'*Arte de la pintura,* qu'il publia à Séville en 1649, est le monument de sa vie. Homme de traditions, esprit froid et dogmatique, Pacheco, dans ce traité sur la peinture, telle qu'il la comprenait, s'est assurément montré écrivain didactique excellent

Mais tout autre est sa philosophie de l'art : empreinte du mysticisme le plus étroit, elle n'est guère qu'aride et stérilisante. D'abord, il ne veut rien laisser à l'inspiration du peintre et prétend imposer des formules pour toutes les compositions sacrées, pour tous les sujets religieux, formules invariables, irréductibles, exclusives de toute liberté, de toute spontanéité. Puis, résumant sa thèse, il écrit que « l'art n'a pas d'autre mission que de porter les hommes à la piété et de les conduire vers Dieu », faisant ainsi de l'art l'auxiliaire soumis du sacerdoce.

Pour lui, le texte sacré est tout, l'imagination créatrice de l'artiste n'est rien. Attitudes, expressions, âge apparent, costumes convenant aux personnages, il prétend tout prescrire, tout régler comme des questions de dogmes; avec le sérieux d'un casuiste scrutant un cas de conscience, longuement il discute jusqu'à la couleur des vêtements des saints et des personnes divines ; Pacheco est le théologien de la peinture.

Aussi, en 1618, fut-il officiellement chargé par l'In-

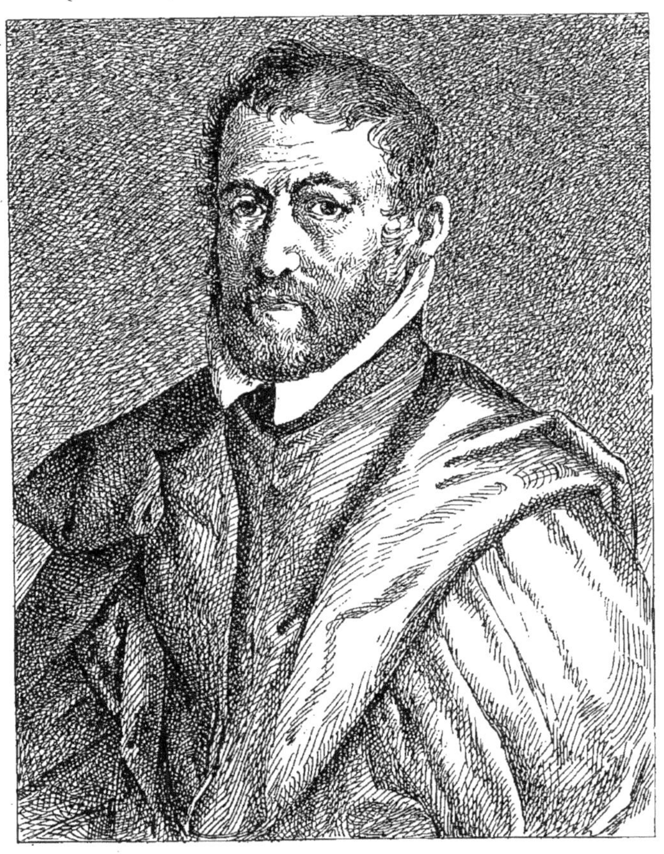

Fig. 29. — PACHECO, *Portrait de Pablo de Cespedès.*

(D'après un dessin tiré du manuscrit intitulé *Libro de los Varones ilustres.*)

quisition de veiller au maintien de l'orthodoxie et de
la décence dans les ouvrages de peinture : cette fonc-

tion de censeur lui était bien due, et aisément on imagine avec quelle gravité il la devait remplir.

N'ayant jamais visité l'Italie, il n'a sur l'art de la Renaissance que des notions de seconde main, apprises à l'école de Luis Fernandez, son maître, ou reçues, dans des entretiens, de Pablo de Cespedès ; ce qui ne l'empêche pas de parler avec une sorte de vénération du dessin de l'école florentine et de prôner avec enthousiasme le coloris de l'école romaine. C'en aurait été fait à tout jamais de l'émancipation de l'école espagnole si les doctrines de Pacheco s'étaient imposées. Heureusement il n'en fut rien ; l'évolution naturaliste et les libres méthodes continuèrent de progresser, et il advint même cette aventure curieuse que Pacheco lui-même cessa, un jour, d'être logique avec ses propres principes : s'apercevant que tout le succès allait à la peinture réaliste et vivante, il laissa là l'idéal pour ne plus poursuivre que le réel et le vrai.

Il est à remarquer, toutefois, qu'au moment où s'opéra cette piquante conversion, Pacheco avait Velazquez pour gendre après l'avoir eu pour élève ; or celui-ci n'ayant eu garde d'écouter les creuses théories de son professeur, il est à supposer que les rapports habituels de maître à élève s'étaient peut-être bien renversés.

Dans sa première manière, les ouvrages de Pacheco appartiennent donc, ainsi que nous l'avons dit, aux pures traditions italiennes. Il reflète alors, mais de bien loin, le style de l'école raphaélesque. Après avoir peint des pavillons, des étendards pour les galions des Indes, décoré d'allégories funèbres, le catafalque dressé dans la cathédrale de Séville pour la célébration

d'un service en mémoire de Philippe II, exécuté des
sujets religieux tels que le *Christ portant sa croix*

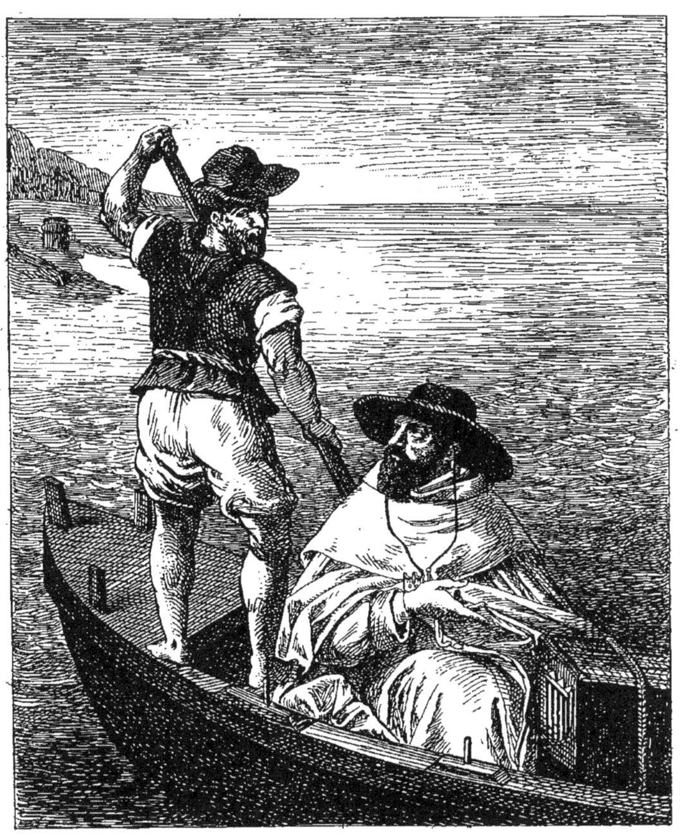

Fig. 30. — PACHECO, *Saint Pierre Nolasque avec des captifs,* fragment.
(Musée provincial de Séville.)

(1589), *Saint Pierre* et *Saint François,* pour un couvent de Lora del Rio (1598), il fut, en 1603, chargé

d'orner de peintures *à tempera* le cabinet de travail de son illustre protecteur, le duc d'Alcala, le même qui venait de faire construire à Séville le curieux palais qu'on nomme la *Casa de Pilatos*. Ce travail, où Pacheco prit pour thème *la fable de Dédale et d'Icare*, fut grandement applaudi par Céspedès. En 1614, Pacheco terminait, toujours dans le style de l'école romaine, son *Capo d'opera*, le *Jugement dernier*, qui appartint jadis au couvent de Santa-Isabel et qui depuis a passé dans une collection particulière.

Quelques excursions que Pacheco entreprit à Madrid pour y étudier les collections royales, et à Tolède, où il connut le Greco dont la fougueuse et bizarre manière, si éloignée de ses propres méthodes, motiva entre les deux peintres les curieuses discussions esthétiques racontées dans l'*Arte de la pintura*, contribuèrent à modifier son talent, qui fut dès lors en progrès marqué. Il donna plus d'ampleur à ses compositions et plus de vie à ses personnages; sa palette aussi se réchauffa, et il sut mettre un peu d'air respirable autour de ses personnages. Témoin quelques-unes des peintures conservées au Musée provincial de Séville, provenant de couvents sécularisés, et qui représentent *Saint Pierre Nolasque dans une barque avec des captifs*, où l'on a cru retrouver, dans la figure du rameur, le portrait de Miguel Cervantes, et l'*Apparition de la Vierge à saint Ramon Nonnato*. Ces deux toiles, ainsi qu'une troisième représentant encore *Saint Pierre Nolasque avec des captifs et un Maure*, montrent toute l'étendue de l'évolution vers le naturalisme qui s'était opérée dans les méthodes de l'intransigeant romaniste.

En 1618, Pacheco maria sa fille à Velazquez, qui, cinq ans plus tard, était appelé à Madrid par le comte-duc d'Olivarès ; déjà Velazquez faisait pressentir, par quelques premiers ouvrages, l'essor que n'allait pas tarder à prendre son étonnant génie.

L'atelier de Pacheco servait alors de lieu de réunion à tous les beaux esprits de Séville. Artistes, poètes, littérateurs, orateurs sacrés, tenaient à honneur d'y être reçus, et c'est à cette circonstance que l'hôte aimable de ce logis, « de cette prison dorée de l'art », écrit Palomino, dut de pouvoir laisser une précieuse collection des portraits de personnages célèbres de son temps. Son manuscrit, d'abord perdu, intitulé *Libro de verdaderos Retratos de ilustres y memorables varones,* outre des notices biographiques intéressantes, renfermait un grand nombre de portraits dessinés par lui avec un soin remarquable. Le fragment de ce manuscrit, qu'on a récemment retrouvé et publié, fait vivement regretter la perte de ce qui en a été distrait.

Comme Cespedès, JUAN DE LAS ROËLAS (1558-1625), que ses biographes appellent *el Licenciado* ou *Clerigo,* parce qu'il était entré dans les ordres, avait de bonne heure quitté Séville, sa ville natale, pour aller apprendre son art à Venise. Son style, son coloris vénitiens d'affinités, font présumer qu'il dut de préférence étudier les ouvrages du Tintoret ; toutefois, on ne saurait dire, avec le trop enthousiaste Cean Bermudez, qu'il les égala en puissance.

Les premières peintures qu'ait exécutées Roëlas en Andalousie furent pour la chapelle d'Olivarès, dont il recevait une prébende, et datent de 1603. C'étaient

quatre compositions tirées de la *Vie de la Vierge*. De
1607 à 1624, il quitte Olivarès, où il ne devait plus
retourner que pour prendre possession d'un canonicat,
et il vient habiter Séville. C'est durant cette période
qu'il produit ses meilleurs et plus importants ouvrages,
notamment le *Saint Jacques secourant les chrétiens à
la bataille de Clavijo*, qui est à la cathédrale et date de
1609; le *Martyre de saint André*, autrefois dans la
chapelle du collège de Saint-Thomas et à présent au
musée de Séville ; l'*Ange délivrant saint Pierre*, à
l'église de San-Pedro ; la *Mort de saint Herménegilde*,
pour le maître-autel de l'hôpital fondé par le cardinal
Cervantes, et le *Martyre de sainte Lucie*, pour l'église
placée sous ce même vocable. Mais son chef-d'œuvre,
tant admiré et tant de fois imité par les peintres sévill-
lans, c'est la *Mort de saint Isidore*, qui se trouve à
l'église paroissiale de Saint-Isidore.

Cette vaste composition, véritablement grandiose et
pourtant d'une ordonnance si claire et si simple, est di-
visée en deux parties. En haut apparaissent sur des
nuées Jésus et Marie, apportant des palmes et des couronnes et entourés d'anges répandant des fleurs, chan-
tant ou jouant d'instruments de musique; dans la partie
inférieure est représenté l'intérieur du temple, au centre
duquel le saint archevêque, agenouillé, les mains
jointes, les regards levés vers les cieux entr'ouverts,
s'affaisse et rend l'âme dans les bras de ses diacres,
au milieu de son clergé, ému d'une religieuse et profonde tristesse. Cette toile, toute remplie de personnages
aux attitudes vivantes et vraies, aux physionomies variées, expressives et caractérisées comme autant de

portraits, demeure, par l'admirable harmonie comme par la rare puissance de son exécution, l'une des plus nobles et vaillantes peintures qu'ait produites, avant son entière émancipation, l'école espagnole. Elle en présente déjà les meilleures qualités : la simplicité, la clarté dans l'exposition, l'arrangement naturel du sujet, la gravité, même la noblesse dans les expressions et dans l'exécution, constamment soutenue dans une tonalité forte.

Elle abonde d'ailleurs en détails pris sur nature et rendus dans leur réalité sincère. Nulle autre ne montre mieux à quelles tendances réalistes obéissait l'artiste, cédant en cela à son inclination native au moins autant qu'aux enseignements et aux exemples qu'il avait puisés aux sources vénitiennes. Ces nouveautés hardies n'eurent point l'heur de plaire à Pacheco. Deux chapitres de son *Arte de la pintura* sont consacrés à critiquer les libertés prises par Roëlas, notamment dans une *Nativité* et dans une peinture pour le couvent de la Merci : *Sainte Anne apprenant à lire à la Vierge,* où certains détails intimes, familiers, et regardés par lui comme vulgaires, lui paraissaient de la plus choquante inconvenance. Pacheco avait beau dire, c'en était fini des emprunts stériles et des imitations traditionnelles et bâtardes, demandés aux grands modèles italiens. Un art nouveau grandissait, libre, puissant et vrai, qui hésite et se cherche encore avec Roëlas, mais qui va bientôt s'épanouir dans toute la plénitude de son originalité. Roëlas fut le maître de Francisco Varela (1598?-1656) et de Zurbaran ; Murillo, qu'il fait pressentir, s'est plus d'une fois inspiré de ses compositions.

Deux condisciples de Pacheco dans l'atelier de Luis
Fernandez, AGUSTIN DEL CASTILLO (1565-1626) et son

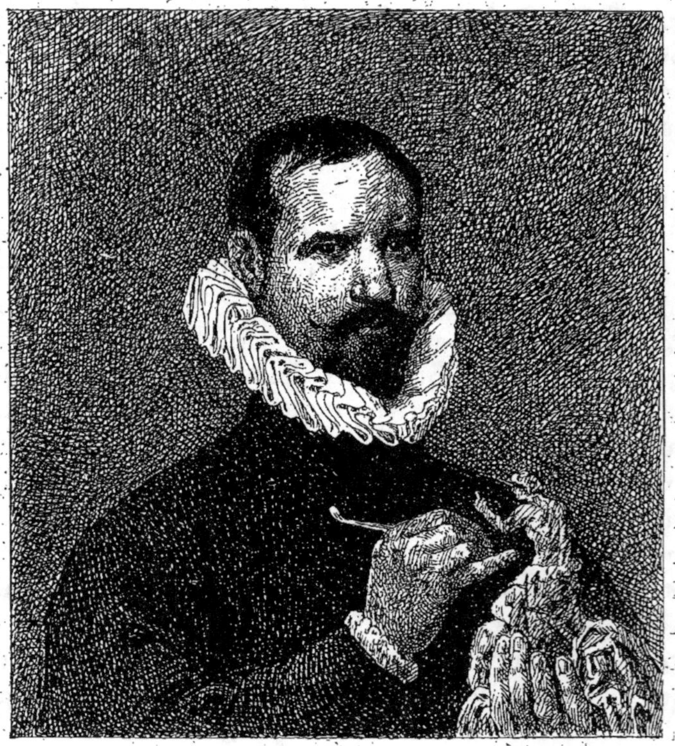

Fig. 31. — FRANCISCO VARELA.

Portrait du sculpteur Martinez Montañes.

frère JUAN DEL CASTILLO (1584-1640), appartiennent, par
leurs ouvrages, à cette période de transition où l'art
indigène tâtonne et n'a pas encore conquis son entière
indépendance. Des deux frères, l'aîné fut de beaucoup

le moins novateur, alors que Juan, moins par ses œuvres d'un naturalisme encore bien timide que par les élèves qu'il forma, mérite de prendre place parmi les précurseurs de l'école andalouse régénérée.

Juan del Castillo avait, en effet, ouvert à Séville un atelier où passèrent successivement ANDRÈS DE MEDINA, qui devint un excellent graveur; PEDRO DE MEDINA VALBUENA, peintre estimable qui devait concourir plus tard avec Murillo à fonder à Séville une Académie de peinture; ANTONIO

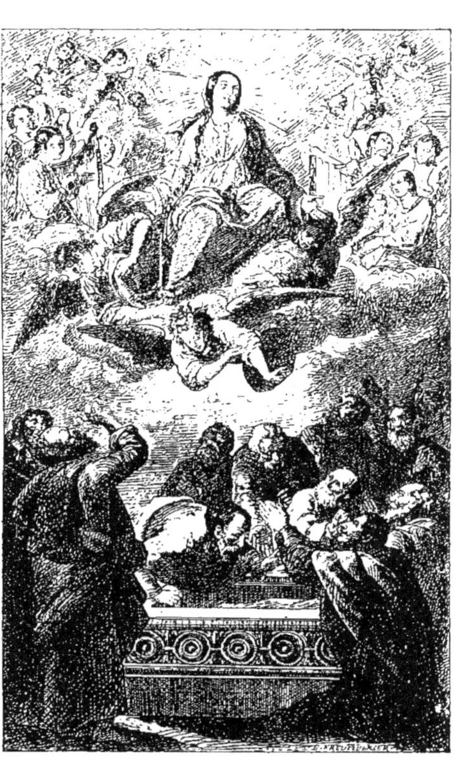

Fig. 32. — JUAN DEL CASTILLO,

Assomption de la Vierge.

(Musée provincial de Séville.)

DEL CASTILLO, talent inégal et très réaliste, que les succès de son condisciple Murillo devaient faire mourir de chagrin, et enfin ces trois brillants élèves, qui bientôt allaient être des maîtres : ALONSO CANO, PEDRO DE MOYA et BARTOLOME ESTEBAN MURILLO.

FRANCISCO DE HERRERA, qu'on appelle *el Viejo*, le Vieux, pour le distinguer de son plus jeune fils, Herrera el Mozo, qui porte le même prénom, a été parmi les artistes, nés au XVIe siècle et enseignés par des maîtres encore soumis aux méthodes italiennes, celui des peintres de Séville qui rompit le plus vite et le plus franchement avec leurs traditions d'emprunt et qui contribua, avec le plus d'initiative et de hardiesse, à l'émancipation désormais définitivement acquise de l'école nationale.

C'est une étrange et bien caractéristique individualité que celle de Herrera, et telle qu'on en voit seulement surgir dans l'art aux époques de transformation profonde. Tempérament passionné, violent jusqu'à la brutalité, haineux, sauvage, son talent ressemble par plus d'un côté à son caractère. Les sujets qu'il traite, il les choisit de préférence parmi les plus dramatiques, les plus sombres ou, tout au moins, parmi les plus mouvementés. Il aime à peindre les martyres, les tourments des damnés, les apothéoses, les visions apocalyptiques. Primesautière, emportée et fougueuse, son exécution n'est du moins jamais lâchée ni aussi abrupte que l'ont rapporté quelques biographes mal informés. Il possède, au surplus, toutes les qualités d'un grand artiste : un dessin grandiose, très correct et vrai; un coloris énergique, toujours très harmonieux dans sa puissante simplicité, et des partis de lumière et d'ombre, largement compris et toujours judicieusement rendus. Nul mieux que Herrera n'a peint les moines, les dignitaires de

l'Église, les vieillards aux physionomies ravagées, ru-
dement expressives. Le choix de ses types, sa manière

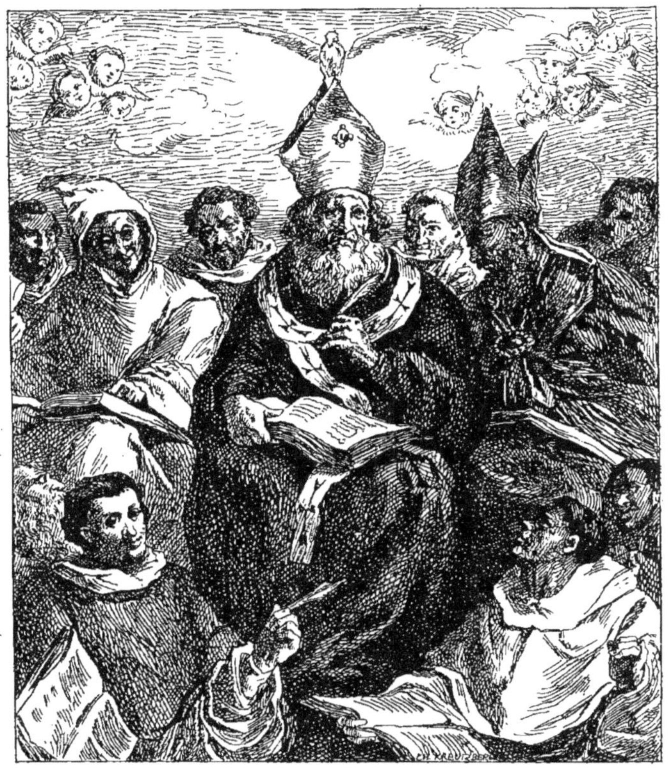

Fig. 33. — HERRERA LE VIEUX, *Saint Basile dictant sa doctrine.*

(Musée du Louvre.)

de composer, ses éclairages et surtout le sentiment
d'exubérante énergie qui se dégage de sa peinture,
tout est original, trouvé, nouveau, et sans rappro-

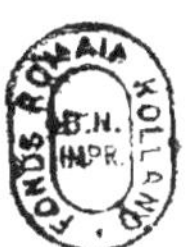

chement possible avec n'importe quel autre maître. Roëlas et lui sont bien véritablement les créateurs de la nouvelle et libre école indigène, mais Herrera davantage encore que Roëlas. Parmi ses plus importants ouvrages, on distingue particulièrement la fresque qui décore la coupole de l'église de Saint-Bonaventure, à Séville, pour laquelle il avait peint également quatre tableaux dont les sujets étaient empruntés à la vie du saint docteur et qui font aujourd'hui partie de la collection du comte de Clarendon ; le *Jugement dernier,* qui orne l'église de San-Bernardo, toile de grandes dimensions où Herrera a fait preuve des plus hautes qualités de composition, de science anatomique et de coloris ; le *Saint Basile dictant sa doctrine,* peint pour l'église placée sous l'invocation de ce saint, à Séville, et qui figure à présent au musée du Louvre ; le *Miracle des pains et des poissons,* et le *Repentir de saint Pierre,* qui appartiennent à l'Académie de San-Fernando, à Madrid ; ainsi que quelques-unes des compositions et des représentations de saints et d'évêques que conserve le musée provincial de Séville.

Excellent graveur à l'eau-forte, Herrera s'essaya également à la gravure des médailles et des coins. Ce travail, qu'il enveloppait d'un certain mystère, faillit lui être fatal. Dénoncé comme faux monnayeur, menacé des galères, l'artiste, invoquant le droit d'asile, s'enfuit au couvent de Saint-Herménegilde, chez les Jésuites. Il n'obtint son pardon et ne reconquit sa liberté qu'à l'occasion du voyage du roi Philippe IV à Séville, en 1624, alors que, visitant le collège des Pères, il admira et loua grandement le superbe *Triomphe de saint Herménegilde* dont Herrera avait, par reconnaissance, décoré un autel. Rendu à ses travaux, ce terrible homme devint encore plus fantasque, plus aigri, plus farouche. Sa femme se sépara de lui, sa fille entra dans un couvent et son plus jeune fils, Herrera el Mozo, s'enfuit en Italie. Quelques années auparavant, il avait perdu son aîné, HERRERA EL RUBIO, mort à la fleur de l'âge et au moment où il donnait déjà, dans l'art de peindre, des preuves de talent. Brisé par ses chagrins domestiques, Herrera quitta Séville en 1650 et vint mourir à Madrid, en 1654, après avoir exécuté quelques ouvrages pour la chartreuse du Paular et le couvent de la Merci.

Il avait eu pour élèves en même temps que ses deux fils, FRANCISCO DE REINA (1620-1659), SEBASTIAN DE LLANOS, qui contribua vers 1660, avec Murillo, à la création de l'Académie de peinture à Séville, IGNACIO IRIARTE (1620-1685), qui devint un paysagiste réputé, et enfin, DIEGO VELAZQUEZ, le plus illustre de tous. Comme il en était arrivé pour ses condisciples, Velazquez, après avoir passé quelque temps dans l'atelier de Herrera, dut le quitter, rebuté des colères et des brutalités d'un maître dont le talent l'avait cependant assez impressionné pour que son propre génie gardât, de cette première et puissante initiation, une inaltérable empreinte.

CHAPITRE VI

LA PEINTURE ESPAGNOLE AU XVIe SIÈCLE.

§ 3. — INTRODUCTION DE LA RENAISSANCE ITALIENNE
EN CASTILLE.

Parmi les artistes espagnols, qui, à l'aube du
XVIe siècle, allèrent étudier en Italie, ALONSO BERRU-
GUETE (1480?-1561), à la fois peintre, sculpteur et architecte, fut celui qui rapporta dans sa patrie les plus pures
traditions des grands Florentins. Pedro Berruguete,
son père, dont il avait été d'abord l'élève, avait voulu
qu'il allât, de bonne heure, se perfectionner dans la pratique des arts au pays des chefs-d'œuvre.

En 1503, comme l'atteste Vasari, Alonso était à Florence où il copiait le célèbre carton de la *Guerre de
Pise*, exécuté par Michel-Ange en rivalité avec Léonard
de Vinci. Michel-Ange le recevait bientôt parmi ses
élèves et ce fut à son école et en travaillant à ses côtés,
à Florence et à Rome, que Berruguete devint à son
tour un maître dans les trois formes artistiques qu'il
a simultanément pratiquées. Son séjour en Italie se
prolongea jusqu'en 1520. A cette date, l'artiste revint
dans sa patrie. D'importants travaux l'arrêtèrent
d'abord à Saragosse; il y exécutait, dans l'église de

Santa-Engracia, le tombeau du vice-chancelier de la couronne d'Aragon et les sculptures d'un retable. Puis, il se rendit à Huesca où l'appelait Damian Forment, célèbre tailleur d'images et l'auteur de l'admirable autel de style gothique de la cathédrale *del Pilar*. Berruguete collabora, croit-on, avec Forment à la sculpture du grand retable de la cathédrale de Huesca. Celui-ci, séduit par les formes grandioses et le style énergique de son jeune compagnon, modifia dès lors sa propre manière et devint l'adepte des élégances de la Renaissance italienne.

Revenu en Castille, son pays d'origine, Berruguete s'y maria et s'établit à Valladolid. Il se vit tout de suite commander des ouvrages importants de sculpture, de peinture et d'architecture par divers couvents, l'archevêque de Tolède, l'évêque de Cuenca et aussi par l'empereur Charles-Quint, qui le nomma son sculpteur et son peintre, et lui confia la direction des travaux et de la décoration du palais qu'il faisait alors élever dans l'enceinte de l'Alhambra de Grenade. En 1529, l'artiste s'engageait à construire et à décorer de sculptures et de peintures, tout entières de sa main, le retable du grand collège de Salamanca, construit aux frais de l'archevêque de Tolède, Alonso de Fonseca. En 1539, il se voyait choisi par le chapitre de Tolède, en même temps que l'habile sculpteur bourguignon, Philippe Vigarni, communément appelé en Espagne Felipe de Borgoña, pour décorer de sculptures les stalles du chœur de la cathédrale. Il terminait, en 1543, cette importante et riche décoration, conçue et exécutée dans le style de la Renaissance, et qui témoigne hautement de la fécondité d'invention, de l'habileté et de la souplesse du talent de Berruguete. Le superbe groupe d'albâtre, représentant la *Transfiguration*, placé au-dessus du siège de l'archevêque, est également l'œuvre de son élégant et robuste ciseau. L'ascendant que Berruguete exerça sur les artistes de son temps s'étendit rapidement en Castille, et partout, d'ailleurs, où il eut l'occasion d'entreprendre quelques ouvrages. La nature de son génie le porta plus particulièrement à s'adonner à la sculpture; mais, si son style en cet art accuse l'évidente et forte empreinte de l'école de Michel-Ange, il n'en est pas de même en peinture où Berruguete se montre plutôt le sectateur de la manière du Sodoma et de celle d'André del Sarte, dont il fut l'ami. Ses productions en ce genre ont été peu nombreuses; il n'en subsiste guère que quelques-unes parmi lesquelles on cite les peintures qui font partie du maître-autel de l'église de la Ventosa et celles qui composent le retable, exécuté en 1529-1531, pour le collège de Santiago, à Salamanque.

Après avoir conquis dans l'art une situation véritablement prépondérante et avoir obtenu de grandes faveurs et des titres de noblesse de Philippe II, Berruguete mourut, alors qu'aidé de son fils, qui fut surtout un sculpteur, il travaillait au tombeau du cardinal Tavera, à l'hôpital Saint-Jean-Baptiste, à Tolède.

Berruguete n'est pas le seul artiste de son temps qui soit allé demander à l'Italie les leçons de ses maîtres; tous les regards se tournaient d'ailleurs de ce côté. La connaissance des grandes œuvres italiennes, appartenant au xve siècle finissant et au commencement du xvie, s'était déjà largement répandue en Espagne à l'aide des copies, des dessins, des gravures; puis s'étaient produites, de plus en plus nombreuses et fréquentes, les acquisitions royales d'ouvrages d'artistes célèbres, ainsi que les commandes directes, notamment celles que l'empereur Charles-Quint, qui avait pour ce maître une particulière prédilection, faisait au Titien, commandes continuées et étendues encore par Philippe II. Ces causes diverses concouraient donc puissamment à accroître l'attraction des peintres espagnols vers l'Italie. Comment, d'ailleurs, n'auraient-ils pas souhaité une plus directe et complète initiation, à cet art sensuel, qui avait, autour d'eux, rapidement conquis la faveur des rois et des grands?

Converti sans doute à l'idéal nouveau par l'exemple et le succès de Berruguete, un peintre de Tolède, JUAN DE VILLOLDO (1480?-1555?), neveu et élève d'Alvar Perez de Villoldo, ce collaborateur de Juan de Borgoña aux fresques de la cathédrale de Tolède, dut très probablement aller, vers 1520, chercher en Italie de nouvelles inspirations et de plus larges méthodes. Aucun de ses biographes n'affirme ce voyage; mais pour être hasardeuse, l'hypothèse que Villoldo doit avoir travaillé en Italie et s'être perfectionné dans l'école de l'un des élèves de Raphaël paraît tout du moins plausible.

Les grandes peintures *al aguazo,* exécutées sur des toiles écrues, appelées en Espagne des *Sargas,* et dont on fait encore usage aujourd'hui pour décorer, durant la semaine sainte, la chapelle *del Obispo,* attenante à l'église San-Andrès de Madrid, attesteraient au besoin et en toute évidence que Villoldo, qui en est l'auteur, a dû recevoir des leçons, soit de Perino del Vaga, soit du Fattore. Ces compositions, qui diffèrent si complètement par le style et le dessin de ce que Villoldo avait vu produire à Tolède, par son oncle et par Juan de Borgoña et leurs contemporains, représentent *Adam et Ève chassés du paradis terrestre,* la *Mort d'Abel,* l'*Entrée de Jésus-Christ à Jérusalem,* la *Cène,* la *Résurrection de Lazare,* le *Calvaire,* la *Descente de croix,* la *Mise au sépulcre,* la *Résurrection* et le *Jugement dernier.* Elles datent de 1547-1550, ainsi que l'atteste le contrat, signé à Valladolid en 1547, par lequel l'artiste s'engageait envers l'évêque de Palencia, qui avait fait élever à ses frais et décorer la chapelle dite *del Obispo.* Villoldo eut pour élève Luis de Carvajal (1534-1613), qui devint peintre en titre de Philippe II et fut l'auteur soit seul, soit en collaboration avec Blas del Prado, de nombreux et importants ouvrages à l'Escurial et à Tolède.

Gaspar Becerra (1520-1570), né à Baeza, en Andalousie, mais qui travailla presque toute sa vie en Castille, est, après Alonso Berruguete, l'un des artistes les plus complets qu'ait produits l'Espagne au xvie siècle. Comme Berruguete, Becerra fut à la fois sculpteur, peintre et architecte et, comme lui encore, il alla en Italie et y subit l'influence des puissantes créations de Michel-Ange. Un très beau dessin de Becerra, d'après le *Jugement dernier,* que conserve le musée du Prado, atteste combien l'artiste s'efforça de s'imprégner du style de Buonarotti. A Rome, Becerra aida Vasari dans ses peintures à la chancellerie, et celui-ci nous apprend qu'une *tavola,* représentant la *Nativité de la Vierge,* qu'avait peinte le jeune Espagnol, fut placée dans l'église de la Trinità-del-Monte en face d'un tableau de Daniel de Volterre, avec lequel elle pouvait hardiment entrer en parallèle. Becerra fit également, à Rome, les dessins d'un traité d'anatomie, publié en 1554 par le docteur Juan de Valverde, et destiné aux artistes et aux chirurgiens. Il fut aussi l'auteur de deux statuettes anatomiques dont les moulages figurèrent dans tous les ateliers.

Revenu dans sa patrie, Philippe II lui confia la direction des travaux qu'il faisait entreprendre à l'Alcazar de Madrid et au palais du Pardo. En 1563, il le nommait officiellement sculpteur et peintre de *camara.* Des grandes fresques que l'artiste exécuta dans ces deux palais, et dont les sujets étaient les *Éléments,* les *Arts libéraux, Méduse, Persée et Andromède,* aucune ne subsiste depuis longtemps.

Une peinture authentique de lui, une *Madeleine pénitente,* provenant d'un couvent de dominicains de Ségovie et conservée au musée du Prado, peut seule aujourd'hui prouver que les contemporains de Becerra n'ont point exagéré son mérite lorsqu'ils vantaient l'élégance de ses figures et la vérité de son dessin. Le musée de l'Ermitage possède également une *Sibylle,* inspirée de l'école florentine. Ces deux tableaux constituent tout ce qui nous reste comme témoignages authentiques de l'élévation de son style. Ses ouvrages de sculpture sont également très rares. Il y a de lui un bas-relief dans l'église de San-Geronimo, à Grenade, représentant la *Mise au tombeau,* et à Valence, dans l'église San-Juan del Mercado, une statue de la *Vierge de la Soledad,* image vénérée comme miraculeuse et qui est assurément l'œuvre d'un grand artiste et d'un inspiré. Quelques autres sculptures de sa main subsistent à Valladolid, à Burgos et principalement dans la cathédrale d'Astorga, dont le grand retable fut élevé sur ses dessins, et qu'il décora de bas-reliefs et de figures de saints.

Becerra forma de nombreux élèves, sculpteurs et peintres. Parmi ces derniers figurent BARTOLOME DEL RIO BERNUIS, qui fut peintre en titre du chapitre de Tolède jusqu'en 1627; FRANCISCO LOPEZ, qui travaillait à Madrid et plus tard en Catalogne, vers 1568; GERONIMO VAZQUEZ, que son maître recommanda particulièrement à Philippe II, par son testament, et qui résidait à Valladolid vers 1570; et enfin, le plus réputé, MIGUEL BARROSO (1538-1590), qui fut choisi par Philippe II pour son peintre en titre, et qui a laissé, à l'Escurial, d'importantes peintures conçues dans les traditions florentines.

Il est à remarquer, à propos de la nature des sujets traités par Becerra, que, à l'encontre de l'opinion généralement répandue, les artistes espagnols, surtout ceux du XVIᵉ siècle et qui avaient étudié leur art en Italie, ne répugnaient point, ainsi qu'on l'a souvent prétendu, à emprunter leurs thèmes à la mythologie, même à traduire le nu. Sans doute, et le plus souvent, leurs pinceaux étaient absorbés par les commandes destinées aux églises et aux ordres monastiques; mais lorsqu'il s'en offrait l'occasion, soit dans les palais royaux, soit dans les demeures des grands, ils aimaient, de même que les Italiens leurs maîtres, à donner libre carrière à leur sentiment du beau dans de vastes décorations murales, représentant des allégories ou des mythes fabuleux. L'exemple de Becerra peignant les *Éléments, Persée et Andromède* et une *Madeleine* de grandeur naturelle, très touchante dans sa belle nudité, ne constitue donc point une exception.

Les détails biographiques font absolument défaut relativement à Correa, habile et laborieux peintre qui exerçait son art en Castille, et principalement à Tolède, vers le milieu du xvi⁰ siècle. Tout ce que nous savons de précis, c'est que quelques-unes des peintures qu'il fit pour le couvent des Bernardins de San Martin de Valdeiglesias portaient la signature : *D. Correa fecit 1550.* Par l'examen de celles que conserve le musée du Prado et qui proviennent, soit de ce même couvent, soit de l'église *del Transito,* à Tolède, on est conduit à supposer que cet artiste dut aller étudier son art en diverses villes d'Italie, car ses ouvrages, d'une coloration vigoureuse, rappelant le coloris de l'école primitive vénitienne, reflètent plutôt comme caractère les types, le style et le mode de composition des maîtres de Rome et de Florence, au début du xvi⁰ siècle.

L'un des meilleurs ouvrages de Correa, la *Mort de la Vierge,* actuellement au musée du Prado qui possède un assez grand nombre de ses productions, est un spécimen complet de sa manière florentine. On s'explique d'autant moins l'absence presque absolue de renseignements, touchant la carrière de ce maître, qu'il a sûrement exercé autour de lui une certaine influence; toute une suite de peintures, rappelant ses méthodes, et conservée au musée du Prado, atteste qu'il forma des élèves, ou du moins qu'il eut des imitateurs.

Les renseignements qu'on trouve dans les historiens de l'art, concernant BLAS DEL PRADO, un peintre de mérite, mais, comme Correa, très *italianisant,* sont aussi peu nombreux qu'incertains et obscurs. Né à Tolède vers 1540, on le croit élève de Francisco de Comontès, qui lui aurait appris les rudiments de son art. Fut-il ensuite l'élève de quelque autre maître, ou passa-t-il quelques années en Italie? On l'ignore. Vers 1580, supposent ses biographes, Philippe II l'aurait envoyé près du sultan de Fez, qui avait fait demander au roi un habile artiste. Blas del Prado reçut au Maroc un brillant accueil; il y peignit quelques décorations et divers portraits, notamment celui de la fille du sultan. Après un séjour assez prolongé à Fez, il revint dans sa patrie, riche des présents du monarque africain et ayant adopté le costume et les usages mauresques. Nous le retrouvons, en 1586, occupé à des restaurations de peintures dans la cathédrale de Tolède, dont le chapitre, en 1590, le nomme son peintre en second, Luis de Velasco étant alors le premier, et cette situation, Prado la conserve jusqu'en 1593. Après cela, on ne sait plus rien de positif touchant sa vie. Palomino le fait mourir à Madrid, alors que Jusepe Martinez prétend que l'artiste retourna une seconde fois au Maroc et qu'il y mourut probablement dans les premières années du XVIIe siècle. Plusieurs ouvrages de lui ont été conservés, notamment les compositions qu'il peignit en collaboration avec Luis de Carvajal pour le maître-autel de l'église des Minimes, à Tolède; le grand tableau qui décore la chapelle de San Blas, aussi à Tolède; celui qui figure dans

la collection de l'Académie de San Fernando et qui
représente une *Apparition de la Vierge ;* une *Sainte*

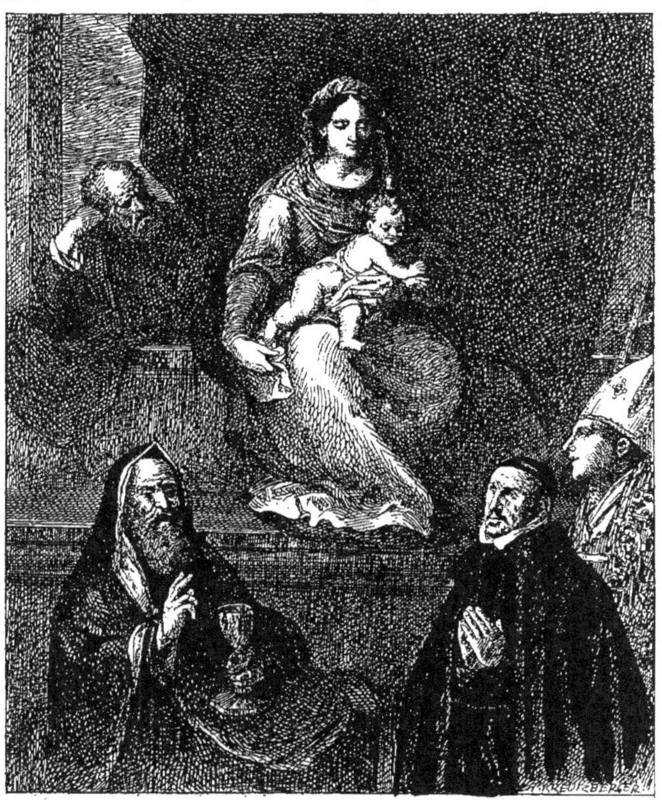

Fig. 34 — BLAS DEL PRADO, *la Vierge accueillant les prières
d'Alfonso de Villegas,* auteur du *Flos sanctorum.*

Famille, au couvent de Guadalupe; une *Descente de
croix,* dans l'église San Pedro, à Madrid, et enfin la

grande composition allégorique, actuellement catalo-
guée au musée de Madrid, où figure la Vierge avec l'Enfant, assise sur un trône élevé, accueillant les prières
d'Alfonso de Villegas, auteur du *Flos sanctorum*
qu'accompagnent saint Joseph, saint Jean l'Évangé-
liste et saint Ildephonse. Une date apocryphe, inscrite
au-dessous du sujet, indique 1530 comme année de
l'exécution : c'est sûrement 1580 qu'il conviendrait de
lire. Dans cette peinture, empreinte de noblesse et
d'un grand sentiment religieux, l'artiste amalgame le
style de Fra Bartolommeo avec des emprunts faits à
Raphaël et à André del Sarte. La coloration en est
sobre, tranquille, et l'exécution rappelle tout à fait les
calmes et un peu froides méthodes florentines.

L'introduction en Castille de l'opulente palette des
Vénitiens fut l'œuvre de Juan Fernandez Navarrete
(1526-1579), surnommé *el Mudo;* une maladie, surve-
nue pendant sa petite enfance, l'avait, en effet, rendu
sourd-muet. Né à Logroño, il montra de bonne heure
une singulière aptitude pour le dessin. Un moine du
couvent de la Estrella lui enseigna les principes de la
peinture; puis, frappé des progrès de son élève, il
décida son père à l'envoyer étudier en Italie. Navarrete visita Florence, Rome, Naples, Milan, s'inspirant
des grandes œuvres des maîtres et prenant des leçons
des artistes alors en renommée. A la suite de ses péré-
grinations, il s'arrêta à Venise, où, au dire de ses biographes, il aurait été admis parmi les élèves du Titien.
En 1568, son habileté ayant été signalée à Philippe II,
il revint en Espagne pour prendre part, un des premiers, aux travaux de décoration de l'Escurial.

Le 6 mars de cette même année, il recevait sa nomination de peintre du roi, dotée d'un salaire annuel de 200 ducats. Ses premiers ouvrages à l'Escurial auraient été des figures de *Prophètes,* exécutées en grisaille, ainsi qu'un *Christ en croix avec la Vierge et saint Jean,* qui existe encore au monastère. Une maladie grave l'ayant atteint à la suite de ces premiers travaux, l'artiste transporta son atelier à Logroño, où il peignit, pour le compte du roi, quatre grandes compositions : l'*Assomption,* le *Martyre de saint Jacques le Majeur, Saint Philippe* et *Saint Jérôme, pénitent.* En 1571, il présidait lui-même à leur mise en place dans la sacristie du couvent; il se rendit à Madrid pour y commencer quatre nouvelles peintures destinées à la sacristie du collège. Ces dernières, terminées en 1575, représentaient la *Nativité,* le *Christ à la Colonne,* la *Sainte Famille* et *Saint Jean écrivant l'Apocalypse dans l'île de Pathmos.* Quelques-unes de ces toiles ont péri dans un incendie; les autres se trouvent actuellement placées dans le grand cloître de l'Escurial. Ces divers ouvrages n'appartiennent pas tous à une même manière; le *Saint Jérôme* et le *Martyre de saint Jacques* contrastent, par leur exécution attentive et minutieuse, avec la touche libre, hardie et toute vénitienne que l'artiste paraît avoir adoptée à partir de 1572.

En 1576, il achevait pour la *porteria* de l'Escurial son superbe tableau représentant *Abraham recevant les trois Anges,* qui, enlevé du monastère pendant l'occupation française, a fait partie de la collection du maréchal Soult, en même temps qu'un vivant portrait du Mudo, peint par lui-même. En 1578, Navarrete travaillait encore pour l'Escurial et il venait de terminer quatre compositions représentant des *Apôtres* et des *Évangélistes*, lorsque, terrassé de nouveau par la maladie, il vint s'éteindre à Tolède.

Il n'avait pas formé d'élèves. Le musée du Prado ne possède que trois peintures du Mudo ; l'une, représentant le *Baptême du Christ*, datant de la jeunesse de l'artiste, est entièrement traitée dans un joli et naïf sentiment qui rappelle assez bien les primitifs florentins ; les deux autres sont des figures de saints, de grandeur naturelle, deux esquisses, croit-on, pour les mêmes sujets qui sont à l'Escurial, lesquels appartiennent à la libre exécution vénitienne de celui que l'Espagne appelle un peu ambitieusement *el Ticiano español*. Que ce fût le résultat de son apprentissage à Venise ou la conséquence de ses aptitudes natives, Navarrete est surtout un peintre naturaliste : ses compositions, quoique religieuses profondément, sont d'une intimité presque familière, et il fallut plus d'une fois que le sévère prieur de l'Escurial se fâchât pour empêcher l'artiste d'introduire, comme il l'avait déjà fait en quelques tableaux, des animaux, des accessoires et des épisodes d'un réalisme absolu.

Ces manifestations naturalistes, déjà si notables chez Navarrete, et qui bientôt allaient être le caractère dominant de la peinture espagnole, ne devaient cependant triompher complètement qu'à l'issue d'une lutte peu prolongée, à la vérité, avec l'idéal romain ou florentin, alors représenté en Castille par les nombreux artistes italiens appelés par Philippe II à concourir à la décoration de l'Escurial. Parmi ceux-ci figuraient

Pellegrino Tibaldi, élève de Bagnacavallo, Lucca Cangiasi ou Cambiaso, un Génois, Romulo Cincinnato, Florentin et élève de Salviati, Castello le Bergamasque, Francesco de Urbino, Nicolao Granello, Federigo Zuccheri, Bartolommeo Carducci et Patricio Cajesi ou Caxès. Tous étaient venus en Espagne amenant leur famille, des aides, des élèves. Leurs ouvrages, leur esthétique, leurs méthodes exercèrent une certaine influence sur les peintres les plus directement formés à leur école; mais cette influence fut d'ailleurs passagère et même, par un étrange renversement des rôles, on vit bientôt les propres fils de ces Italiens demeurés en Espagne incliner, avec les peintres indigènes, au naturalisme. On peut constater cette évolution chez nombre d'entre eux, plus particulièrement chez Vicente Carducci ou Carducho, neveu de Bartolommeo, chez Eugenio Cajesi ou Caxès, fils et élève de Patricio, et encore chez Juan Rizi, dont le frère avait été l'aide de Federigo Zuccheri à l'Escurial. Tous allaient bientôt occuper dans l'École un rang élevé et leurs ouvrages sont, à juste titre, rangés parmi les meilleures productions indigènes.

Les grands travaux décoratifs ordonnés par Philippe II, à l'Escurial, à la résidence du Pardo et à l'Alcazar de Madrid, où la Cour commençait de séjourner de temps à autre, et qui avaient fait appeler en Espagne tant d'artistes italiens, transformèrent la Castille, pendant le dernier quart du XVIᵉ siècle, en un foyer d'art extrêmement actif et fécond.

Vers 1575, un peintre étranger, Grec d'origine, venait s'établir à Tolède, attiré sans doute par la renommée des faveurs dont les artistes étaient l'objet de la part de Philippe II. Il s'appelait Domenico Theotocopuli, mais on le désignait plus habituellement par le surnom de Greco, que lui avaient donné les Italiens et que lui ont conservé les Espagnols. Il avait appris à Venise l'exercice des trois nobles arts. Avait-il été, comme le disent ses biographes, l'élève direct du Titien, ou s'était-il formé lui-même en étudiant ses ouvrages et ceux de Palma, de Bassan et du Tintoret? C'est à cette dernière hypothèse que nous nous rangerions le plus volontiers, car aucun des auteurs italiens ne le mentionne comme ayant fréquenté plus particulièrement l'atelier de l'un ou l'autre de ces maîtres. Tout d'ailleurs est demeuré énigmatique de ce qui touche à l'existence de cet artiste; on le croit né vers 1548, sans qu'on sache précisément même son lieu de naissance, et c'est sans preuve que Palomino, dans ses notices sur les peintres éminents, avance qu'il devait avoir soixante-dix-sept ans lorsqu'il mourut à Tolède en 1625.

Avec des méthodes larges, une entente parfaite du groupement de ses personnages, une aisance magistrale à traiter les grandes masses colorées, le Greco apportait aussi de Venise, à l'école espagnole, ce que ne possédait qu'imparfaitement Navarrete, une coloration chaude, d'une grande richesse de ton, un dessin personnel, le sens du mouvement, de la vie, et dans l'expression de ses têtes, toujours saisissantes de caractère, quelque chose d'étrangement émouvant, de fiévreux et de singulièrement mélancolique.

Après avoir débuté, à Tolède, par peindre un retable pour l'église de Santo-Domingo-el-Viejo, le

Greco commença l'exécution, en 1577, et sur la commande du chapitre de la cathédrale, de son beau tableau

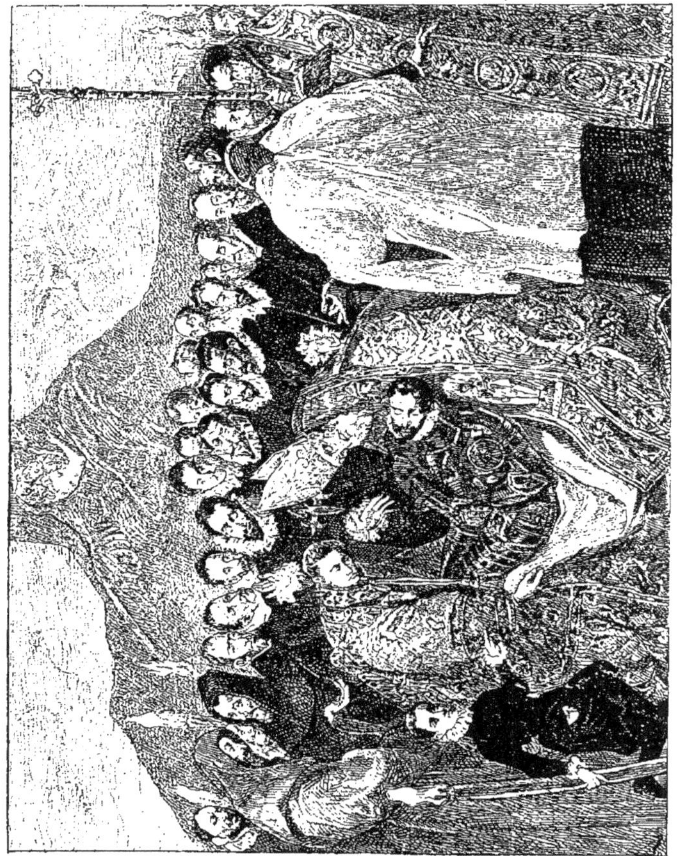

Fig. 35. — Domenico Theotocopuli « el Greco », *l'Enterrement du comte d'Orgaz*, fragment.

(Académie de San Fernando.)

représentant le *Partage de la tunique,* placé dans la
sacristie, et dont il décora lui-même l'encadrement de
rinceaux d'ornements et de sculptures. Terminée en 1579,

cette peinture, que les contemporains se plaisaient à rapprocher des ouvrages du Titien, donna lieu entre le
chapitre et l'artiste à d'assez longs démêlés judiciaires;
quelques peintres indigènes, jaloux peut-être de cet
étranger, avaient critiqué l'ordonnance de sa composition et blâmé certains détails réalistes dans les costumes des soldats qui entourent le Christ. Ils décla-
raient également que le Greco n'eût pas dû faire figurer
dans cette scène le groupe des Maries qui, d'après les
textes, n'y étaient pas présentes. Le Greco finit cependant par triompher de ces chicanes théologiques et
par toucher le prix de son tableau.

Deux ans plus tard, Philippe II appelait le Greco à
l'Escurial et lui commandait une grande composition
représentant le *Martyre de saint Maurice et de ses
compagnons.* C'est à cette même époque, et à l'occasion
de ce tableau, que commence à se déclarer l'étonnante
crise qui allait si profondément modifier le talent de
l'artiste et le caractère de ses créations. Adoptant brusquement une nouvelle manière, que les plus charitables
critiques contemporains taxent seulement d'extrava-
gante, alors que d'autres la regardent comme l'œuvre
d'un véritable fou, le Greco abandonne les belles colorations chaudes et dorées dont il avait fait usage dans
le *Partage de la tunique,* pour y substituer des tons
heurtés, dissonants et restreints jusqu'à l'indigence.
Ainsi qu'il nous en a laissé lui-même le témoignage
dans son propre portrait, actuellement au palais de San
Telmo, à Séville, sa palette ne se compose plus que de
cinq couleurs, du blanc, du noir, du vermillon, de
l'ocre jaune et de la laque de garance : de là ce coloris

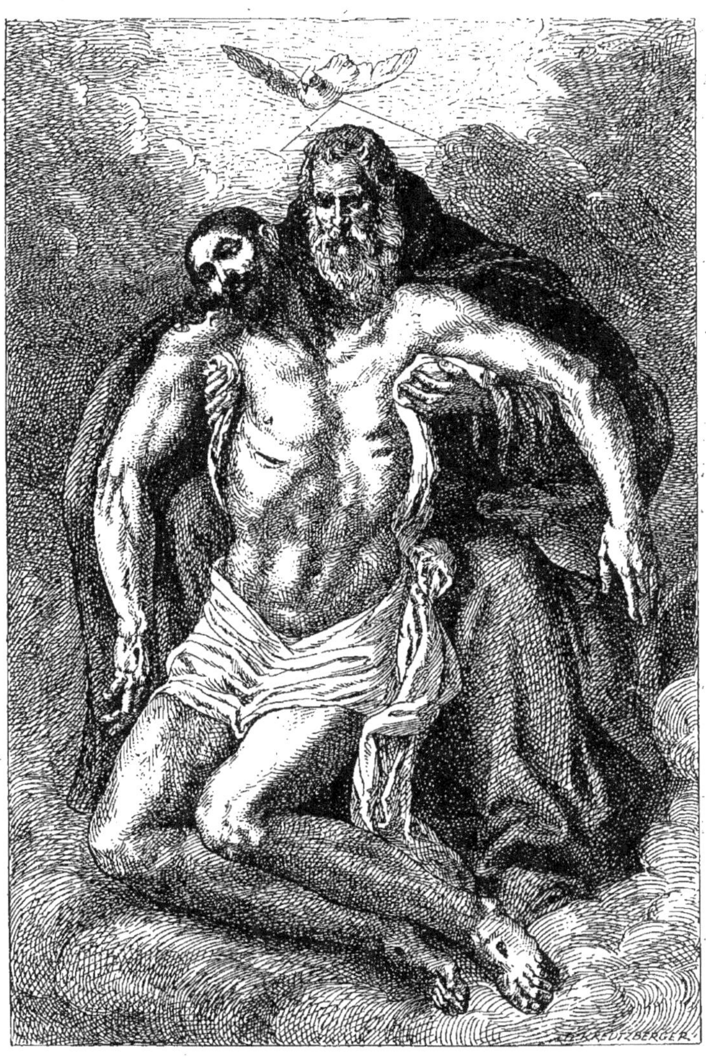

Fig. 36. — DOMENICO THEOTOCOPULI « EL GRECO »

Le Christ mort soutenu par le Père Éternel.

(Musée du Prado.)

si singulièrement triste qui communique à ses peintures on ne sait quel aspect inquiétant et maladif. En même temps, son dessin s'allonge, s'amincit, devient bizarre, et les traits de ses personnages en prennent quelque chose d'étrangement surnaturel et de spectral.

Que s'était-il passé dans l'esprit de l'artiste qui l'ait conduit tout d'un coup à cette déconcertante évolution? Devons-nous croire, avec quelques-uns de ses contemporains, que, blessé de s'entendre toujours répéter que le *Partage de la tunique* rappelait le Titien, il aura tenté, à partir du *Saint Maurice,* de se créer une originalité à tout prix? Ce n'est point notre avis. Le Greco n'a été ni le fou, ni le visionnaire, non plus que l'original à outrance que l'on a voulu trouver en lui. C'est un coloriste audacieux, un chercheur subtil, possédé d'un très vif enthousiasme pour quelque théorie qu'il s'est forgée à lui même, peut-être trop épris d'un idéal rare et singulier et qui, de chimère en chimère, en arrive à se créer consciemment ce coloris bizarre et austère, rappelant trop parfois l'ébauche naïve d'un élève à ses débuts.

Malgré ses écarts, le Greco n'en est pas moins un véritable maître, et certainement l'un des plus curieusement novateurs qui aient été.

Tel ne fut cependant point l'avis de Philippe II lorsque le *Saint Maurice* arriva à l'Escurial; le roi s'opposa à ce qu'il occupât l'emplacement pour lequel il avait été commandé et ce fut une autre composition, exécutée par l'Italien Romulo Cincinnato, qui en prit la place sur l'autel dédié à saint Maurice.

Cependant le caractère d'énergie, de sincérité et de noblesse dont était empreint, malgré son étrangeté, l'ouvrage du Greco, avait vivement frappé quelques rares connaisseurs et, notamment, l'archevêque de Tolède. Ce fut, en effet, par son ordre que l'artiste peignit en 1584 son célèbre *Enterrement du comte d'Orgaz*, placé dans l'église de Santo Thome, à Tolède, au-dessus de la tombe de Gonzalo Ruiz de Toledo, comte d'Orgaz, mort au xiiiᵉ siècle en odeur de sainteté. Cette peinture — l'une de ses plus importantes, dont l'action principale représente, au milieu d'une nombreuse assistance de clercs, de moines, de prêtres et de nobles personnages, saint Étienne et saint Augustin, en costumes pontificaux, présidant à la mise au tombeau du comte d'Orgaz dont ils soutiennent eux-mêmes le cadavre, armé de toutes pièces — est caractéristique des défauts et des qualités de la nouvelle manière du Greco. Un sentiment profondément grave et religieux se dégage de cette scène funèbre où apparaissent les cieux ouverts, avec la Trinité divine entourée d'anges; l'effet, quoique l'exécution soit assez simplifiée, est puissamment saisissant. Sa tonalité, faite presque entièrement de blancs et de noirs, et que rehaussent seules les notes riches des chasubles des deux saints, se résout en une harmonie très impressionnante par son austère mélancolie. Une répétition de cette toile, mais sans la partie supérieure, se voit dans la collection de l'Académie de San Fernando.

Quelque discuté qu'ait été le talent du Greco durant sa vie, et en dépit des critiques dont Pacheco, qui visita son atelier en 1611, ne s'est pas fait faute de l'accabler, en son *Arte de la pintura*, non plus que Jusepe Martinez, en ses *Discursos practicables*, les églises et les couvents de la Castille ne s'en disputèrent pas moins l'honneur d'obtenir quelque ouvrage de sa main. Deux retables, composés de sculptures et de peintures, dans la chapelle de l'hôpital de Saint-Jean-Baptiste, hors des murs de Tolède, comptent parmi ses bons ouvrages; le musée du Prado en conserve également de très notables, ainsi que le musée provincial de Tolède où se voient divers portraits, appartenant à son exécution fantasque, mais animée d'on ne sait quelle vie de rêve, intense et mystérieuse.

Comme architecte et comme sculpteur, le Greco a produit également des créations remarquables; c'est sur ses dessins que furent élevés l'Ayuntamiento de Tolède, et les églises de la Caridad et des Franciscains à Illescas. Dans cette dernière, se trouvent les tombeaux des fondateurs dont les statues, d'une facture superbe, sont l'œuvre de son ferme et habile ciseau.

Domenico Theotocopuli, malgré la bizarrerie de son talent, exerça une profonde influence sur les peintres castillans. Il est, en fait, l'initiateur d'une sorte d'école où domine le sentiment religieux le plus pénétrant, sous des formes très réalistes. Quoique étranger, il doit légitimement prendre place parmi les artistes éminents de l'Espagne, car, après Joanès et Moralès le Divin, il est très certainement, par le sentiment d'austère croyance dont sont empreints ses ouvrages, l'un des peintres qui ont le mieux exprimé la foi hautaine et le caractère de sombre mysticité des contemporains de Philippe II.

Il forma quelques élèves; aucun ne se fit le sectateur de sa seconde manière. Parmi les principaux, on

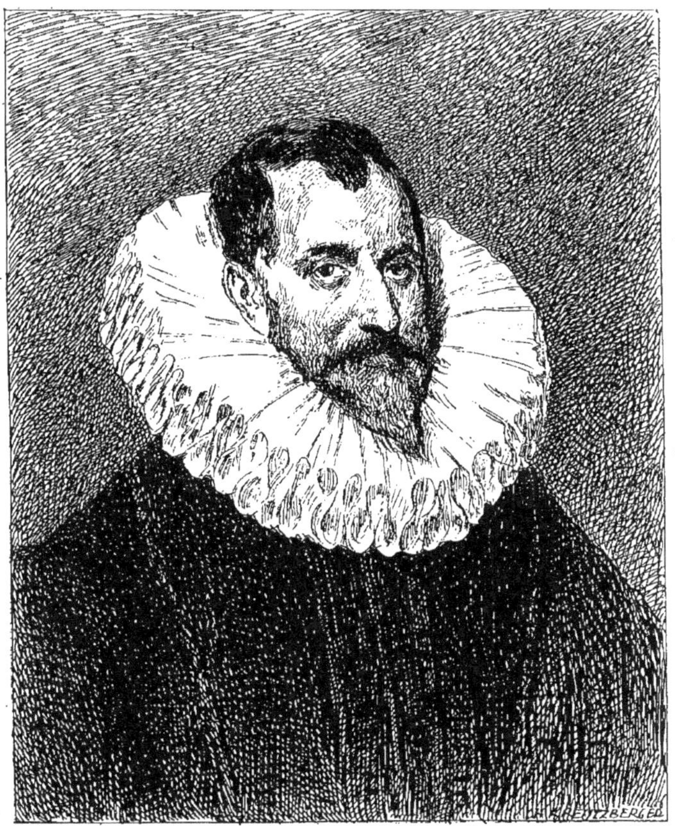

Fig. 37. — DOMENICO THEOTOCOPULI « EL GRECO », *Portrait d'homme.*
(Musée du Prado.)

compte MANUEL THEOTOCOPULI, son fils, qui n'a laissé que
quelques copies d'après des peintures de son père, et

qui fut plutôt architecte que peintre; PEDRO LOPEZ, dont Céan Bermudez cite une *Adoration des rois*, datée de 1608, pour le couvent des Trinitaires, à Tolède; ALEXANDRO LOARTE, qui, de 1622 à 1626, exécuta diverses compositions religieuses, pour des couvents de Tolède, dans la manière chaudement colorée du *Partage de la tunique*; DIEGO DE ASTOR, plus connu comme graveur que comme peintre et qui a gravé en 1606, d'après une peinture du Greco représentant *Saint François*, agenouillé, tenant une tête de mort dans ses mains, une estampe où le dessin et le coloris du maître sont rendus avec une rare sincérité; PEDRO ORRENTE (1570?-1644), qui, après avoir passé par l'atelier du Greco, s'en alla à Valence, où il peignit des compositions inspirées, pour le sujet et pour le coloris, des ouvrages de Bassan; JUAN BAUTISTA MAYNO (1569-1649), qui prit l'habit de dominicain et qui fut chargé d'enseigner la peinture à l'infant, plus tard Philippe IV, et enfin LUIS TRISTAN (1586-1640), le plus éminent des disciples du Greco, et celui d'entre eux qui sut le mieux s'approprier les plus belles qualités du maître. L'un des plus importants ouvrages de Tristan est le retable de l'église de Yepès, formé de six grandes compositions : la *Naissance de Jésus*, l'*Adoration des mages*, le *Christ battu de verges*, le *Christ portant sa croix*, la *Résurrection* et l'*Ascension*, avec quelques représentations de saints à mi-corps.

En 1619, cet artiste peignait, dans la salle capitulaire de la cathédrale de Tolède, le portrait de l'archevêque Bernard de Sandoval, l'un des plus beaux parmi cette intéressante suite de portraits de prélats tolédans.

D'un modelé exquis et d'une grande noblesse d'expres-

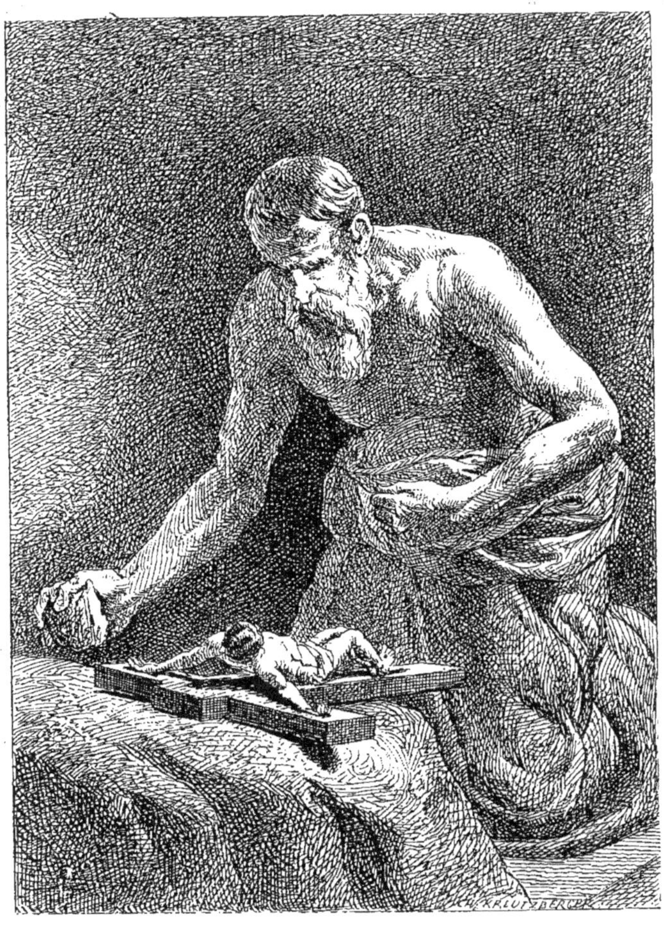

Fig. 38. — TRISTAN, *Saint Jérôme pénitent.*
(Académie de San Fernando.)

sion, cette remarquable peinture mérite, comme exécution, d'être rapprochée des meilleurs portraits de l'école vénitienne.

Lorsque Velazquez, venu de Séville, visita Tolède et connut les ouvrages de Tristan, il en fit, rapporte-t-on, les plus vifs éloges, inspirés d'ailleurs par une profonde admiration. Parmi les productions de Tristan, on note particulièrement le *Saint Jérôme pénitent*, à l'Académie de San Fernando, un portrait de *Lope de Vega*, à l'Ermitage, et un *Christ en croix*, qui a fait partie de la collection Salamanca. Au musée du Prado, l'artiste n'est représenté que par le portrait en buste d'un gentilhomme âgé, vêtu de noir, très vivant d'aspect dans sa physionomie hautaine et sévère.

Si l'on pouvait mettre en doute l'importance du rôle que le Greco a tenu à Tolède et en Castille, il suffirait de l'examen des ouvrages de ses disciples pour comprendre que ceux-ci ont largement contribué à préparer, par leurs recherches du réel et du vrai en leurs compositions, désormais indépendantes de toute réminiscence florentine ou romaine, l'entière et prochaine émancipation de l'école.

Bien avant la venue du Greco, et dès 1542, un autre artiste, né à Utrecht, élève de Jan Schoorel, Antonie de Moor, plus connu sous le nom d'Antonio Moro (1512-1588), avait inauguré en Castille, dans la peinture du portrait, un idéal nouveau. Choisi par Charles-Quint, qui l'avait nommé son peintre, pour exécuter le portrait de l'infant Philippe, Antonio Moro eut l'occasion d'étudier à la cour d'Espagne les admirables ouvrages du Titien que possédait l'empereur. Il copia ces peintures, et cette initiation à un art plus libre

devint pour l'artiste le point de départ d'une évolution
complète dans ses méthodes d'interprétation de la

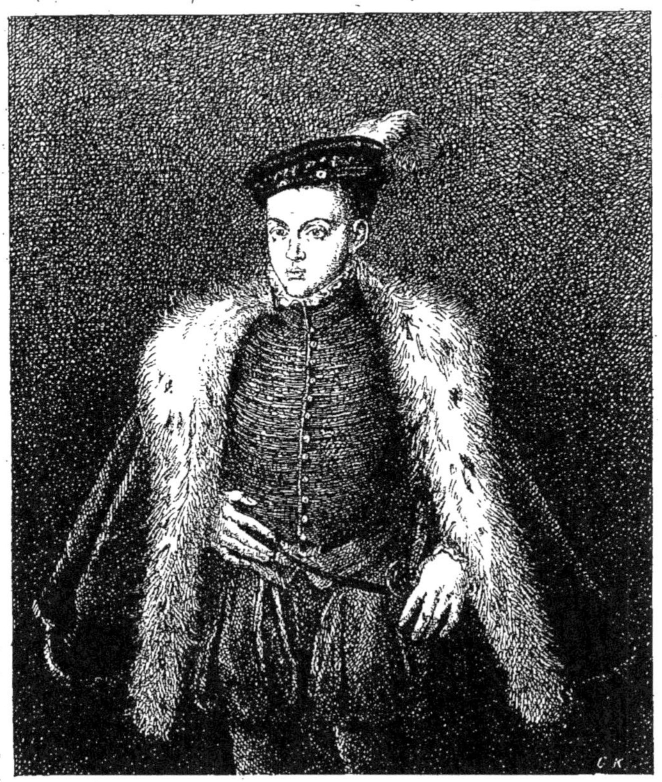

Fig. 39. — SANCHEZ COËLLO, *Portrait de D. Carlos, fils de Philippe II.*
(Musée du Prado.)

figure humaine. Il dépouilla ce qui restait encore en
lui de la manière des primitifs flamands. Les contours
de la forme, qu'il découpait auparavant avec quelque

sécheresse, et le modelé qu'il accusait avec une trop minutieuse précision, furent désormais compris et traités avec une intelligente largeur ; enfin, tout en conservant depuis lors une certaine tournure vénitienne dans l'arrangement de ses portraits, il sut bien vite se créer une individualité d'interprétation et de facture qui ne permet de le confondre avec aucun autre maître.

D'absolus chefs-d'œuvre, comme les portraits du bouffon *Pejero*, de la reine *Marie d'Angleterre*, de la *Dame au petit chien*, et des ouvrages peut-être moins parfaits, mais encore d'une si belle tournure, tels que les portraits de la reine de Portugal, *Doña Catalina*, femme de Jean III, de la fille de Charles-Quint, *Maria de Austria*, de *Maximilien II*, et bien d'autres encore que l'artiste exécuta soit par l'ordre de Charles-Quint, soit par l'ordre de Philippe II, et que conservent les musées du Prado, du Louvre ou du Belvédère, ont été, pour les peintres indigènes, de féconds sujets d'étude et le principe d'une direction nouvelle.

Le plus habile des élèves directs d'Antonio Moro, celui qui s'inspira le mieux de son style et de ses méthodes d'exécution, fut ALONSO SANCHEZ COËLLO (1515?-1590). Né au royaume de Valence, à Benifayro, on ignore où il commença d'étudier la peinture, et c'est seulement vers 1542, et à Madrid, qu'il connut Moro, avec qui il se lia dès lors d'une étroite et touchante amitié. Elle ne fut brisée que par le départ précipité du maître pour les Pays-Bas, à la suite d'un acte de familiarité que Moro s'était permis envers le terrible Philippe II. Jusque-là, Sanchez Coëllo demeure l'élève

soumis et le fidèle imitateur d'Antonio Moro. Après
leur séparation, Coëllo recueillit l'héritage de son

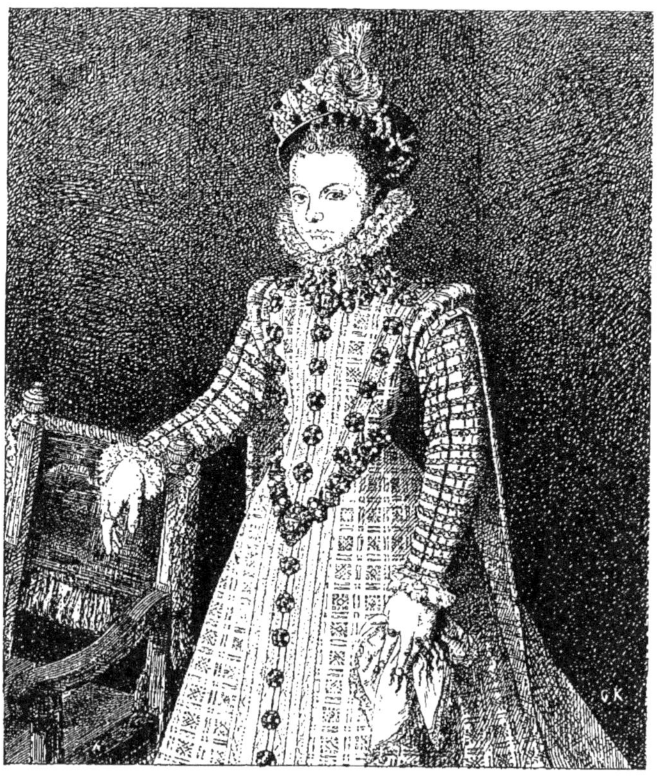

Fig. 40. — SANCHEZ COËLLO,
Portrait de l'Infante Isabelle-Claire-Eugénie, fille de Philippe II.

(Musée du Prado.)

maître et devint le peintre en titre, le favori du monarque et de la cour.

Malgré sa longue intimité avec Moro, Sanchez Coëllo, tout en conservant quelque chose dans son dessin et dans son coloris des traditions vénitiennes et flamandes de son maître, se montre cependant très espagnol, très fin observateur et peintre bien personnel dans ses portraits. Mais sa facture n'a cependant pas gardé l'ampleur, la fermeté, ni la chaude puissance de l'exécution de son maître; ses demiteintes, d'un gris très délicat, impriment notamment à son modelé un aspect généralement plus froid et un bien moindre relief. Quoi qu'il en soit, ses représentations de personnages royaux ne laissent pas de présenter une grande distinction et du caractère, surtout son portrait de *l'Infant D. Carlos*, ce malheureux fils de Philippe II, et encore celui de *l'Infante Isabelle-Claire-Eugénie*, deux merveilleux ouvrages, entre les plus typiques de la manière de l'artiste, que conserve le musée du Prado.

Sanchez Coëllo est bien moins intéressant dans ses compositions religieuses; celles que l'on voit au musée du Prado, *le Mariage mystique de sainte Catherine* (1578) et *Saint Sébastien, entouré de saint Bernard et de saint François*, rappellent la manière des Flamands italianisés et n'auraient certainement pas suffi à elles seules à tirer son nom de l'oubli.

Parmi ses élèves les plus marquants figurent la propre fille de l'artiste, Isabelle, qui peignit d'excellents petits portraits; Juan Pantoja de la Cruz (1551-1609) et Felipe de Liano (1550?-1625).

Juan Pantoja de la Cruz partagea avec son maître la faveur de Philippe II, qui le nomma son peintre et son valet de chambre. Philippe III, dont il fit le por-

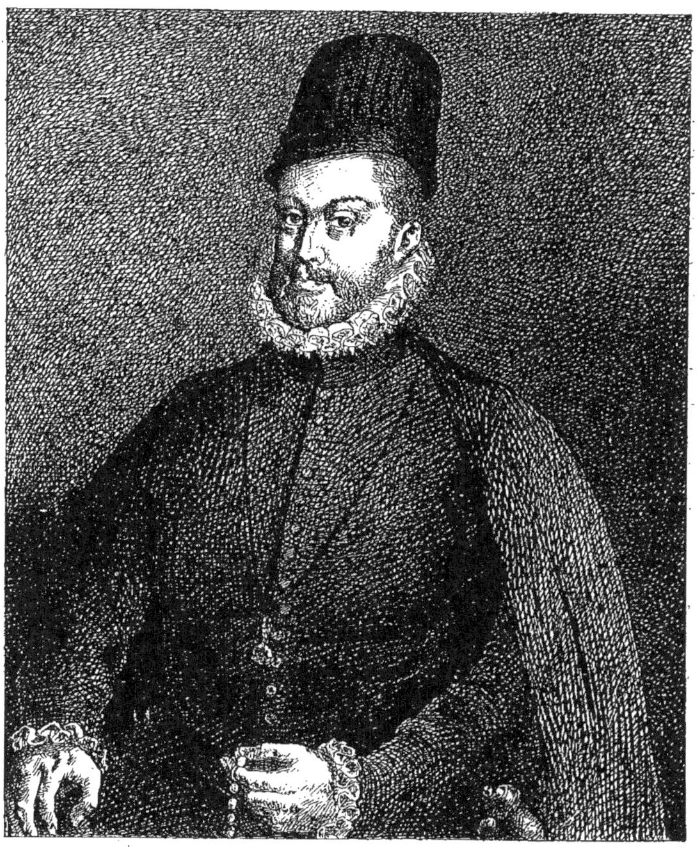

Fig. 41. — PANTOJA DE LA CRUZ, *Portrait de Philippe II.*
(Musée du Prado.)

trait équestre pour servir de modèle à Jean Bologne,
l'auteur de la statue du roi qui décore la plaza Mayor,

à Madrid, tint également Pantoja en très haute estime et lui commanda un grand nombre de portraits de personnages de sa famille. Malgré la destruction de la plupart de ces portraits, qui ornaient jadis les résidences royales de l'Escurial, du Pardo, du Retiro, de la Torre de la Parada, le musée du Prado renferme encore de très beaux spécimens de sa manière; elle ne laisse pas de différer de celle de Sanchez Coëllo par une manœuvre plus généreuse, plus nourrie, mais cependant, sans la distinction et la transparence de coloris, et sans l'imposante tournure des créations du maître. Les portraits d'*Élisabeth de Valois*, de l'infante *doña Maria*, sœur de Philippe II, de la reine *Margarita de Austria*, femme de Philippe III, sont parmi les meilleurs qu'il ait exécutés; à ces représentations de personnes royales, il convient de joindre les portraits de *Ruy Perez de Ribera*, peint pour le monastère de Santa-Maria-la-Real-de-Najera, et de l'organiste et compositeur *Salinas*, qui a été gravé au xviiie siècle par Carmona.

De très importants portraits d'apparat, tantôt copiés par Pantoja sur des originaux disparus, tantôt peints d'après nature, tels que les portraits de Charles-Quint, de Philippe II, de Philippe III, font encore partie de la décoration de la bibliothèque de l'Escurial.

Pantoja n'a pas exécuté que des portraits; le musée de Madrid conserve de lui quelques compositions religieuses placées autrefois dans la chapelle de la *Casa del Tesoro*, attenante à l'Alcazar, et qui représentent la *Naissance de la Vierge* et la *Naissance de Jésus*, datées de 1603, et où il a pris pour modèles les mem-

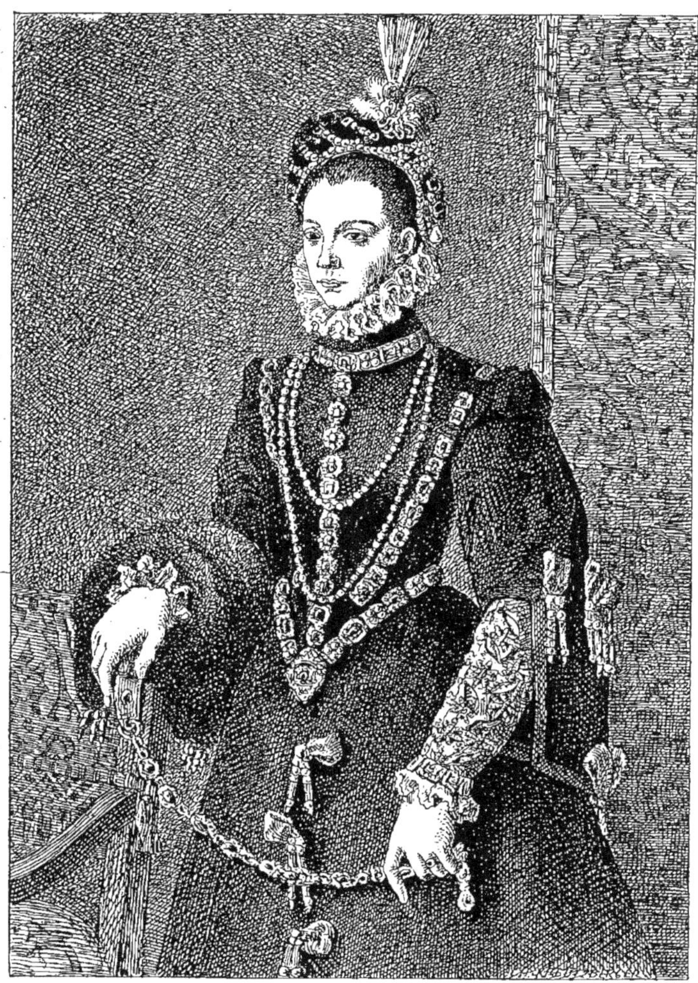

Fig. 42. — PANTOJA DE LA CRUZ.

Portrait d'Élisabeth de Valois, femme de Philippe II

(Musée du Prado.)

bres de la famille de Philippe III, figurés sous les traits des assistants et même des personnages divins.

De Felipe de Liaño, qui peignit cependant un très grand nombre de portraits, surtout dans de petites dimensions, et que ses contemporains avaient surnommé *le petit Titien*, les musées d'Espagne n'ont conservé aucun ouvrage d'une authenticité absolument indiscutable. Le catalogue du Prado lui attribue, sans doute avec quelque vraisemblance, un portrait en pied, de grandeur naturelle, de l'infante *Isabel-Clara-Eugenia*, vêtue d'un riche costume, tenant dans sa main droite un camée et appuyant sa main gauche sur la tête de Magdalena Ruiz, bouffonne de la reine Jeanne de Portugal, qui lui présente deux petits singes. Par sa composition, sa facture, ce portrait ne rappelle effectivement ni Sanchez Coëllo, ni Pantoja de la Cruz, mais il se rapproche un peu plus des méthodes et de la manière d'un autre portraitiste contemporain, Bartolome Gonzalez (1564-1627), qui, sous Philippe III, fut peintre du roi. Le musée du Prado possède précisément un portrait de lui représentant, vieillie de quelques années, cette même infante, ainsi qu'un autre portrait de *Margarita de Austria*, femme de Philippe III. Bartolome Gonzalez, né à Valladolid, était élève du peintre florentin Patricio Caxès ou Cajesi, venu en Espagne au service de Philippe II en 1567, et qui ouvrit à Madrid un atelier où, en outre de son fils Eugenio et de Bartolome Gonzalez, se formèrent deux autres artistes moins connus que les précédents : Diego Polo (1560-1600), dont l'Escurial conserve deux tableaux, et Antonio Lancharès (1586-1658), dont on ne connaît qu'une seule peinture : *la Vierge et saint Ildefonse,* datée de 1622, au musée du Fomento.

Les rares compositions religieuses de Bartolome Gonzalez qui ont été conservées nous font voir, en lui, un artiste un peu froid, disposant ses ordonnances avec une grande simplicité, colorant avec goût, mais sans vigueur et sans grand éclat. Ses portraits, d'un dessin attentif, bien observés, et colorés en général dans une gamme de gris fins, très harmonieuse, sont au contraire autant d'ouvrages d'une plus sérieuse valeur. Des portraits de Philippe III, de sa femme et de leur fille Anne d'Autriche, datés de 1621 et faisant jadis partie de la collection réunie par l'érudit D. Valentin Carderera, à Madrid, révèlent, en Gonzalez, un peintre distingué et un intéressant précurseur de Velazquez.

Redevenues prédominantes avec les artistes appelés d'Italie par Philippe II pour travailler à l'Escurial, les traditions florentines et romaines ont déjà commencé d'être moins obéies dès la fin du règne de Philippe III ; parmi les novateurs, on est surpris de rencontrer les propres disciples de ces Italiens, Eugenio Caxès (1577-1642) et Vicente Carducho (1578-1638), l'un fils, l'autre frère de maîtres venus de Florence. Tous deux furent peintres du roi, et tous deux aussi ont été des artistes de transition, Italiens par l'enseignement reçu et par l'habileté des méthodes, mais Espagnols par leurs tendances et leur sentiment intime. Leur existence s'est d'ailleurs écoulée tout entière en Espagne ; aussi leurs ouvrages font-ils à juste titre partie de son patrimoine artistique.

Caxès débuta dans l'art aux côtés de son père Patrizio, dont il fut le collaborateur dans ses travaux au palais du Pardo. La décoration de la salle des audiences royales, représentant *le Jugement de Salomon*, était son œuvre personnelle ; elle lui mérita les éloges de Philippe II, qui, dès 1612, le nommait son peintre. Plusieurs peintures religieuses, exécutées à Madrid pour la Merced, les Franciscains, à l'église de Santa-Cruz, et la part que prit l'artiste à l'exécution des fresques de la chapelle de la Vierge, à la cathédrale de Tolède, en collaboration avec son ami Vicente Carducho, mirent le sceau à la réputation du jeune maître. En commun encore, les deux vaillants artistes commençaient et terminaient, vers 1618, une suite de peintures importantes pour le célèbre couvent de Guadalupe. Une remarquable décoration à fresque, au palais de l'Alcazar, ayant pour sujet l'*Histoire d'Agamemnon*, valut à Eugenio Caxès une rémunération considérable. Il était alors en pleine possession de la faveur royale, et Philippe IV avait déjà posé plusieurs fois devant lui pour ses portraits, lorsque Velazquez arriva à Madrid. L'étoile de Caxès commença dès lors de pâlir, sans cependant que son talent eût faibli. Il peignit encore de beaux ouvrages pour quelques édifices religieux, notamment *la Vierge enfant avec saint Joachim et sainte Anne*, pour l'église San-Bernardo, et pour le palais du Retiro, une composition historique intitulée *Tentative de débarquement des Anglais à Cadix en 1625*, qui figure aujourd'hui au musée du Prado.

Le musée du Fomento possède une *Adoration des*

Mages et *Saint Ildefonse recevant, des mains de la*

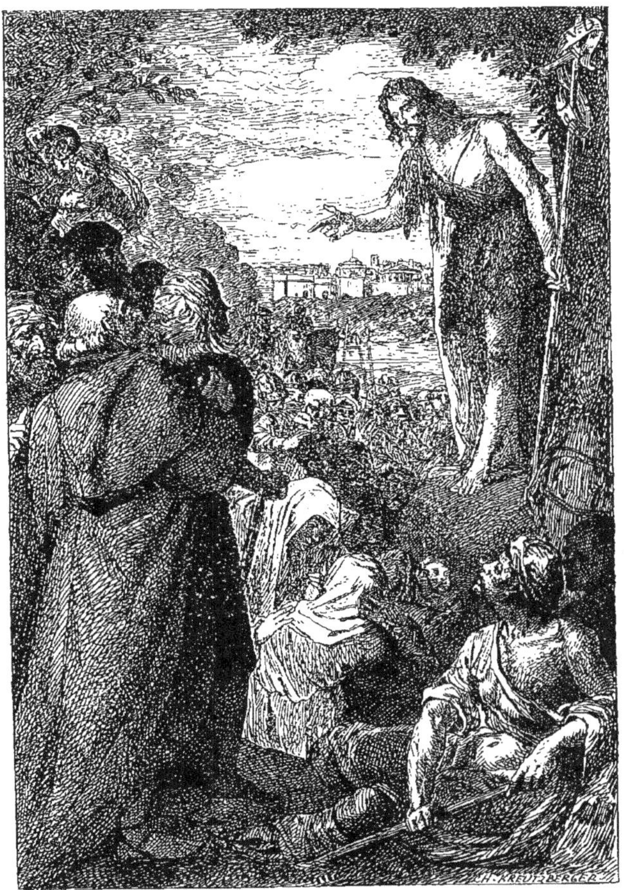

Fig. 43. — VICENTE CARDUCHO, *Prédication de saint Jean-Baptiste.*
(Académie de San Fernando.)

Vierge, la chasuble miraculeuse, peinture vigoureuse,

largement et fièrement brossée. A l'Académie de San Fernando, on trouve aussi, de lui, *la Mort de saint François*, qui rappelle beaucoup la manière de Vicente Carducho, analogie qu'explique la fréquence de leur collaboration.

Il est cependant à noter que Caxès est, des deux peintres, celui qui conserve le caractère le plus italien. Il forma d'excellents élèves : Luis Fernandez (1596-1654), Pedro de Valpuesta (1614-1668) et Juan Arnau (1595-1683).

Né à Florence, mais amené encore tout enfant en Espagne, Vicente Carducho avait commencé par être l'élève, puis l'aide de son frère aîné, Bartolommeo Carducci; après avoir travaillé sous sa direction à Valladolid, où il avait essayé son jeune talent en peignant des sujets de bataille et des perspectives, il accompagna Bartolommeo au palais du Pardo; celui-ci se préparait à commencer une importante décoration à fresque lorsque la mort vint le surprendre. Philippe III chargea Vicente de ce travail, où il prit pour sujet *les Exploits d'Achille*. Son style, timide et forcément imitateur encore à ses débuts, s'écarta peu d'abord du style sévère, mais froid, de son frère; mais ses qualités personnelles se dégagèrent rapidement, et il ne tarda pas à s'inspirer des tendances naturalistes et plus vivantes auxquelles inclinait l'art indigène. Après avoir peint, associé avec Caxès, à Tolède et au couvent de Guadalupe, diverses compositions religieuses, Carducho produisit, seul, un nombre considérable de tableaux pour les couvents et les églises de Madrid. Pour la fécondité et l'aisance à composer et à

exécuter, Vicente n'a pas alors de rival dans l'école ;
cependant, quelque surprenante qu'elle paraisse déjà,

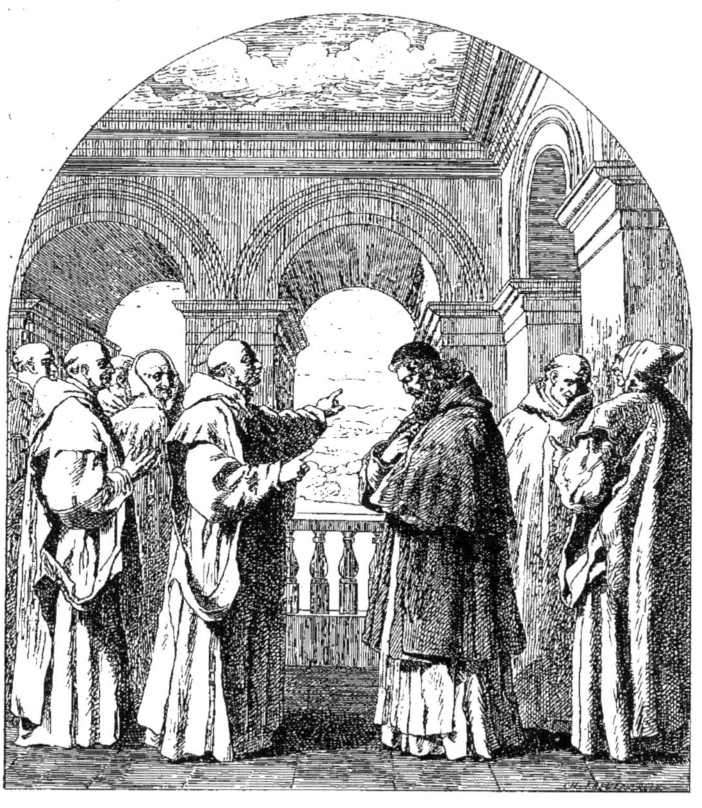

Fig. 44. — Vicente Carducho,
Saint Bruno conversant avec un évêque de son ordre.
(Musée du Fomento.)

cette fécondité ne fit encore que s'accroître. En 1626,
il entreprend pour la Chartreuse du Paular une suite

de cinquante-six tableaux, qui devaient représenter des épisodes de la *vie de saint Bruno*, ainsi que les *miracles* et les *martyres des religieux* de son ordre; cette vaste entreprise devait être terminée en un laps de quatre années. Dans toutes ces toiles, réparties aujourd'hui entre les musées du Fomento et du Prado, et qui mesurent environ trois mètres dans leurs deux dimensions, les personnages sont figurés de grandeur naturelle; presque toutes présentent un deuxième sujet, traité en moindres proportions, sur les plans éloignés. Si libre et facile qu'en paraisse l'exécution, il est cependant à constater que la plupart des figures sont des portraits et que les attitudes, les gestes, les vêtements, les accessoires ont été attentivement observés sur nature. « Dans cette suite de peintures, dit avec justesse Cean Bermudez, où quelque monotonie semblait inévitable, on doit admirer une grande fécondité d'invention et l'ingéniosité d'arrangement des groupes, non moins que la science des formes et la parfaite harmonie des colorations. »

De l'année 1634 datent les trois grandes compositions historiques que conserve le musée du Prado et qui décoraient jadis le Salon des rois, au palais du Buen-Retiro. Elles représentent *la Place de Constance secourue en 1633 par le duc de Feria, la Bataille de Fleurus* et *la Prise de Rheinfelt*. Le musée du Fomento possède actuellement la suite des tableaux peints par Carducho pour le couvent des Trinitaires, à Madrid, et qui reproduisent divers épisodes de *la Vie de saint Jean de Matha;* ces ouvrages, où l'artiste a fait preuve d'une observation attentive de la réalité et d'une grande noblesse de sentiment, peuvent être considérés comme tenant dans son œuvre une place à part et comme les plus consciencieusement étudiés qu'il ait produits.

En 1633, Carducho faisait imprimer à Madrid un livre intitulé : *Dialogos de la pintura*, que Cean Bermudez estime le meilleur traité qui ait été écrit, en espagnol, sur la théorie de la peinture. Très soucieux de la dignité de l'art et des droits des artistes, Carducho n'hésita pas à refuser au fisc royal le payement des taxes de gabelle que celui-ci prétendait recouvrer sur ses productions. Avec Angelo Nardi, peintre italien, attaché à la cour de Philippe IV, il plaida contre la *real hacienda* et obtint gain de cause. Carducho s'est essayé dans la gravure à l'eau-forte et on connaît de lui deux petites pièces, signées de son monogramme, et représentant la *Mort d'Abel* et un *Saint pénitent*. L'influence que ce maître a exercée sur l'école, soit par ses exemples, soit par son enseignement, fut aussi heureuse que profondément marquée. Ses meilleurs élèves, parmi lesquels se distinguèrent particulièrement : FELIX CASTELLO (1602-1656), fils et petit-fils d'Italiens et l'auteur de deux peintures historiques, qui sont au musée du Prado, relatives l'une et l'autre à des victoires remportées par les armées espagnoles contre les Hollandais, sous Philippe IV, FRANCISCO FERNANDEZ (1605-1646), PEDRO DE OBREGON (1597-1659), BARTOLOME ROMAN (1596-1659), FRANCISCO COLLANTÈS (1599-1656), dont les musées du Prado et du Louvre conservent de remarquables paysages, et FRANCISCO RIZI (1608-1685), qui fut peintre du roi et l'un des plus féconds artistes de son époque. Le musée du Prado possède de lui un tableau d'un assez grand intérêt historique qui reproduit fidèlement, dans sa terrifiante mise en scène, un *Auto de fe, célébré à Madrid en 1680,* en présence du roi Charles II et de sa jeune épouse, Marie-Louise d'Orléans. Francisco Rizi forma lui-même quelques artistes dont le plus marquant fut Juan Antonio Escalante (1630-1670), qui se proposa surtout l'imitation des compositions du Tintoret.

En même temps que Caxès et Carducho enseignaient un art moins timide, moins esclave des conventions jusqu'alors trop obéies, plus grave aussi et plus sincère que ne l'était l'art italien contemporain, d'autres ateliers où, à travers les mêmes aspirations, se poursuivait le même idéal, étaient également fréquentés par de nombreux élèves. Celui de Pedro de las Cuevas (1568-1635), un maître qui dut être un professeur remarquable, mais dont il serait impossible aujourd'hui de rencontrer un seul ouvrage authentique, était le centre d'enseignement préféré par une véritable légion de jeunes artistes. C'est de cet atelier que sortirent: Carreno de Miranda (1614-1685), appelé à devenir plus tard l'un des collaborateurs les plus distingués de Velazquez; Josef Leonardo (1616-1656), qui fut d'abord élève d'Eugenio Caxès et qui eut un jour l'ambitieuse pensée de lutter avec Velazquez en refaisant à sa manière, non toutefois sans talent, cette page magistrale, appelée la *Reddition de Breda;* Antonio Pereda (1599-1669), l'auteur d'un très bon tableau intitulé le *Songe de la vie,* conservé à l'Académie de San Fernando; Antonio Arias Fernandez (1610?-1684), dont le musée du Prado possède une solide et correcte composition : *le Denier de César ;* Juan Montero de Roxas (1613-1683), qui alla, après son apprentissage, étudier

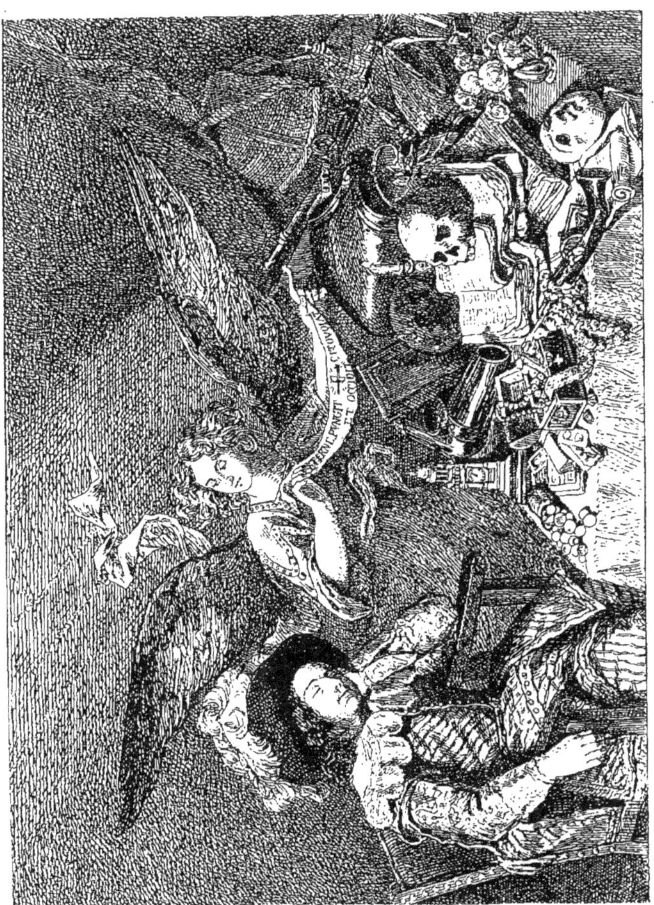

Fig. 45. — A. Pereda, *le Songe de la vie.* (Académie de San Fernando.)

en Italie d'où il revint un peu trop épris de la manière du Caravage ; Francisco de Burgos, qui dut surtout à

Velazquez de devenir un portraitiste réputé; Francisco Camilo (1610?-1671), fils du maître florentin Domenico et beau-fils de Pedro de las Cuevas, et celui de ses disciples que sa facilité d'exécution ramena le plus vite au maniérisme italien, et enfin le propre fils de ce maître, Eugenio de las Cuevas (1610-1667), qui fut plutôt un amateur qu'un véritable peintre.

Ces divers groupes constitueraient, d'après les historiens de la peinture en Espagne, la première génération d'une école locale qu'ils nomment l'École de Madrid.

A nos yeux, l'évolution vers un art plus sincère et plus vrai, que nous venons de constater en Castille, à la fin du xvie siècle, s'unit et se confond avec le mouvement naturaliste qui se produit, dans le même temps, à Valence et en Andalousie. Un souffle vivifiant et nouveau a parcouru la Péninsule. Prenant conscience de l'inanité des imitations italiennes, la peinture espagnole va désormais demander, à la nature interrogée et aux réalités objectives, le secret d'un art robuste, sain et vivant. Une école est née, en effet, non pas seulement locale ou régionale, mais nationale, riche qu'elle est et qu'elle le sera chaque jour davantage d'aspirations, de recherches, d'apports qui vont définitivement prendre corps avec des hommes de génie appartenant à l'Espagne tout entière. Ses caractères propres seront la dignité, la fierté, mais sans le dédain des petits, des humbles et des choses familières, et surtout une foi religieuse profonde, mais moins sombre et plus délicate dans l'expression de son mysticisme que par le passé. Elle sera par-dessus tout franchement naturaliste, mais en se créant à elle-même une interprétation du réel et du vrai. Sa sincérité à traduire la nature humaine, même lorsqu'elle confine à la trivialité, saura toujours conserver, en effet, quelque chose de grave, d'ému ou de simple, qui fait de l'art espagnol émancipé, au milieu des autres écoles naturalistes, un art singulier, original et bien étroitement en harmonie avec les instincts, les croyances et le tempérament de la race.

CHAPITRE VII

LA PEINTURE ESPAGNOLE AU XVIIe SIÈCLE.

§ 1er. — LES GRANDS ARTISTES : RIBERA, ZURBARAN,
VELAZQUEZ, ALONZO CANO.

Quelques biographes napolitains, particulièrement Bernardo de Dominici et Paolo de Matteis, ont revendiqué Ribera pour leur compatriote et l'ont fait naître à Gallipoli, en 1593. Ils ont en cela commis une double erreur. JOSEF, ou comme on l'appelle en Italie, GIUSEPPE DE RIBERA, est né à San-Felipe-de-Jativa, au royaume de Valence ; son acte de baptême se lit, sous la date du 12 janvier 1588, sur les registres de l'église collégiale de Jativa, avec les prénoms de Josef Benito, fils de Luis de Ribera et de Margarita Gil.

Envoyé par ses parents à Valence pour y recevoir une éducation complète, Ribera, qui se sentait une irrésistible vocation pour la peinture, entra dans l'atelier de Francisco Ribalta. Adolescent encore et après quelques années d'apprentissage, il quittait son maître pour entreprendre, seul et sans recommandations, le voyage d'Italie. L'existence du jeune artiste, altéré de savoir, épris, sans doute, de toutes les manifestations d'art qu'il rencontrait sur son chemin, mais absolument dénué de toute direction, comme de toute ressource, constitue une étrange et bien romanesque

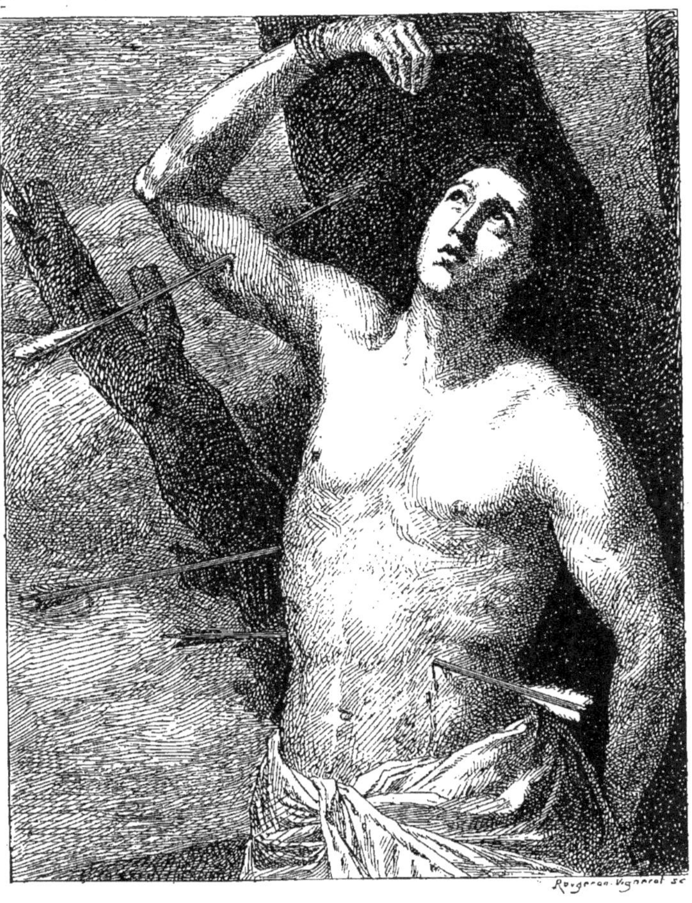

Fig. 46. — RIBERA, *Saint Sébastien.*
(Musée du Prado.)

odyssée; odyssée de luttes douloureuses contre la

misère et la faim, endurées, d'ailleurs, avec intrépidité. Rien, en effet, ne put altérer un moment sa fière volonté d'être un peintre.

Le maître contemporain, qui produisit la plus profonde impression sur Ribera, fut Michel-Ange Amerighi, surnommé le Caravage. Bien qu'il n'ait pas dû travailler longtemps sous sa direction, puisque Amerighi mourut dès 1609, Ribera n'en resta pas moins imprégné pour toute sa vie du réalisme et des méthodes de composition et d'éclairement dont le Caravage s'était fait l'initiateur. Il s'en faut, toutefois, que le jeune Espagnol soit demeuré un imitateur servile de la manière de son maître. Une ardente admiration pour le coloris et le style du Corrège, et de nouvelles études entreprises d'après ses chefs-d'œuvre, lui permirent d'apporter bientôt à ses premières pratiques un correctif puissant. Son interprétation en devint plus variée, plus vivante. Mais ses instincts de race, l'enseignement reçu et ses aptitudes d'artiste le vouaient par-dessus tout au naturalisme, et c'est dans la représentation, uniquement objective, de la forme humaine, qu'il allait produire ses plus beaux ouvrages.

A une première période de tâtonnements, d'admirations obéies et de formation de son propre talent, en succède rapidement une nouvelle et Ribera entre en pleine possession de lui-même. Aux luttes et aux misères passées, une existence fortunée et glorieuse s'ouvre en même temps pour l'artiste. Venu à Naples, où gouvernait, pour l'Espagne, le vice-roi don Pedro Giron, duc d'Ossuna, Ribera s'y maria avec Léonora Cortese, la fille d'un marchand de tableaux et, à la suite de l'exposition en public d'un sujet qu'il a fréquemment traité, le *Martyre de saint Barthélemy*, il se voyait tout de

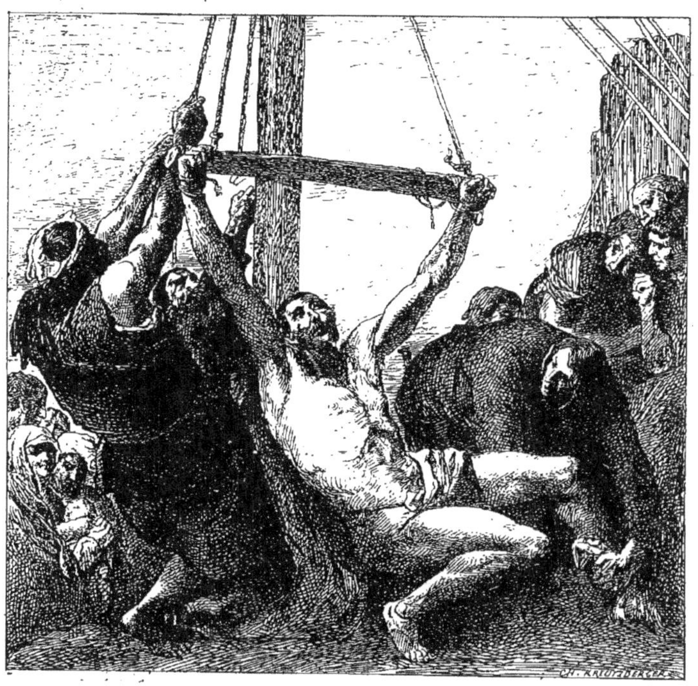

Fig. 47. — RIBERA, *Martyre de saint Barthélemy.*
(Musée du Prado.)

suite compris, admiré et reconnu par tous pour un maître. Le duc d'Ossuna, dont l'entourage formait une véritable cour, voulut avoir son peintre en titre. Cette charge fut donnée à Ribera et le vice-roi y joignit un traitement annuel élevé et un logement dans un des palais. De 1610 à 1650, le *Spagnoletto,* comme le désignaient le plus habituellement les Italiens, produisit un nombre considérable d'ouvrages, tous de la plus admirable tenue quant à la perfection technique, mais choisis, comme motifs préférés, dans un ordre de sujets assez restreint. Des têtes d'apôtres, des figures de vieillards, des compositions reproduisant des martyres, des tortures, des exécutions horribles, avec des bourreaux à l'œuvre et leurs victimes pantelantes, voilà les thèmes que Ribera traite avec le plus de raffinement et comme avec passion. Il détaille alors chaque muscle avec précision, souligne chaque ride, chaque signe de caducité, accuse la dureté et le poli des os, marque profondément la trace des blessures anciennes ou béantes et rend, comme aucun peintre ne l'a fait, ces épidermes gercés, rugueux, tannés par l'âge, et ces stigmates, ces accidents que la vie a imprimés sur les corps arrivés à l'extrême décrépitude. Il existe cependant dans son œuvre d'heureuses exceptions où l'impitoyable anatomiste délaisse ces hideuses représentations pour des spectacles plus gracieux et plus humains. Il se souvient alors des belles et fraîches colorations du Corrège et il peint la *Sainte Marie l'Égyptienne,* du musée de Dresde, la *Madeleine pénitente,* l'*Échelle de Jacob,* du musée du Prado, l'*Adoration des bergers,* du musée du Louvre, la *Sainte Marie la Blanche,* de l'église des Incurables, à Naples, et quelques-unes de ses *Immaculées conceptions,* notamment celle que, par ordre du comte de Monterey, il fit pour le couvent des Augustines de Salamanque. Parmi ses plus puissantes productions dans sa manière réaliste, nous nous bornerons à citer

ses divers *Martyres de saint Barthélemy*, des musées
de Madrid, de Berlin, de Dresde, du palais Pitti ; la

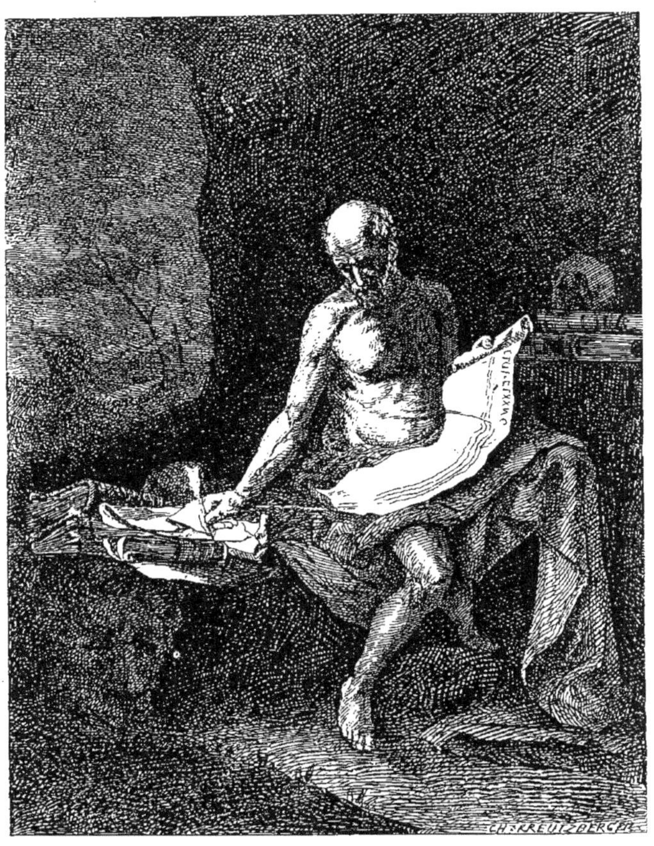

Fig. 48. — RIBERA, *Saint Jérôme au désert.*
(Académie de San Francisco.)

Descente de croix, du couvent de San Martino ; la
Sainte Trinité, à Madrid ; le *Silène,* du musée *degli*

Studj, à Naples; le *Martyre de saint Laurent*, du musée de Dresde; la *Mort de Sénèque*, du musée de Munich; ainsi que les nombreuses répétitions du *Saint Sébastien* et du *Saint Jérôme pénitent* qu'on rencontre, en même temps que d'austères et sombres figures de philosophes, de vieillards et d'anachorètes dans la plupart des collections publiques ou privées.

Ribera était aussi habile graveur à l'eau-forte que peintre puissant. Son œuvre, composé d'une vingtaine de pièces, montre en lui un dessinateur rigoureux, attentif surtout à la vive accentuation du détail. Son *Christ mort*, son *Martyre de saint Barthélemy*, son *Bacchus* et son portrait équestre de *Don Juan d'Autriche* sont de véritables chefs-d'œuvre où la correction et la sûreté de la pointe ne le cèdent en rien au pittoresque et à l'énergie de la couleur.

Riche, fastueux même dans ses dehors, comblé de commandes et d'honneurs par les grands et les vice-rois, constamment entouré d'un cortège d'élèves tels que Salvator Rosa, Aniello Falcone, Luca Giordano, Giovanni Do, Fracanzani, Caracciolo, Corenzio et d'autres encore, Ribera régnait absolument en maître à Naples. Cependant, les biographes italiens l'accusent à l'égard du Guide, de Lanfranc et du Dominiquin, appelés à Naples pour y décorer de fresques la chapelle de Saint-Janvier, d'avoir fait preuve d'une basse jalousie, même de s'être fait contre eux et contre leur vie l'instigateur des plus odieuses machinations.

Ces récits semblent peu s'accorder avec la situation si haute, si glorieuse et respectée, que Ribera occupait à la cour de Naples, encore bien moins avec les nobles amitiés, comme celle dont l'honora Velazquez, qu'il s'était solidement acquises. Peut-être convient-il de tenir ces récits en suspicion. Le talent de Ribera, si personnel et puissant, n'avait d'ailleurs rien à redouter du voisinage des productions du Guide ou du Dominiquin.

Cette grande existence d'artiste fut bouleversée tout d'un coup par un chagrin domestique. Sa fille, Maria-Rosa, qu'il aimait tendrement et dont la beauté était célèbre, se laissa séduire et enlever par don Juan d'Autriche, bâtard de Philippe IV, venu à Naples en 1648, pour y apaiser les esprits à la suite de la révolte de Masaniello. Profondément atteint dans son honneur et dans

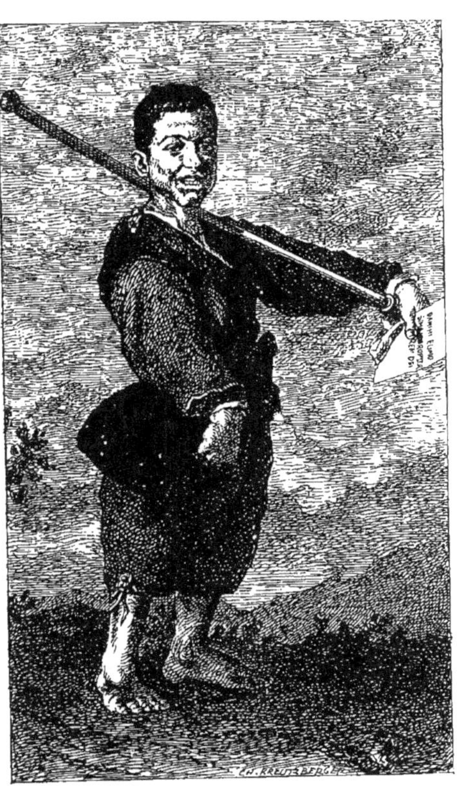

Fig. 49. — RIBERA, *le Pied-Bot.*

(Musée du Louvre, galerie Lacaze.)

sa tendresse paternelle, Ribera ne fit plus que traîner, dans la tristesse et la douleur, un reste de vie. Postérieurement à 1650, date qui accompagne sa signature au bas du tableau de l'*Adoration des bergers*, du musée du Louvre, on ne connaît aucun ouvrage de sa main. Il mourait à Naples en 1656.

Depuis son départ de Valence, Ribera n'était pas revenu en Espagne; mais ses peintures y furent admirées et recherchées et leur nombre dans les collections royales et privées, dans les églises et les couvents, atteignait déjà un chiffre considérable dès le commencement du xvii° siècle. L'influence qu'elles exercèrent sur les jeunes maîtres, qui firent leur apparition dans l'art à partir de 1620, est très sensible. Zurbaran et Velazquez, à leurs débuts, Geronimo de Espinosa, condisciple de Ribera dans l'atelier valencien, Antonio de Pereda, à Madrid, et plus tard Murillo lui-même, ont été plus ou moins impressionnés, selon leur tempérament propre, par les compositions et les solides qualités d'exécution de leur compatriote. Il n'est pas douteux que Velazquez, Alonso Cano, Carreño de Miranda ne se soient souvenus, dans leurs portraits de nains et de bouffons, des personnages faméliques, picaresques, et des étranges monstres de nature, que Ribera avait peints pour Philippe IV et les vice-rois de Naples, et dont le *Jeune mendiant au pied-bot*, de la galerie Lacaze, nous offre un curieux spécimen. Nous savons aussi que Mazo Martinez copia avec soin les terribles figures mythologiques d'*Ixion*, de *Prométhée*, de *Sisyphe* et de *Tantale*, qui décoraient jadis le salon de l'Aurore à l'Alcazar royal; que Pereda s'inspira du *Saint Jérôme* décharné, que Ribera a souvent reproduit, et enfin qu'il

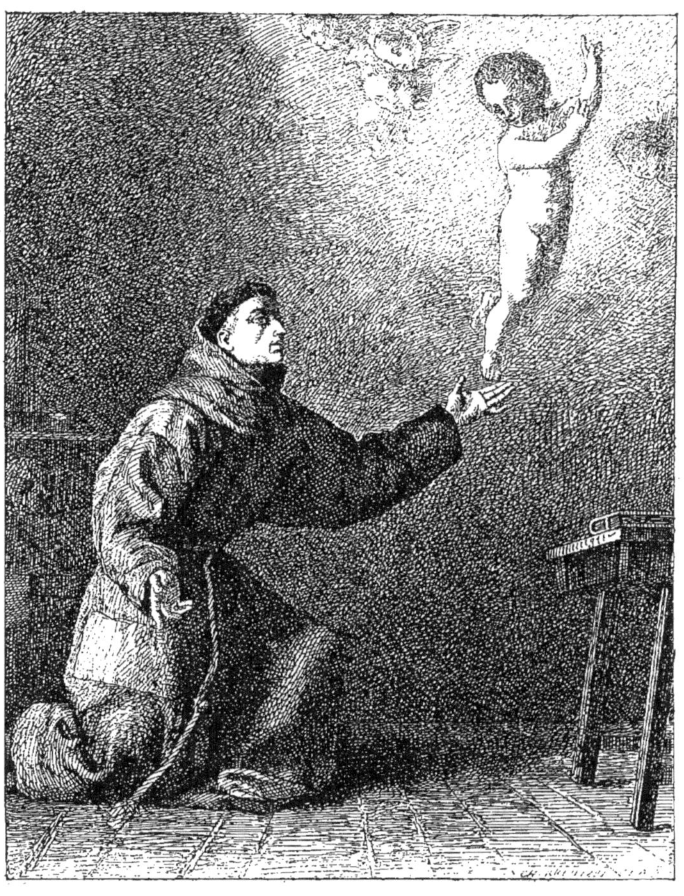

Fig. 50. — RIBERA, *Saint Antoine de Padoue.*
(Académie de San Fernando.

n'est pas jusqu'à Murillo qui n'ait consulté, avec fruit,

ses figures de saints, ses *Madeleines,* si expressives et belles dans leur attitude prostrée, et son *Saint Antoine de Padoue,* tout pénétré d'amour divin.

Francisco de Zurbaran (1598-1663) était né à Fuente de Cantos, en Estramadure; ses parents, d'humbles paysans, ne s'opposèrent point à sa vocation : Zurbaran voulait être peintre. On l'amena à Séville où le *licenciado* Juan de las Roëlas se chargea de lui enseigner son art.

Les premières études de Zurbaran présentent cette analogie avec celles de Velazquez qu'il ne peignit absolument rien que d'après nature et s'abstint résolument de toute formule apprise, comme de toute convention ou tradition d'emprunt. Le premier résultat de cette solide et saine méthode de ne reproduire les formes et leur coloration qu'à l'aide de l'observation directe, textuelle, fut de faire du jeune artiste un peintre de nature morte d'une très haute valeur. On peut observer dans toutes ses productions combien les costumes, les tissus, les frocs de bure ou de laine blanche de ses moines, et en général, les accessoires, les objets inanimés, sont rendus avec une extrême vérité.

Grâce à de précieux dons innés et à l'excellent guide qu'il avait en Roëlas, Zurbaran fit de rapides progrès et, de bonne heure, fut regardé comme un peintre du plus bel avenir. A peine comptait-il vingt-cinq ans, que le marquis de Malagon lui confiait l'exécution des neuf grandes compositions, empruntées à la vie de saint Pierre, qui décorent le retable de la chapelle placée sous l'invocation de l'apôtre, dans la cathédrale de Séville. Très admirées pour leur bel arrangement, pour

la dignité et la noblesse des attitudes et des physionomies, ces peintures où l'artiste fit ses preuves de coloriste et de dessinateur puissant lui valurent d'être
chargé de la décoration du maître-autel de l'église de

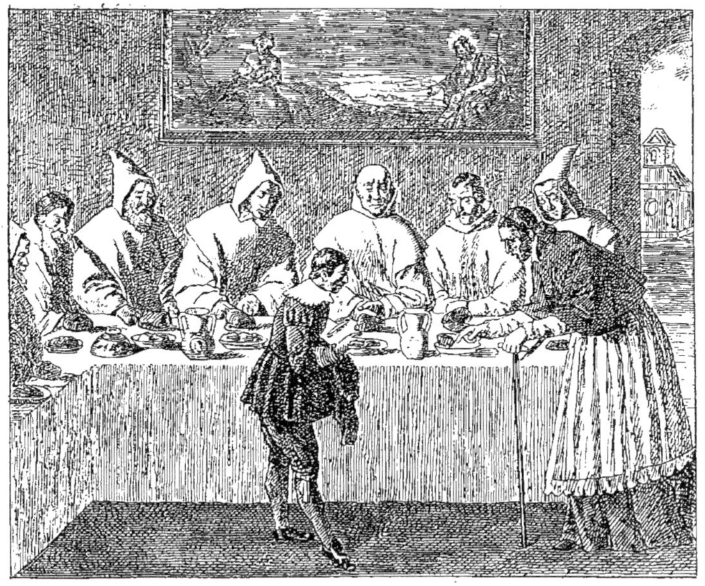

Fig. 51. — ZURBARAN, *le Miracle de saint Hugo*.

(Musée provincial de Séville.)

Saint-Thomas-d'Aquin. Zurbaran rencontra là l'occasion d'exécuter sinon son chef-d'œuvre, du moins son
plus vaste ouvrage. Il représente l'*Apothéose de saint
Thomas d'Aquin* et fait aujourd'hui partie du musée
provincial de Séville. Tous les personnages dépassent
comme proportion la grandeur naturelle. Vers les cieux

entr'ouverts, où siègent dans leur gloire le Christ et la Vierge, accompagnés de saint Paul et de saint Dominique, saint Thomas d'Aquin, figuré sous les traits d'un chanoine ami de Zurbaran, s'élève entouré des quatre saints docteurs de l'Église. Au bas du tableau, sur le premier plan, dans un groupe occupant la droite, est représenté Charles-Quint, tenant le sceptre et couvert du manteau impérial, agenouillé au milieu de personnages de sa suite et de religieux; à gauche, se trouve l'archevêque Diego Deza, fondateur de l'église, accompagné de moines et de clercs. On démêle clairement, en étudiant cette première production de Zurbaran, à quelles sources et de quels exemples il s'est inspiré pour la composer et l'exécuter. Roëlas, dans son chef-d'œuvre, la *Mort de saint Isidore*, et Herrera le Vieux, dans son *Triomphe de saint Herménegilde*, du collège des Jésuites, peint en 1624, une année auparavant que Zurbaran n'achevât son *Apothéose de saint Thomas d'Aquin*, ont exercé chacun leur part d'influence sur les débuts de l'artiste que ses compatriotes ont surnommé, on ne sait pourquoi, le *Caravage espagnol*. Zurbaran n'est point allé en Italie; il n'a point étudié auprès du Caravage, mort en 1609, ni connu ses ouvrages, si ce n'est dans son âge mûr, et alors que son robuste talent personnel ne devait plus se modifier. Mais, de 1620 à 1625, il eut l'occasion, à Séville même, de voir des peintures de Ribera, dans sa manière caravagesque. Nul doute, au surplus, que Zurbaran, durant sa carrière, n'ait admiré et ne se soit assimilé quelques-unes des solides pratiques de l'Espagnolet, et cela sans que sa propre originalité en ait jamais été altérée.

La plus féconde, comme la plus belle époque de
production de Zurbaran paraît, d'après de très rares
dates apposées sur quelques toiles, s'être étendue entre

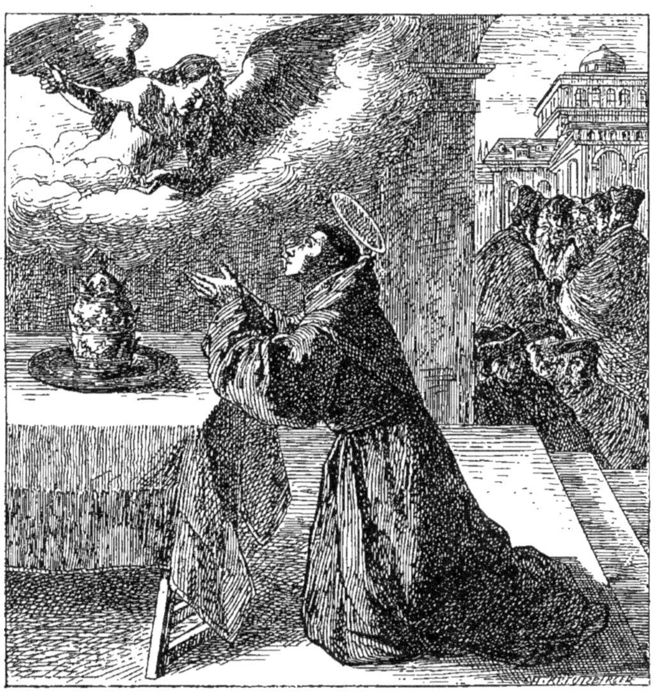

Fig. 52. — ZURBARAN, *Saint Bonaventure en prières.*
(Musée de Dresde.)

les années 1625 et 1646. Après l'achèvement de l'*Apothéose de saint Thomas d'Aquin,* il alla peindre pour
la sacristie du couvent de Guadalupe, en Estramadure,
une suite de sujets empruntés à la vie de *saint Jérôme,*

notamment son *Triomphe,* ainsi que d'autres tableaux qui peuvent être regardés à juste titre comme autant d'ouvrages supérieurs. Revenu à Séville, il fit pour la Chartreuse de Santa-Maria de las Cuevas un *Saint Bruno s'entretenant avec le pape Urbain II, la Vierge abritant des religieux sous son manteau,* le *Miracle de saint Hugo, Jésus enfant tressant une couronne d'épines* et diverses autres compositions, dont quelques-unes se retrouvent au musée provincial de Séville. La guerre de l'Indépendance, les luttes carlistes et la séquestration des biens des couvents ont tour à tour contribué à disperser dans le monde entier les plus belles suites de sujets, composées par l'artiste, pour les églises et les couvents d'Andalousie et d'Estramadure. Beaucoup de ses plus importantes peintures, enlevées à la suite de l'occupation française, ont fait partie des collections Soult, Louis-Philippe, Standish, et figurent aujourd'hui dans les principaux musées de l'Europe. C'est ainsi que Berlin, Dresde et le Louvre se partagent les tableaux qui décoraient, avant la guerre de l'Indépendance, l'église de Saint-Bonaventure, à Séville.

Berlin possède *Saint Bonaventure montrant le crucifix,* qui porte la signature du maître, avec la date de 1629; Dresde, *Saint Bonaventure en prières,* et le Louvre, *Saint Bonaventure présidant un chapitre de l'ordre des frères mineurs,* ainsi que les *Funérailles* du même saint docteur, mort à Lyon en 1274, peu de jours après l'ouverture du concile, convoqué par Grégoire X en vue d'obtenir la réunion des Églises romaine et grecque. De la même année 1629 datent les deux toiles, dont les sujets sont tirés de la vie de saint Pierre

Nolasque, au musée du Prado, et qui jadis ont fait partie d'une suite de douze compositions, exécutées par

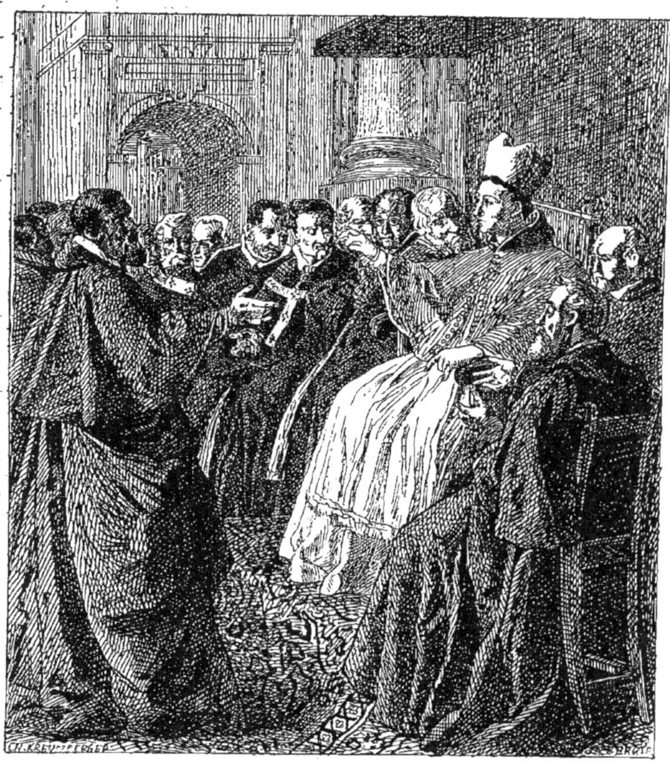

Fig. 53. — ZURBARAN,
Saint Bonaventure présidant un chapitre de l'ordre des frères mineurs.
(Musée du Louvre.)

l'artiste pour le couvent de la Merced Calzada, à Séville.
C'est dans la galerie du palais de San-Telmo, à Séville,
que se trouvent aujourd'hui les superbes tableaux,

composant autrefois le retable de la chartreuse de Jerez et qui représentent l'*Annonciation*, la *Nativité*, la *Circoncision*, l'*Adoration des rois* et l'*Adoration des bergers*. Ce dernier porte la date de 1633, avec la signature de Zurbaran, suivie du titre de *peintre du roi Philippe III*. L'*Annonciation* demeure l'œuvre capitale de cette série.

Le musée de l'Hermitage, à Saint-Pétersbourg, possède le *Saint Laurent*, avec la signature du maître et la date de 1636, qui a passé par la galerie Soult et provient originairement du couvent des Descalzos. Le *Saint Louis Beltran*, jadis aux dominicains de Porta Cœli, ainsi qu'un *Christ en croix*, d'une extrême puissance de modelé et de relief, appartiennent aujourd'hui au musée provincial de Séville.

Le musée de Cadix est en possession d'un *Saint Bruno*, du plus pénétrant sentiment religieux, de deux *Anges tenant des encensoirs*, d'un *Saint Hugo*, évêque, et de plusieurs très beaux portraits, en pied, de saints et de martyrs de l'ordre des Chartreux.

L'Académie de San Fernando, à Madrid, est encore mieux partagée avec ses cinq portraits de dignitaires de la branche de l'ordre de la Merci, plus particulièrement vouée au rachat des captifs chrétiens dans les bagnes barbaresques. Vêtus de leur froc de laine blanche, aux plis amples et sculpturaux, ces graves personnages lisent, écrivent ou méditent. Chaque physionomie est observée et rendue par l'artiste dans sa réalité et dans son caractère. Ce ne sont plus là, comme avec ce terrible *Moine en méditation*, de la National Gallery, tant admiré et copié jadis à la galerie espagnole du roi Louis-Philippe, comme encore avec le

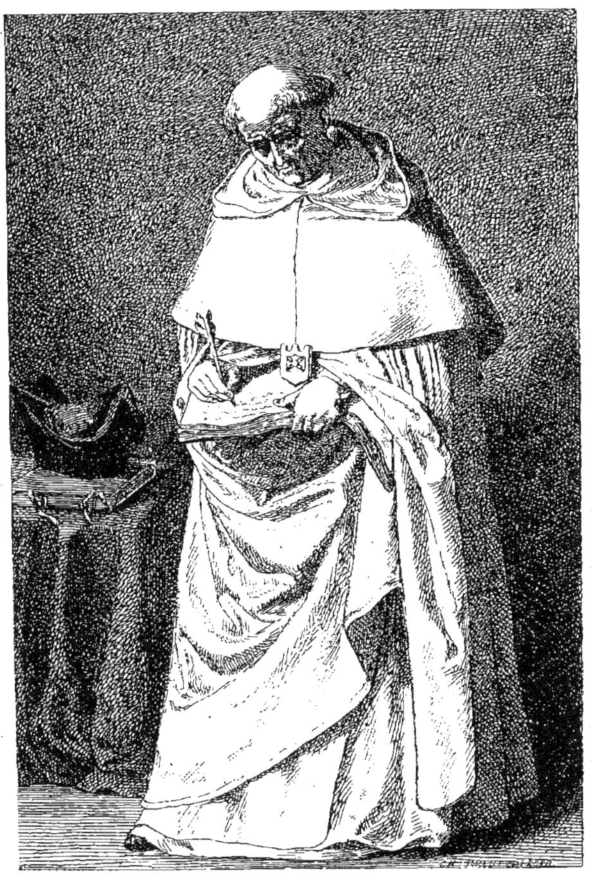

Fig. 54. — ZURBARAN, *Portrait d'un religieux de la Merci.*

(Académie de San Fernando.)

farouche *Saint Pierre d'Alcantara,* de l'Escurial, des
figures extatiques et sombres, mais tout simplement

des religieux, vivant de la vie habituelle du cloître, pensant et travaillant à quelque œuvre intellectuelle et plus près, en somme, de l'ordinaire humanité. Quant à l'exécution de ces portraits, qui se détachent d'un fond brun uni avec le plus vigoureux relief, il serait difficile de faire preuve de plus de fermeté et de caractère, en même temps que l'on chercherait vainement un rival à leur auteur pour l'admirable perfection du rendu des étoffes blanches. Comme Ribera, Zurbaran n'eut pas toujours le culte exclusif des sujets sombres ou mystiques, violemment exprimés; il savait faire preuve de méthodes plus souples, moins arrêtées, et même, au besoin, pleines de charme et de grâce, lorsqu'il avait à représenter quelque belle figure de martyre ou de sainte. Il aimait à les peindre en des costumes riches ou pittoresques, et il retrouvait alors sur sa palette les tons les plus fleuris et les plus vibrants pour rendre les étoffes de soie, de satin, chamarrées d'or, dont il les parait. Parmi ces peintures aimables, où Zurbaran se souvient si heureusement des leçons de coloris vénitien que lui a enseignées Roëlas, on peut citer la *Sainte Casilda,* du musée de Madrid, la *Sainte Apolline,* du musée du Louvre, et toutes les gracieuses vierges et martyres, costumées comme des infantes ou des filles des champs, qui décorent l'hôpital de la Sangre, à Séville, pour lequel elles furent expressément exécutées par l'artiste.

En 1650, et à l'instigation de Velazquez, Zurbaran dut venir à Madrid, appelé par Philippe IV, pour y orner de dix compositions, représentant les *Travaux d'Hercule,* un des grands salons du Buen-Retiro.

Quatre de ces peintures décoratives, conservées au musée du Prado, sont de la main de Zurbaran ; les autres ont été exécutées sous sa direction. En 1661, il peignait encore pour divers palais et pour des couvents.

Deux ans plus tard, il mourait à Madrid. Parmi ses meilleurs élèves figurent Martinez de Gradilla, qui l'aida dans ses travaux de décoration au couvent de la Merced Calzada, de Séville ; Bernabé de Ayala, qui fut un peintre d'une certaine valeur et que recommande surtout sa belle et solide facture des riches étoffes, et

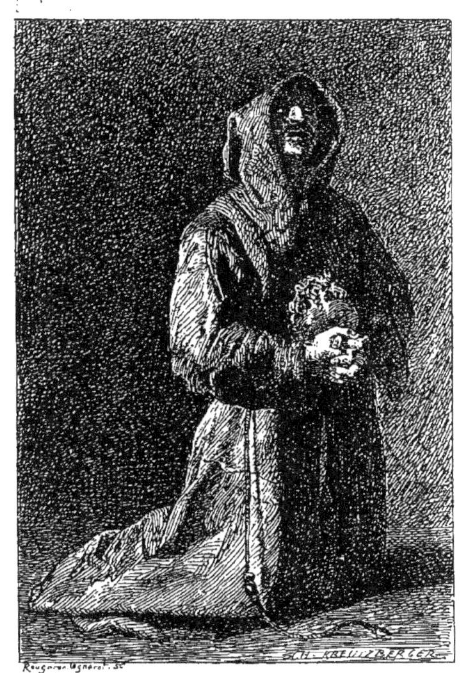

Fig. 55 — Zurbaran, *Moine en méditation.*
(A la National Gallery.)

les deux frères Polanco, qui ont copié et reproduit avec fidélité nombre de tableaux du maître.

Zurbaran fait une grande figure et tient une grande place parmi cette pléiade d'artistes de génie qui, dans cette période, ont jeté tant d'éclat sur l'École espagnole.

Avec un sentiment religieux très pénétrant, plus viril que chez Murillo, bien autrement expressif et ressenti que chez Velazquez, son naturalisme, aussi robuste que celui de Ribera, est peut-être encore plus vrai, plus franc et moins voulu. Sa géniale simplicité, qu'explique sa foi sincère, confine à celle des primitifs dont elle rappelle l'inspiration naïve et candide, l'austère et constante dignité.

Aucune peinture contemporaine n'enseigne mieux, que celle de Zurbaran, ce par quoi le naturalisme, ce caractère dominant de l'art espagnol à son apogée, diffère de l'interprétation des réalités telle que l'ont comprise et formulée les grands Vénitiens et aussi les Flamands et les Hollandais du xviiᵉ siècle, exception faite, bien entendu, de certaines créations sublimes de Rembrandt et de cette admirable *Communion de saint François d'Assise,* page unique, pour la force de l'expression, dans l'œuvre de Rubens. Si le réalisme espagnol ne possède ni l'éclat, ni la somptueuse richesse des premiers, qui traduisent un sujet de l'Évangile avec la même magnificence de spectacle, avec la même absence d'émotion qu'un motif mythologique quelconque, il n'a rien non plus de l'esprit positif, plus terre à terre et point du tout subjectif des Flamands et des Hollandais contemporains, praticiens incomparables, il est vrai, mais qui se passent si bien, comme le remarque Fromentin, d'imagination.

Un an plus tard que Zurbaran venait au monde, à Séville, l'artiste de génie qui allait formuler et résumer, en d'admirables œuvres, toutes les qualités les plus hautes et les plus caractéristiques de l'École espagnole.

DIEGO RODRIGUEZ DE SILVA VELAZQUEZ (1599-1660) était issu d'une famille noble, d'origine portugaise du côté paternel, mais établie à Séville depuis près d'un siècle. Sa vocation pour la peinture s'étant, comme celle de Zurbaran, marquée de bonne heure, il obtint de Herrera le Vieux d'être reçu pour son élève. Ce que dura exactement cette première initiation, on l'ignore; mais tous les biographes s'accordent à répéter que le séjour de Velazquez dans l'atelier du fantasque Herrera ne put se prolonger bien longtemps, rebuté que fut l'élève des rudesses et des violences du maître. Il entra dès lors chez Pacheco, dont l'enseignement timide, mesuré, et qui plaçait son idéal dans l'imitation du style des Florentins, était tout l'opposé de l'enseignement essentiellement naturaliste de Herrera. Aussi, de ces deux maîtres, est-ce ce dernier qui a pesé de l'autorité la plus indéniable sur l'avenir de Velazquez.

Il est d'ailleurs constant que, sans écouter le dogmatisme idéaliste de Pacheco, le jeune peintre se traça à lui-même et suivit rigoureusement tout un système d'études, qui reposait uniquement sur la nature directement interrogée. Il s'est conservé, de cette toute première période, quelques natures mortes et des esquisses peintes, où l'artiste a fait poser à ses modèles des attitudes et surtout des expressions variées, qu'il cherche à traduire dans leur vérité textuelle, à force d'observation patiente et avec l'évidente préoccupation d'un rendu littéral et serré.

Les musées de Vienne, de Munich, de l'Hermitage possèdent quelques-unes de ces études où s'essaya son naturalisme encore timide et minutieux. De 1618 à

1623, apparaissent ses premières compositions : le *Vendeur d'eau* ou *El Aguador de Sévilla,* donné par Ferdinand VII à Wellington, l'*Adoration des bergers,* de la *National Gallery,* et l'*Adoration des rois,* du musée de Madrid, datée de 1619, l'année même où Zurbaran peignait les compositions du retable de San Pedro, à la cathédrale de Séville. Cette concordance dans leurs débuts se trouve marquée, chez l'un comme chez l'autre jeune maître, par les mêmes réminiscences et par d'étroites affinités de pratiques et de méthodes, fortement empreintes qu'elles sont des admirations tour à tour éprouvées devant les ouvrages de Herrera le Vieux, de Roëlas et surtout de Ribera, déjà connu à Séville par quelques tableaux et déjà illustre.

Sur les conseils de Pacheco dont il avait épousé la fille, Juana de Miranda, Velazquez entreprit, en 1622, un premier voyage à Madrid. Il y fut accueilli par Fonseca, dignitaire du chapitre de Séville et huissier du rideau du roi, qui le présenta au premier ministre, le fastueux comte-duc d'Olivarès. Sollicité de s'intéresser à l'artiste, celui-ci demanda à Philippe IV d'accorder à Velazquez l'honneur de poser devant lui. Mais un déplacement de la cour n'ayant pas permis que cette démarche eût une suite immédiate, Velazquez employa ses loisirs à peindre quelques portraits, notamment celui du célèbre *Gongora,* et à étudier les peintures des collections royales ; puis il s'en revint à Séville attendre le résultat des puissantes recommandations dont il était l'objet. Il n'attendit pas longtemps.

Dès les premiers mois de l'année 1623, Fonseca fit
parvenir à son protégé une lettre du comte-duc l'invi-

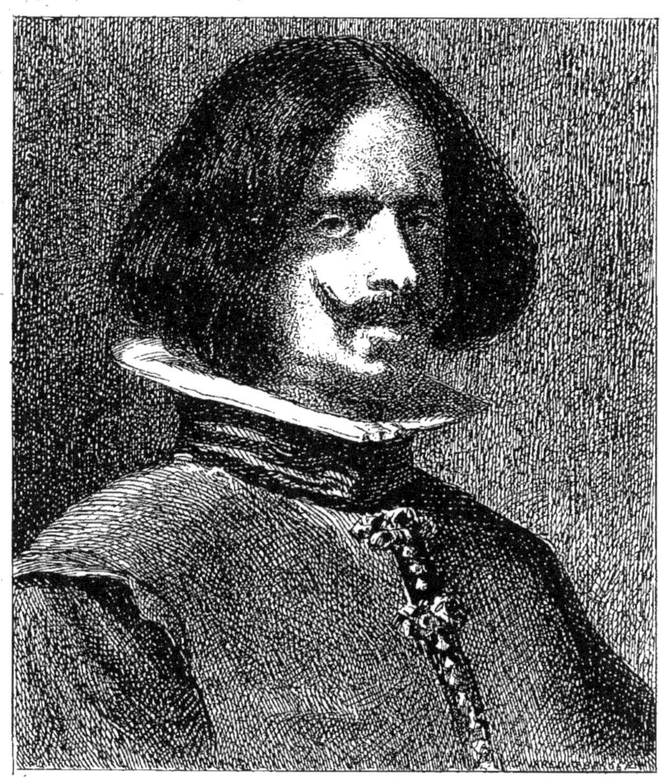

Fig. 56. — VELAZQUEZ, *Portrait de l'artiste.*
(Pinacothèque de Munich.

tant à se rendre à Madrid. A son arrivée, le jeune maître
fit le portrait de Fonseca qui fut porté au palais, montré au roi, aux infants et à tous les grands personnages

de la cour et qui obtint un vif succès. Ce fut là le point de départ de la fortune de Velazquez : Philippe IV l'attacha tout de suite à son service. Le roi voulut même poser le premier devant l'artiste pour un grand portrait équestre qui, terminé en 1623, fut exposé tout un jour à l'admiration de la foule devant l'église de San-Felipe-el-Real. De cette peinture, dont la beauté fut célébrée, en prose et en vers, par les écrivains contemporains et qu'un incendie a dévorée, il ne reste plus aujourd'hui d'autre souvenir que la vivante et première étude que possède le musée du Prado et qui représente Philippe, peint plus qu'à mi-corps, revêtu de son armure d'acier bruni, traversée d'une écharpe rose. Dans cette belle et franche étude, le roi ne paraît pas avoir plus de dix-huit ans et sa lèvre supérieure n'est pas encore ornée de ces belles moustaches, affilées et relevées en pointe, qu'il aura plus tard dans tous ses portraits.

Une autre représentation de Philippe IV, peint en pied, vêtu de noir et tenant une lettre à la main, suivit à quelques mois de distance l'exécution de la première. Puis vint le portrait de l'*infant don Carlos*, frère du roi. L'un et l'autre font partie du musée du Prado. Tout est déjà de la plus haute tenue dans ces peintures, sévères d'allure, très serrées de modelé, précises, mates d'aspect et comparables, pour la conscience de l'exécution, aux plus beaux portraits d'Antonio Moro. Mais, sous la facture d'une tranquillité presque hollandaise, si caractéristique de cette première période de production, on sent déjà poindre un tempérament de chercheur, d'oseur génial, qui ne tardera guère à

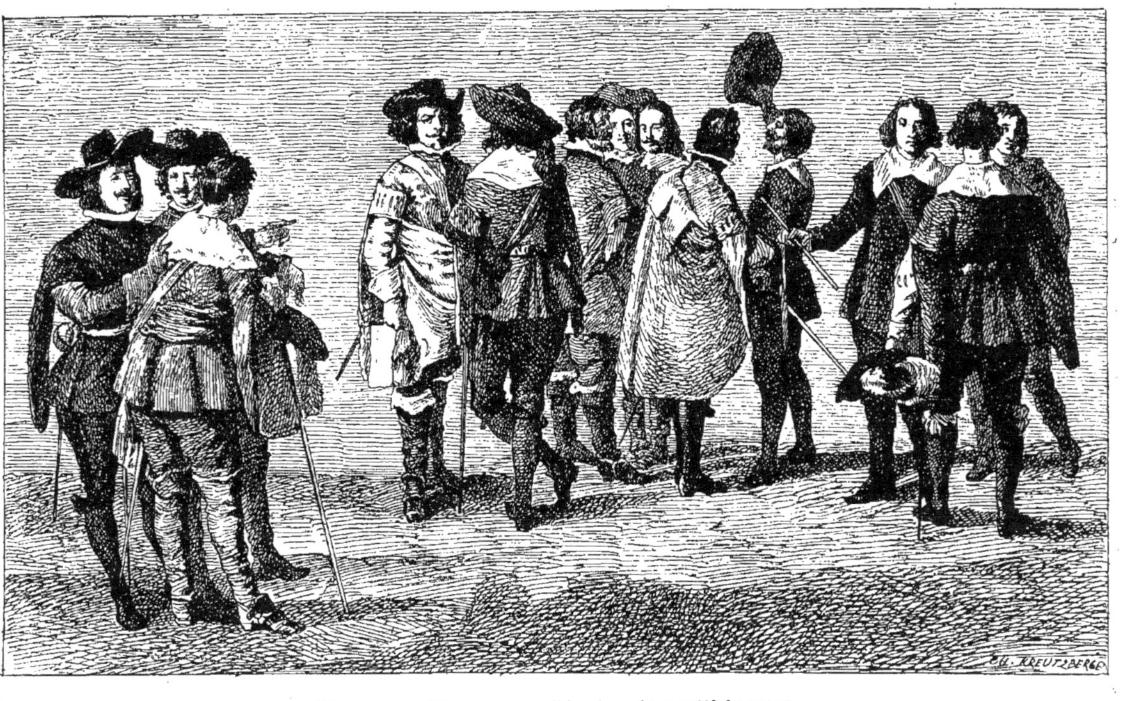

Fig. 57. — VELAZQUEZ, *Réunion de gentilshommes.*

(Musée du Louvre.)

s'émanciper de toute formule étrangère et à montrer, par l'emploi d'une pratique moins timide, une exécution originale et bien personnelle.

Des sujets de chasse, pittoresques, mouvementés, peuplés de gentilshommes et de veneurs, tels que la *Chasse aux cerfs,* conservée à Londres dans la collection de lord Ashburton, et la *Chasse au Hoyo,* appartenant à la *National Gallery,* occupèrent, en même temps qu'un assez grand nombre de peintures de gibier mort, de fauves, de chevaux, commandées par Philippe IV, les pinceaux de son peintre. L'esquisse intitulée *Réunion de gentilshommes,* qui fait partie du musée du Louvre, date très probablement de cette période, antérieure au premier voyage de l'artiste en Italie. C'est aussi autour des années 1625 à 1626 que Velazquez peignit les portraits de sa femme et de sa fille, ou tout au moins la charmante et primesautière ébauche de ce dernier; ces divers portraits existent au musée du Prado.

Voulant perpétuer le souvenir de l'édit par lequel son père avait ordonné l'expulsion des derniers descendants des Maures, convertis ou non, demeurés sur le sol de l'Espagne, Philippe IV ouvrit en 1627 un concours entre les peintres de la couronne. Vicente Carducho, Eugénio Caxès, Angelo Nardi, florentin d'origine et ayant aussi le titre de peintre du roi, et Diego Velazquez reçurent l'ordre de composer chacun un tableau destiné à glorifier l'acte de Philippe III. Une charge d'huissier de la Chambre devait être la récompense du vainqueur. Velazquez l'emporta de haut sur ses émules. Malheureusement, sa composition intitulée *Expulsion des Morisques* a péri dans l'incendie de 1734 qui détruisit l'Alcazar de Madrid. Il ne nous en reste que la description donnée par Palomino[1].

Entre 1628 et 1629, Velazquez terminait cette célèbre et si originale peinture, que le catalogue du musée du Prado enregistre sous le titre de *Réunion de buveurs*, et que l'on appelle plus habituellement *Bacchus* ou *les Ivrognes*. En dépit du titre mythologique que Velazquez, ironiquement peut-être, avait donné à cette composition, elle est, en somme, singulièrement réaliste dans son concept comme dans son exécution. Tout en y notant l'emploi partiel des méthodes serrées et attentives, appliquées dans ses premiers portraits, quelques vagues réminiscences encore et des traces de conventions dans le parti du clair-obscur, on sent déjà nettement toute l'étendue de l'évolution que son génie est en train d'accomplir, dans la façon de voir, d'observer et d'interpréter la nature. En somme, le *Bacchus* est une œuvre intermédiaire, mais déjà très puissante, où le maître accuse son passé, sa filiation, ses admirations de jeunesse et qui montre clairement, par contre, ses progrès singuliers, ses efforts nouveaux et ses tendances si vraiment personnelles et libres.

En août 1628, Rubens, chargé par l'infante Isabelle-Claire-Eugénie, gouvernante des Pays-Bas, d'une mission diplomatique, arrivait à Madrid où il allait

---

1. Palomino de Velasco, *Vidas de los pintores eminentes españoles*, t. III.

séjourner durant neuf mois. Velazquez fut son hôte.

Les deux artistes partagèrent le même atelier; ensemble ils visitèrent les galeries royales, déjà si riches en chefs-d'œuvre des diverses écoles, et les collections formées par les grands, alors très nombreuses. Les rapports d'étroite intimité qui unirent tout de suite les deux maîtres pourraient faire supposer que le grand peintre flamand, ne fût-ce que par les nombreux ouvrages qu'il entreprit pendant son séjour à Madrid, dut exercer sur Velazquez une influence quelconque, même limitée aux méthodes d'exécution. Il n'en est cependant point ainsi et, nulle part, dans les ouvrages de Velazquez, postérieurs au voyage de Rubens, on n'en saisirait la trace. Mais Rubens, s'appuyant sur son propre exemple, conseilla à son jeune hôte d'aller en Italie interroger et étudier les chefs-d'œuvre des maîtres du passé, et Velazquez, déférant à ce conseil, le mit immédiatement à profit.

Venise fut la première ville que visita l'artiste. Coloriste comme il l'était, il devait naturellement s'éprendre des grandes œuvres de l'école vénitienne. Si Titien l'enthousiasme, Véronèse le ravit, mais Tintoret, par-dessus tout, l'enchante et le captive. De ce fougueux maître, il copia le *Crucifiement* et la *Cène,* et à son retour il fit hommage au roi de cette dernière reproduction. Forcé par la guerre de quitter Venise, il alla à Ferrare, à Bologne, prit la route de Lorette et visita la *Santa casa;* arrivé à Rome, où il séjourna durant une année, il y copia plusieurs fragments du

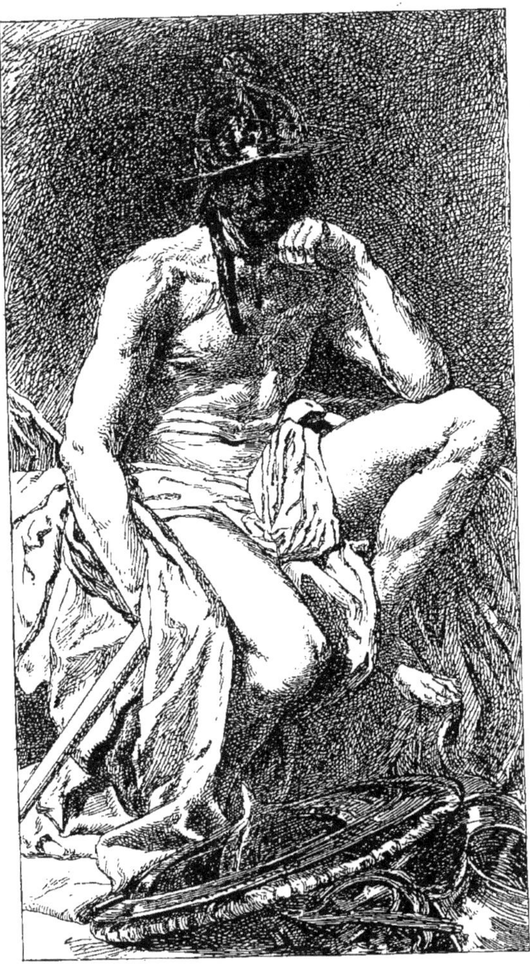

Fig. 58. — VELAZQUEZ, *le Dieu Mars.*
(Musée du Prado.)

Jugement dernier, les Prophètes et les Sibylles de la

Sixtine, puis l'*École d'Athènes*, le *Parnasse*, l'*Incendie del Borgo*, ainsi que quelques autres ouvrages de Raphaël et de Michel-Ange.

Logé à la villa Médicis, il y peignit d'après nature deux charmantes et fraîches études de paysage, avec des parties d'architecture, qui sont aujourd'hui au musée du Prado. Il fit également son propre portrait qu'il envoya à Séville à son beau-père et entreprit, pour être offertes au roi, deux grandes compositions, dont l'une, la *Forge de Vulcain*, est conservée au musée du Prado et l'autre, la *Tunique de Joseph*, à l'Escurial.

A l'exception des coloristes, on ne voit pas dans les peintures exécutées par Velazquez, en Italie, que l'étude des ouvrages des maîtres ait modifié son propre sentiment artistique et exercé sur lui une influence sensible et durable. Peu enclin, par tempérament, aux abstractions, on sent dans la *Forge*, comme dans la *Tunique*, que Velazquez a horreur des formules toutes transcrites et qu'il n'a souci que des vérités tangibles et formelles. Il ne voit rien, ne cherche rien en dehors de la réalité; il ne s'avise point d'idéalisme et ne montre de plus hautes visées que de rendre la nature dans son caractère, son mouvement, sa vie, avec son imprévu pittoresque et sa curieuse diversité. Il est aussi à remarquer, dans la *Forge*, comme dans le *Bacchus*, comme en d'autres compositions mythologiques ou allégoriques, que l'artiste ne s'inquiète guère du sens philosophique ou mythique de son sujet où il semble bien plutôt ne voir qu'un simple fait, une scène véritable et vécue, qu'il expose tout

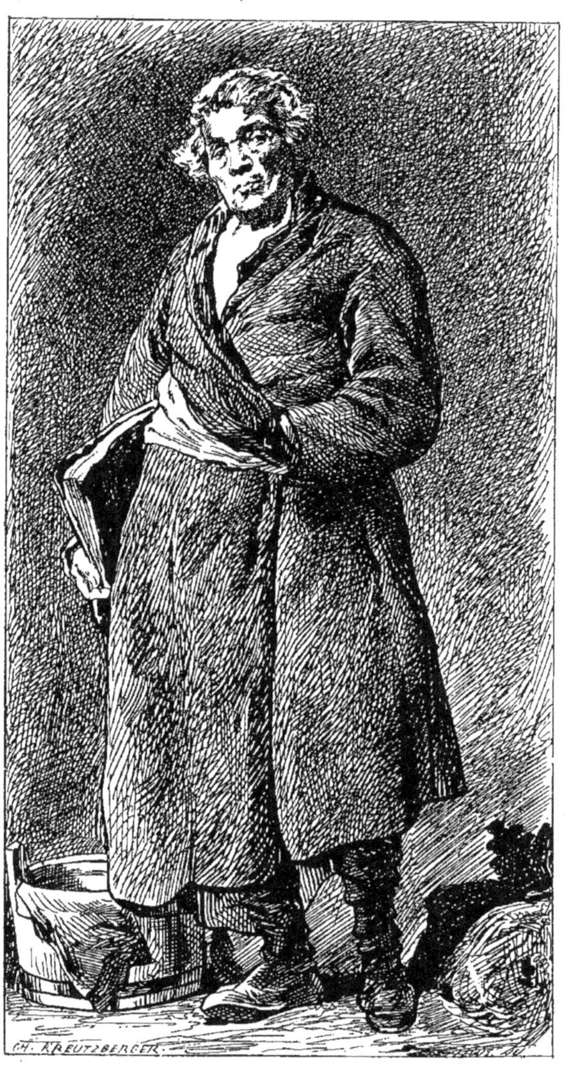

Fig. 59. — Velazquez, *Ésope.*

(Musée du Prado.)

uniment, mais non, toutefois, sans quelque ironie. Son *Mercure et Argus,* son *Dieu Mars,* ses figures d'*Ésope* et de *Ménippe,* attestent suffisamment cette tournure railleuse et bien andalouse de son esprit : au fond, l'Olympe le fait sourire.

C'est à Naples, où il peignit le portrait de l'infante Maria, sœur de Philippe IV et fiancée du roi de Hongrie, que Velazquez passa les derniers mois de son séjour en Italie. Il se lia alors étroitement avec Ribera, peintre en titre du vice-roi et déjà à l'apogée de sa fortune et de sa renommée. On a dit quelle admiration Velazquez, à ses débuts, avait conçue pour les ouvrages de ce puissant réaliste; il semble que cet enthousiasme grandit encore, car la plupart des peintures du maître valencien, que l'on voit aujourd'hui au musée de Madrid, ont été acquises à l'instigation de Velazquez.

Dans les premiers mois de l'année 1631, l'artiste rentrait à Madrid. Il peignit l'infant don Baltazar Carlos, âgé de deux ans, et le portrait du roi, qui fut envoyé à Florence, ainsi qu'une maquette modelée par le sculpteur sévillan, Martinez Montañès, dans le but de servir de modèles pour l'exécution de la statue équestre de Philippe IV. Cette statue, conçue par Velazquez, mais fondue par Tacca, est celle qui est érigée à Madrid, sur la place de l'Oriente.

De 1635 à 1638 s'espacent les vivants et si sobres portraits où Velazquez a représenté, dans des paysages aux lointains bleuâtres, l'*infant Baltazar Carlos,* à l'âge de six ans, *Philippe IV* et son frère l'*infant D. Fernando,* tous les trois en costume et en attirail de chasse, et

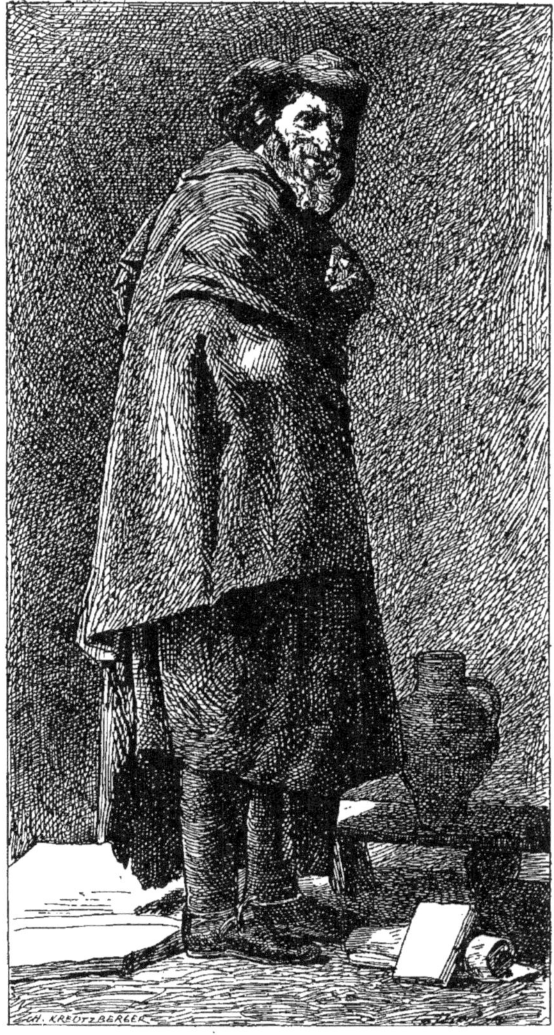

Fig. 60. — VELAZQUEZ, *Ménippe.*

(Musée du Prado.)

ayant auprès d'eux de merveilleux chiens. Pendant ce

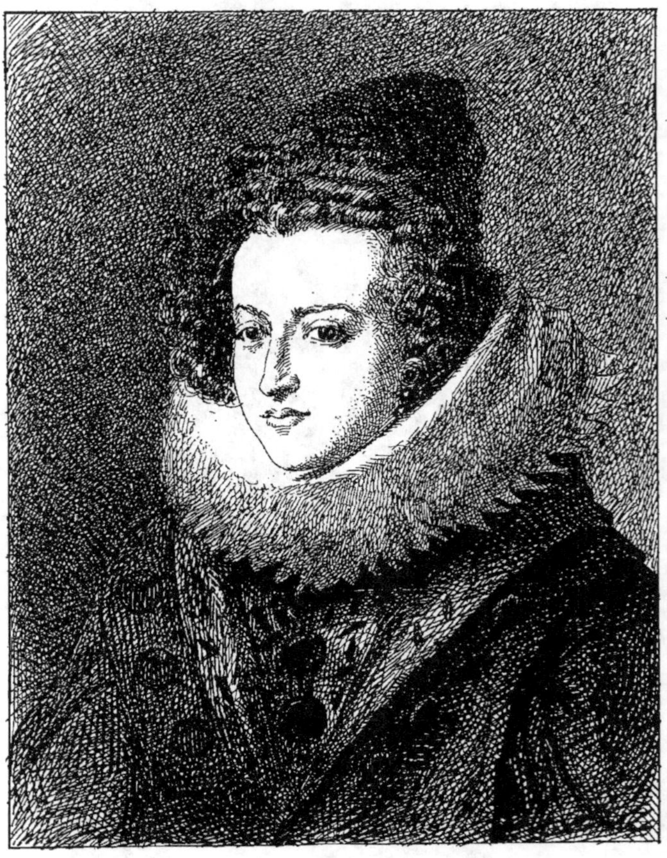

Fig. 61. — VELAZQUEZ, *Portrait de dona Maria, reine de Hongrie.*
(Musée du Prado.)

même laps, l'artiste peignit encore le superbe portrait équestre de l'héritier présomptif de la couronne,

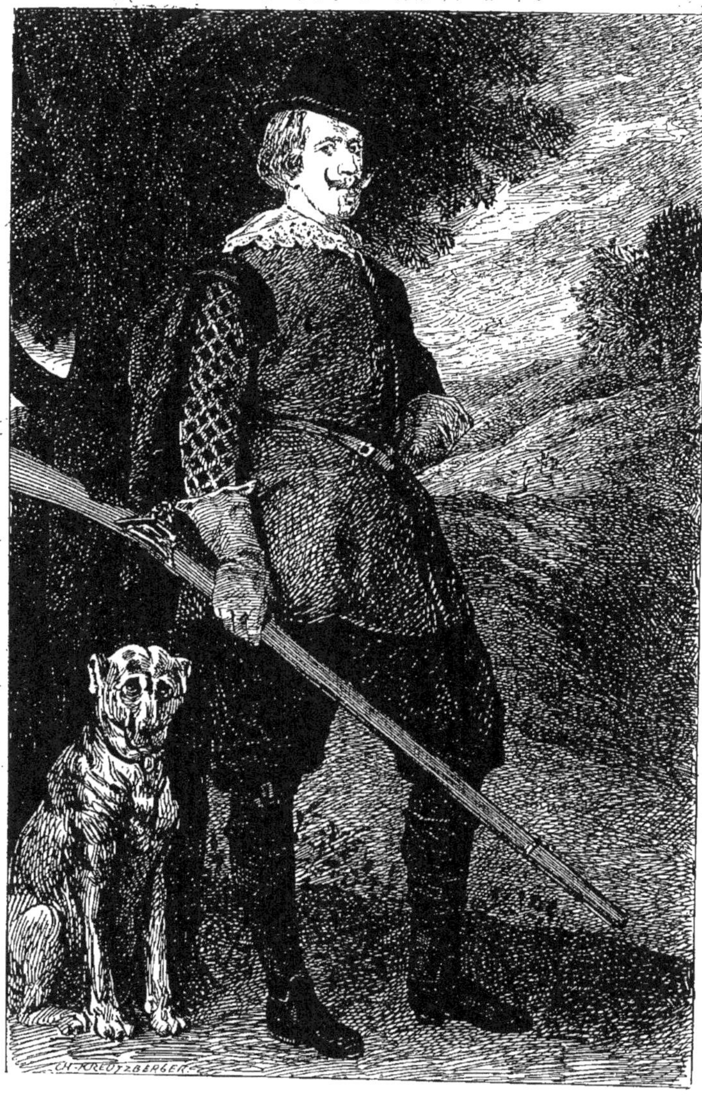

Fig. 62. — VELAZQUEZ, *Portrait de Philippe IV.*
(Musée du Prado.)

l'infant Baltazar Carlos, galopant sur une petite jument bai clair et tenant à la main le bâton de commandement.

L'époque suivante, de 1639 à 1648, est particulièrement féconde en œuvres admirables. Le maître est alors en pleine possession de toutes les ressources de son original et libre talent. Presque coup sur coup il produit chef-d'œuvre sur chef-d'œuvre : c'est le *Christ en croix* (1639), d'aspect si tragique et si poignant, puis ce sont les portraits du *duc François de Modène*, de l'*amiral Pulido Pareja,* actuellement à la *National Gallery,* et du *comte de Benavente;* c'est encore ce prestigieux portrait équestre du *comte-duc d'Olivarès,* (1640-42), enlevant son cheval de bataille en avant d'une armée, et d'un geste superbement impérieux, désignant l'ennemi. L'intensité d'action et l'irrésistible élan de ce groupe, jeté en rase campagne et peint en pleine lumière, atteignent la plus haute puissance de mouvement, de relief et d'illusion. En aucun autre ouvrage de l'artiste on ne trouverait autant de grandeur, un dessin aussi vrai, plus juste et une exécution plus fière et plus franche. Malgré son réalisme, jamais peinture d'aucune école n'a fait preuve de plus d'élégance et de noblesse qu'en montre ici l'étonnant et vigoureux génie de Velazquez.

Il a souvent peint le comte-duc d'Olivarès; il l'a représenté en buste, en pied, prenant part aux chasses royales ou surveillant dans le manège, en sa qualité de grand-écuyer, les exercices d'équitation du jeune prince Baltazar-Carlos.

Le soulèvement de la Catalogne et les succès des

armes françaises dans le Roussillon obligèrent Phi-

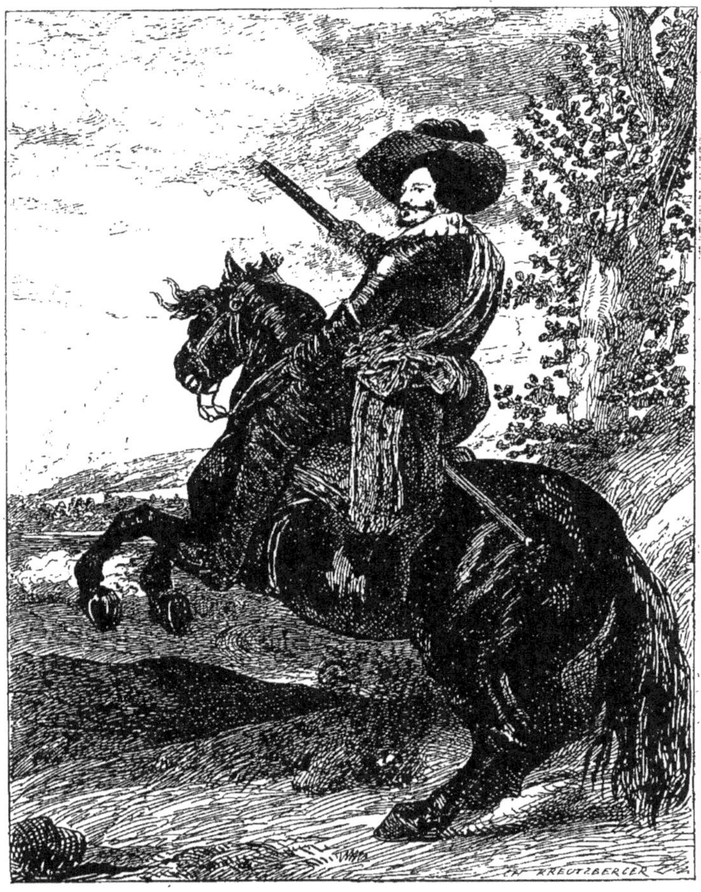

Fig. 63. — VELASQUEZ, *Portrait équestre du comte-duc d'Olivarès.*
(Musée du Prado.)

lippe IV à se mettre à la tête de ses troupes. La cour

accompagna le roi dans son voyage en Aragon. Mais, avant d'aller s'établir à Saragosse, Philippe séjourna quelques mois à Aranjuez où Velazquez eut l'occasion

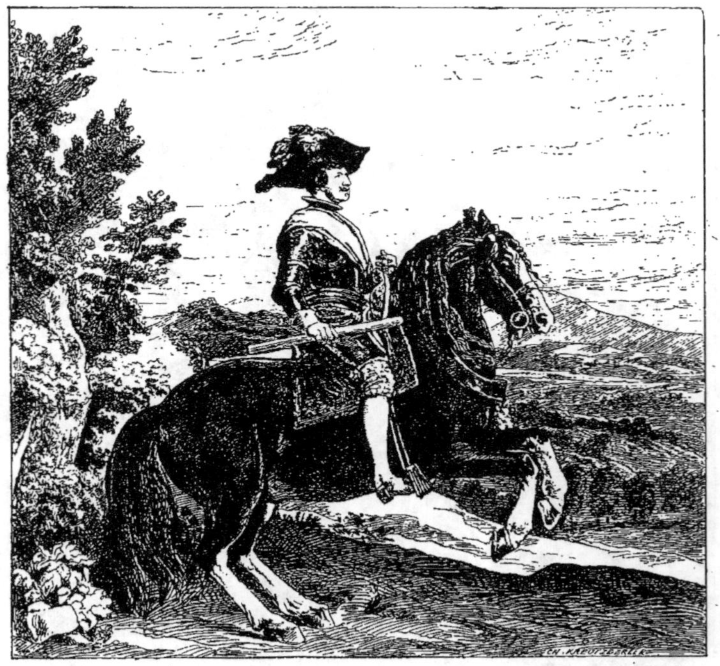

Fig. 64. — Velazquez, *Portrait équestre de Philippe IV*

(Musée du Prado.)

de peindre quelques-uns des plus beaux sites de cette résidence, notamment les deux grands paysages, conservés au musée du Prado, et qui représentent l'*Allée de la Reine* et les *Jardins de l'île, avec la fontaine des Tritons.*

L'année suivante fut marquée par la chute du pou-

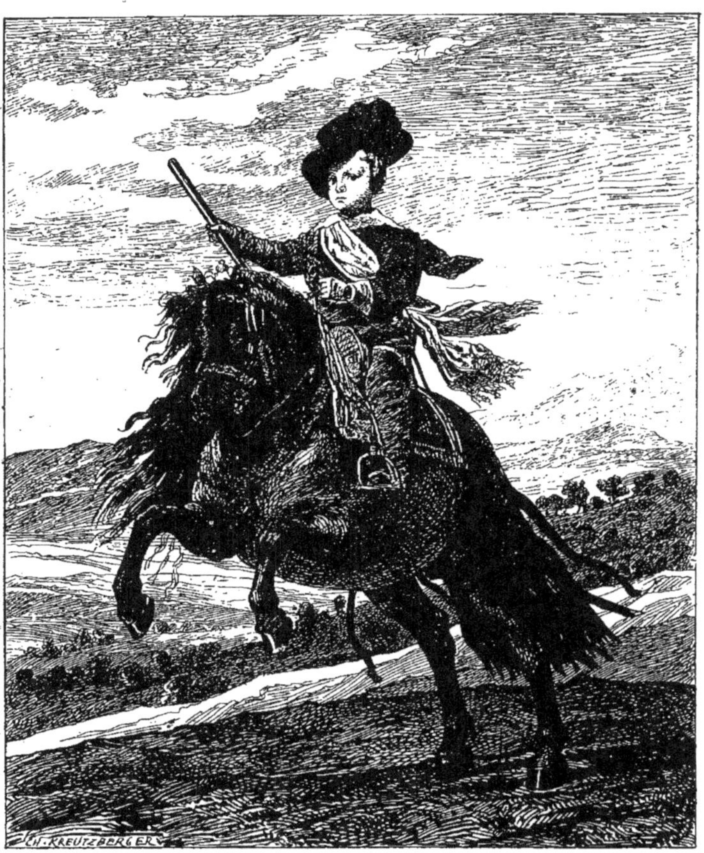

Fig. 65. — Velazquez, *Portrait équestre de l'infant D. Baltazar Carlos.*
(Musée du Prado.)

voir du comte-duc. L'affliction de Velazquez, qui per-
dait en lui un ami, un zélé protecteur, fut profonde.

Un moment même il put craindre de se voir enveloppé dans la disgrâce du favori. Il n'en fut rien. Philippe avait besoin de son peintre pour seconder ou plutôt pour diriger l'inepte marquis de Malpica, qui occupait alors la charge de surintendant des bâtiments du roi. En 1644, l'artiste accompagnait de nouveau Philippe IV qui avait enfin pris le commandement de son armée opérant en Aragon : il assiégeait Lérida, dont il réussit à s'emparer, et où il fit une entrée triomphale.

Ce fut pour Velazquez une nouvelle occasion de le peindre à cheval, revêtu de sa demi-armure d'acier bruni, damasquinée d'or, et portant le riche et élégant costume dans lequel nous le montre la peinture conservée au musée du Prado et qui en est un des joyaux.

Les trois autres grands portraits équestres que possède le même musée, et qui représentent *Philippe III, Marguerite d'Autriche,* sa femme, et *Élisabeth de Valois,* la première femme de Philippe IV, furent exécutés vers 1644 pour la décoration intérieure du palais du Buen-Retiro. C'est aussi autour de la même année que fut peint le superbe portrait en pied de l'infant D. Baltazar Carlos, vêtu de noir, et portant au col la Toison d'or. Ce fut la dernière fois que Velazquez peignit l'héritier présomptif, mort en 1646 à Saragosse.

Ce jeune prince avait attaché à sa personne l'élève de Velazquez, Juan Bautista Martinez del Mazo, devenu son gendre en 1634. Par ordre de l'infant, Mazo avait alors commencé cette *Vue de Saragosse,* du musée du Prado, qui fut terminée en 1647, et dont les

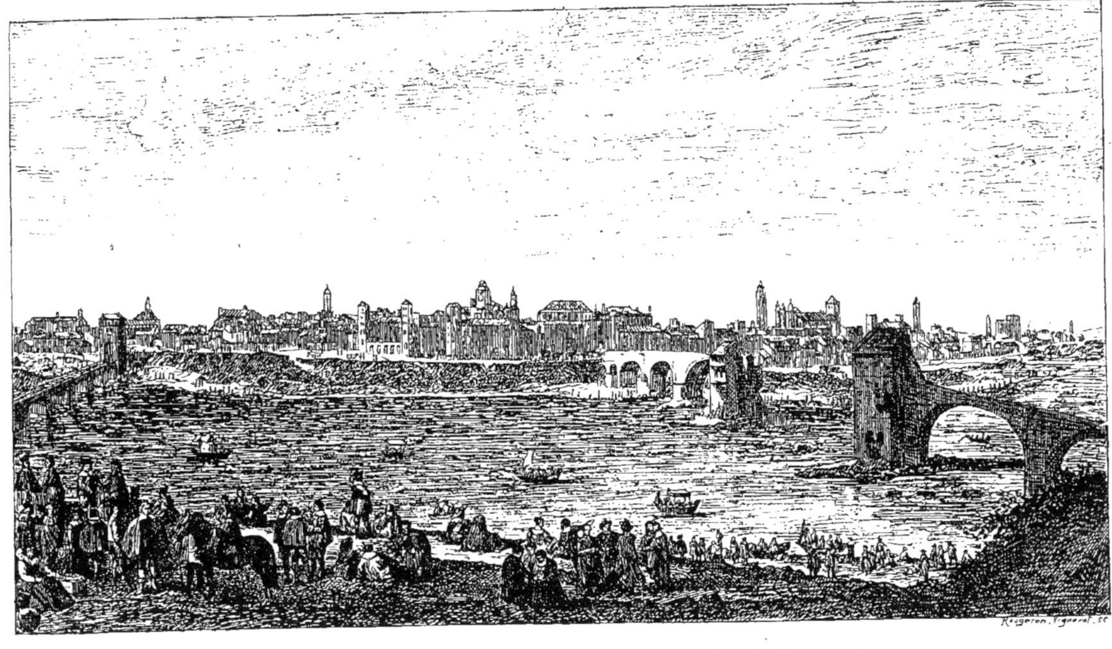

Fig. 66. — Martinez del Mazo et Velazquez, *Vue de Saragosse.*

(Musée du Prado.)

nombreux personnages, groupés sur l'une et l'autre

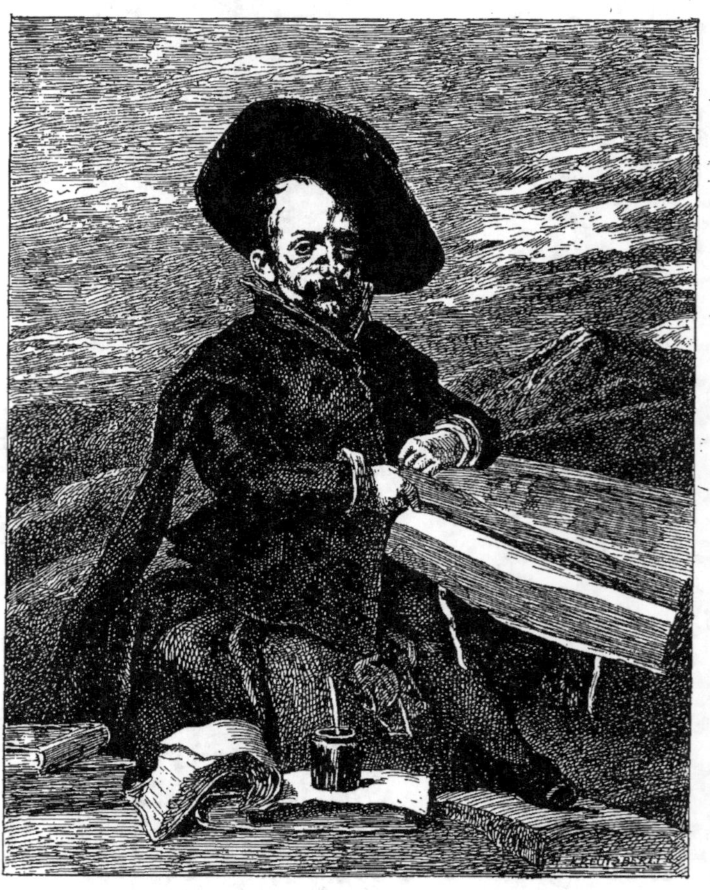

Fig. 67. — Velazquez, *Portrait du nain el Primo.*
(Musée du Prado.)

rive de l'Èbre, sont de la main de Velazquez.

Pour distraire le roi, qui s'ennuyait en Aragon, son

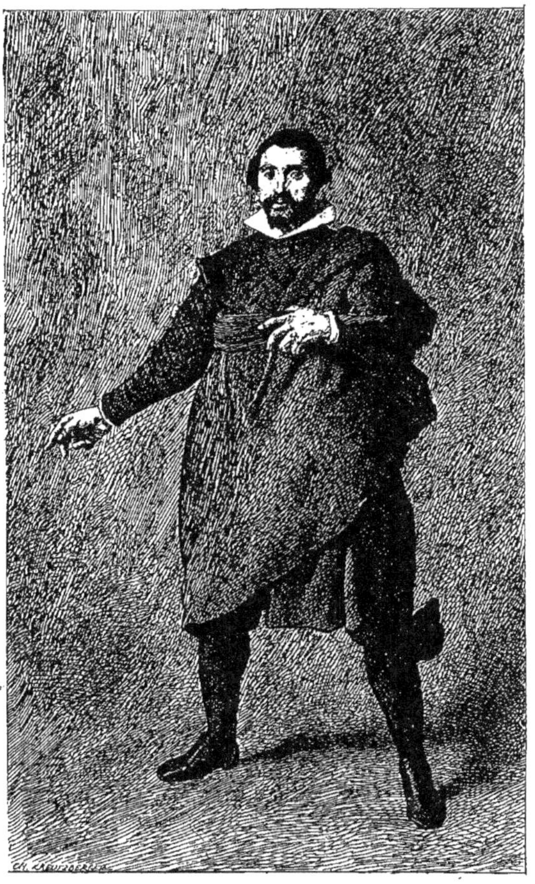

Fig. 68. — Velazquez, *Pablillos de Valladolid, bouffon de Philippe IV.*
(Musée du Prado.)

peintre fit sous ses yeux le portrait du nain *el Primo,*

qu'il représenta assis, au milieu d'une campagne

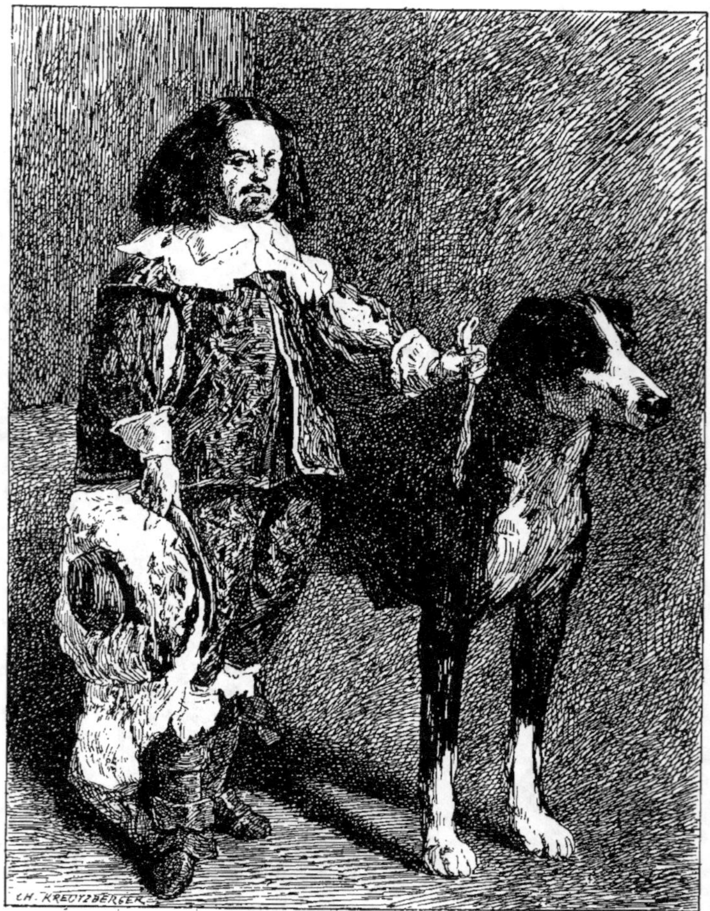

Fig. 69. — Velazquez, *Portrait du nain Antonio el Inglès.*
(Musée du Prado.)

déserte et accidentée, vêtu de noir, la tête couverte

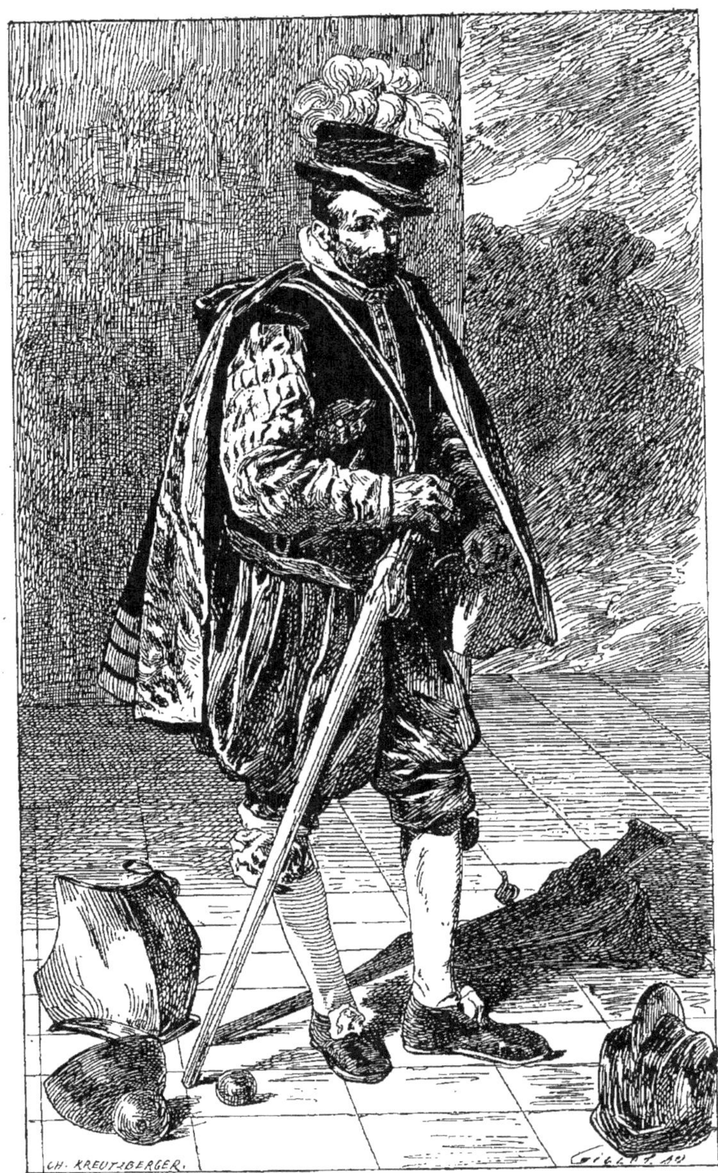

Fig. 70. — VELAZQUEZ, *Portrait de Juan de Austria, bouffon de Philippe IV.*
(Musée du Prado.)

d'un chapeau aux larges ailes, légèrement incliné sur l'oreille, et feuilletant gravement un gros in-folio. A terre sont empilés d'autres volumes; l'un d'eux est surmonté d'un encrier de corne, où trempe une plume. Cette peinture, si pénétrante d'aspect et si physionomique, d'une exécution si parfaite et pourtant si simple quant aux tons employés: du noir, du blanc et un peu d'ocre, commence la suite de cette étrange collection de figures falotes d'idiots, de nains, de bouffons et de monstres de nature, que l'artiste produisit successivement pour le plus grand plaisir de Philippe IV.

Nous comprenons dans cette série tous ces portraits qui sont au musée du Prado, et que son catalogue désigne sous les noms de l'*Enfant de Vallecas,* le *Niais de Coria, Sébastien de Morra, Pablillos de Valladolid, Pernia* ou *Barberousse, Juan de Austria* et *Antonio el Inglès.* La liste de ces représentations hétéroclites était jadis plus étendue, plusieurs ayant péri dans les divers incendies dont l'Alcazar et les palais du Pardo et de la Torre de la Parada ont été le théâtre. Le marquis de Leganès possédait aussi, dans sa riche collection, quelques-uns de ces portraits de bouffons, également de la main de Velazquez.

Si la date de 1647, donnée par le catalogue du musée du Prado, est celle qu'il convient d'adopter pour l'achèvement de cette grandiose et vivante composition qu'on appelle *la Reddition de Breda,* ou plus habituellement *les Lances,* il n'en demeure pas moins plausible que l'idée première de cette éloquente peinture d'histoire dut être inspirée à Velazquez par les récits du vainqueur de Breda, par le marquis Ambroise Spi-

nola lui-même. C'est en effet en compagnie de l'illustre
général que l'artiste avait traversé la Méditerranée,
lors de son premier voyage en Italie; il est donc à sup-

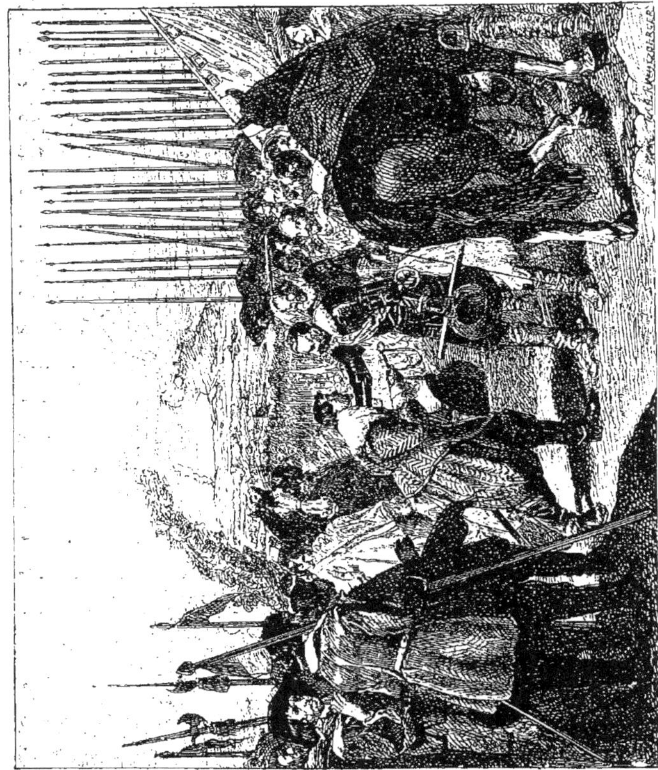

Fig. 71. — Velazquez, les Lances. — *Reddition de Breda.* (Musée du Prado.)

poser que ce fut à ce moment qu'il recueillit toutes les
particularités et les péripéties de cet événement de
guerre, si glorieux pour les armes espagnoles, et qu'il
se proposa dès lors de les traduire en un ouvrage digne
de son sujet.

En avant de Breda dont on aperçoit la silhouette à l'horizon, au milieu d'une immense plaine à demi inondée que coupent çà et là des canaux, des tranchées, où s'élèvent des baraquements, de longues files de tentes et des travaux d'approche, l'armée espagnole, comme pour une parade ou une bataille, est rangée sous les armes. Sur des points diversement éloignés flottent ses enseignes et ses étendards, écartelés de blanc, de rose et d'azur ; à droite, au centre, se dressent des carrés de piques et, pareilles à une forêt de mâts, ces hautes lances qui ont fait donner son titre au tableau. Sur les premiers plans se groupent les escortes des deux chefs d'armée : à droite, les Espagnols, aux allures distinguées et hautaines ; à gauche, les Hollandais, plus lourds de tournure et d'aspect flegmatique. Dans l'espace laissé libre en avant du tableau, le général espagnol et Justin de Nassau, qui commandait dans Breda, s'abordent. Celui-ci s'incline et présente à son vainqueur la clef de la forteresse que le marquis Spinola reçoit, tête nue, le chapeau et le bâton de commandement à la main ; s'avançant vers Justin de Nassau, et lui posant l'autre main sur l'épaule, chaleureusement il le félicite de sa longue et belle défense. Son geste, son attitude, son expression sont empreints de tant d'affabilité et de bonne grâce, qu'il semble qu'on entende les courtoises paroles qui sortent de ses lèvres, et que recueillent avec attention, les personnages mêlés aux deux escortes. Pour rompre la monotonie des masses et jeter du mouvement et de l'animation sur ses premiers plans, Velazquez a peint le cheval de Spinola, reculant vivement de côté sur le spectateur, tandis que, dans l'escorte hollandaise, un page s'efforce de retenir par la bride le cheval du prince de Nassau.

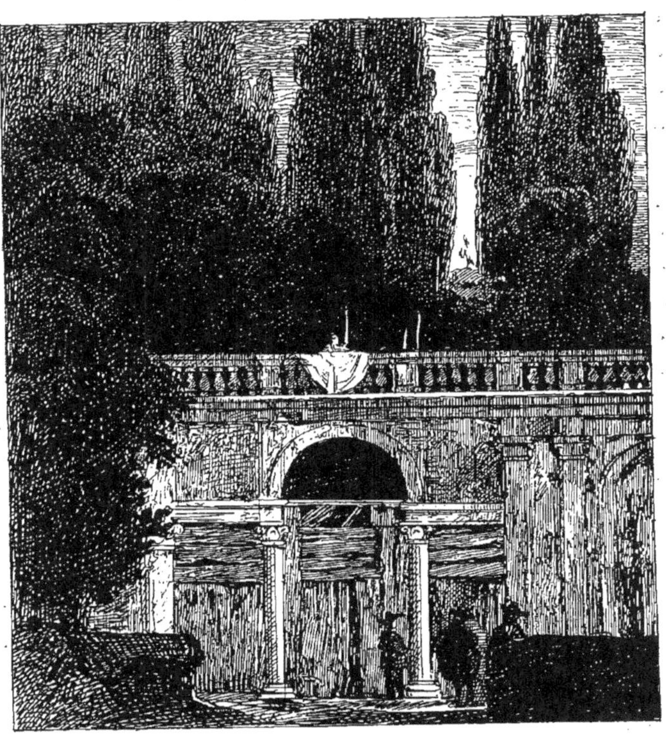

Fig. 72. — Velazquez, *Vue prise à la villa Médicis.*
(Musée du Prado.)

Tout dans cette vaste toile est éclairé en pleine lumière, franchement, sans parti pris, comme sans artifice. L'air y circule partout, étendant une atmosphère perceptible au-dessus de ce paysage qui fuit à des distances inouïes, le baignant de clartés, de ruissellements et de fraîcheur, enveloppant les formes, caressant les contours, tranquillisant et reliant entre elles les colorations graves, un peu sourdes dans leur résonance, çà et là discrètement mêlées de quelques notes claires, et fondant tout l'ensemble de ce magnifique spectacle en une large et puissante harmonie.

La *Reddition de Breda* fut le dernier grand ouvrage que peignit Velazquez avant d'accomplir son second voyage en Italie; le principal objet de cette nouvelle absence était d'acquérir pour le roi des peintures et des antiques, destinées à décorer l'Alcazar, dont Velazquez dirigeait alors en maître les embellissements.

Après avoir engagé à Bologne, au service de Philippe IV, deux habiles fresquistes et stucateurs, Colonna et Mitelli, qui ont collaboré à la décoration de l'Alcazar, Velazquez vint se fixer à Rome. L'événement de ce nouveau séjour de l'artiste fut le *portrait du pape Innocent X,* Giovanni Battista Pamphili, qui est conservé au palais Doria.

Tout a été dit sur ce chef-d'œuvre, merveille d'intensité de vie et de virtuosité d'exécution. « Sur un fauteuil rouge, au-dessus d'un manteau rouge, a dit M. Taine, dans une tenture rouge, sous une calotte rouge, une figure rouge, la figure d'un pauvre niais, d'un cuistre usé; faites avec cela un tableau qu'on n'oublie plus ! »

Après avoir dirigé sur l'Espagne de nombreux moulages d'après les plus beaux marbres antiques et de précieuses peintures, acquises au cours de son

voyage, ou commandées par lui à des artistes célèbres,
Velazquez quitta Rome et vint débarquer, en 1651, à

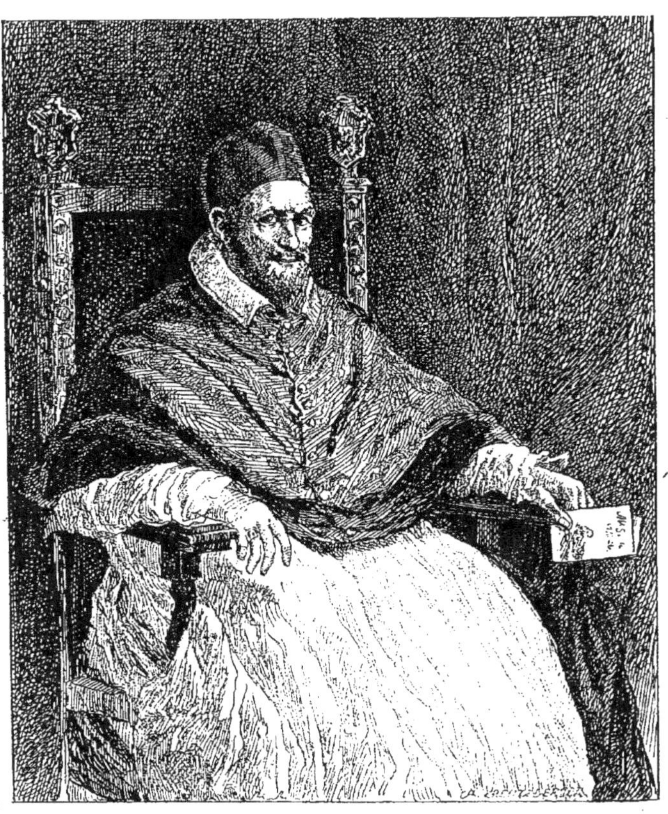

Fig. 73. — Velazquez, *Portrait du pape Innocent X.*
(Galerie Pamphili-Doria, à Rome.)

Barcelone. Quelque temps après son retour, le roi le
désignait pour remplir la charge d'*aposentador,* ou de ma-

réchal-fourrier du palais. Elle allait absorber en grande
partie par les obligations, les assiduités et les multiples

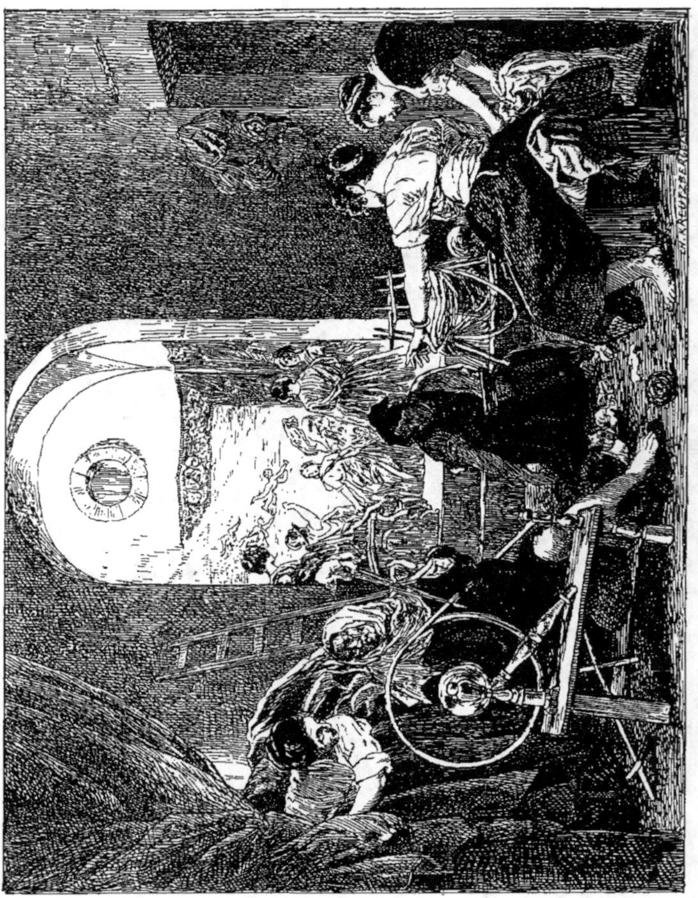

Fig. 74. — Velazquez, les Fileuses, intérieur de la fabrique de tapisseries de Santa Isabel.

(Musée du Prado.)

devoirs de toute nature qu'elle exigeait, les heures que
l'artiste eût plus heureusement employées à peindre.

Cependant, en dépit des écrasants détails qui l'absor-

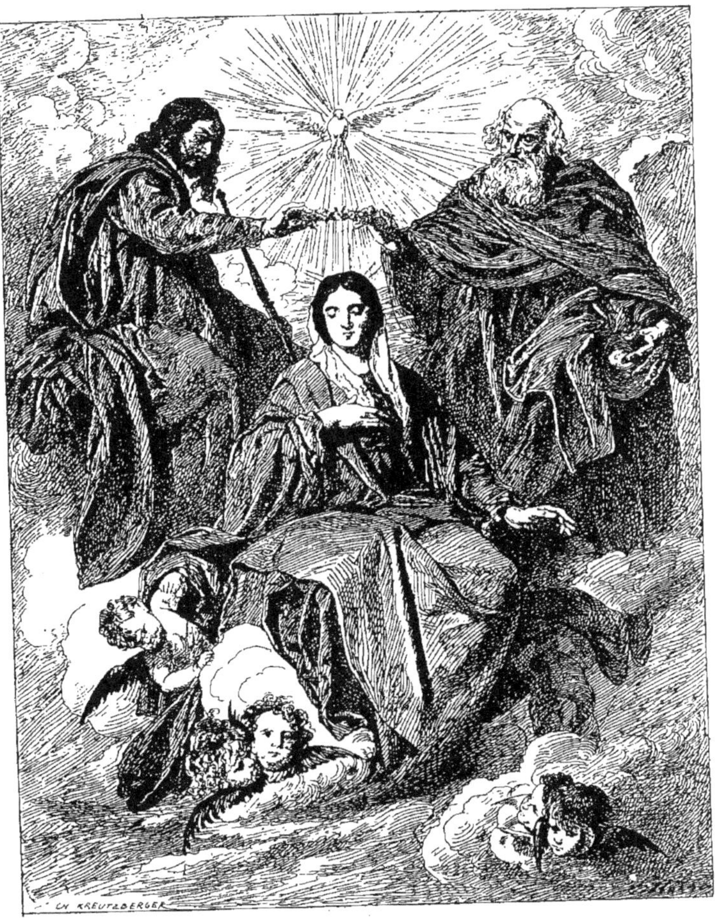

Fig. 75. — Velazquez, *le Couronnement de la Vierge*. (Musée du Prado.)

baient, Velazquez produisit encore des compositions

considérables, telles que les *Fileuses*, ou *Intérieur de*

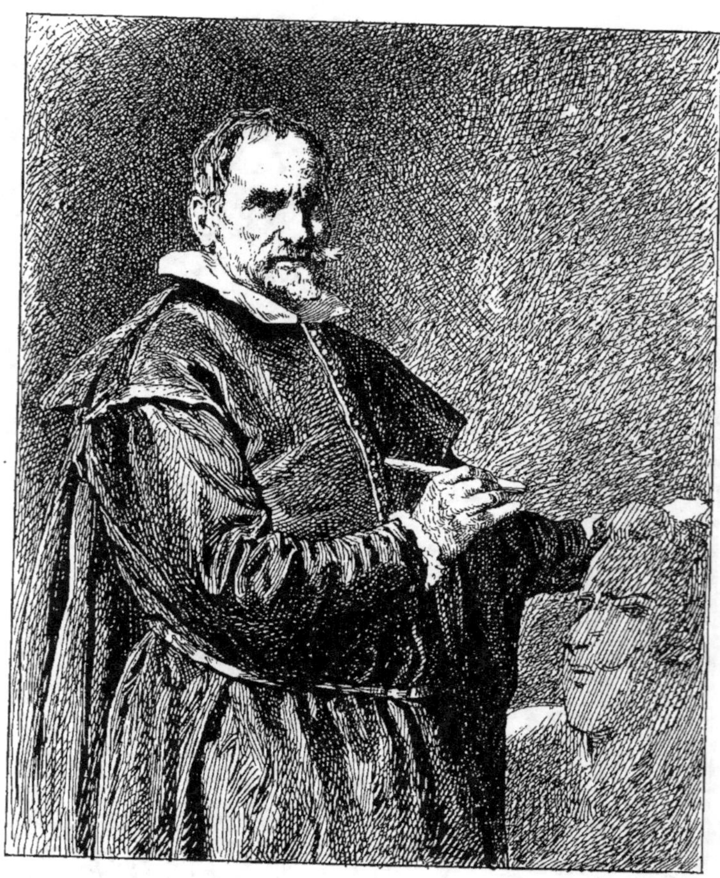

Fig. 76. — Velazquez, *Portrait d'un sculpteur* (Martinez Montanez?).
(Musée du Prado.)

la fabrique de tapisseries de Santa Isabel, le Couronnement de la Vierge, le portrait d'un sculpteur (Marti-

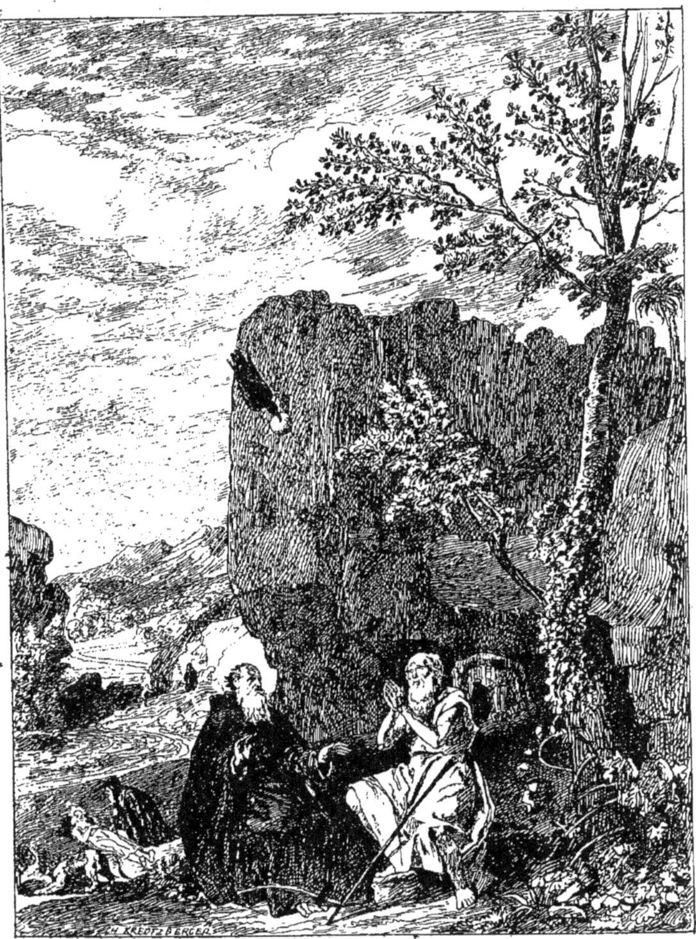

Fig. 77. — VELAZQUEZ, *Saint Antoine, abbé, visitant saint Paul, ermite.*
(Musée du Prado.)

nez Montañez?) la *Visite de saint Antoine, abbé, à saint*

Paul, ermite, divers portraits de Philippe IV et de sa seconde femme, *Marianne d'Autriche;* celui de l'*infante*

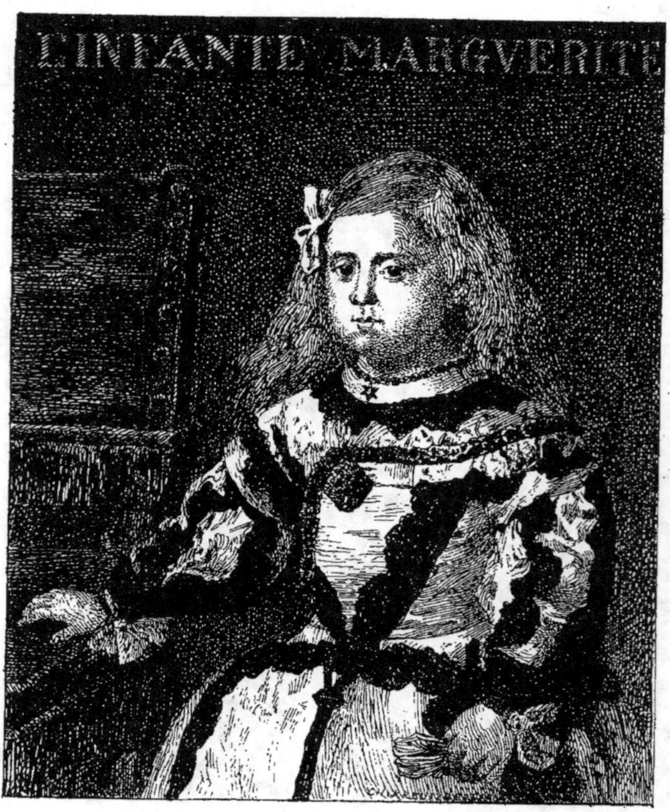

Fig. 78. — Velazquez, *Portrait de l'infante Marguerite.*
(Musée du Louvre.)

Marguerite, qui est au Louvre, de l'infant *Philippe Prosper,* conservé au musée de Vienne, et le célèbre tableau des *Menines,* peint en 1656, qui fait partie du musée du Prado. Quelques-uns de ces ouvrages, et particuliè-

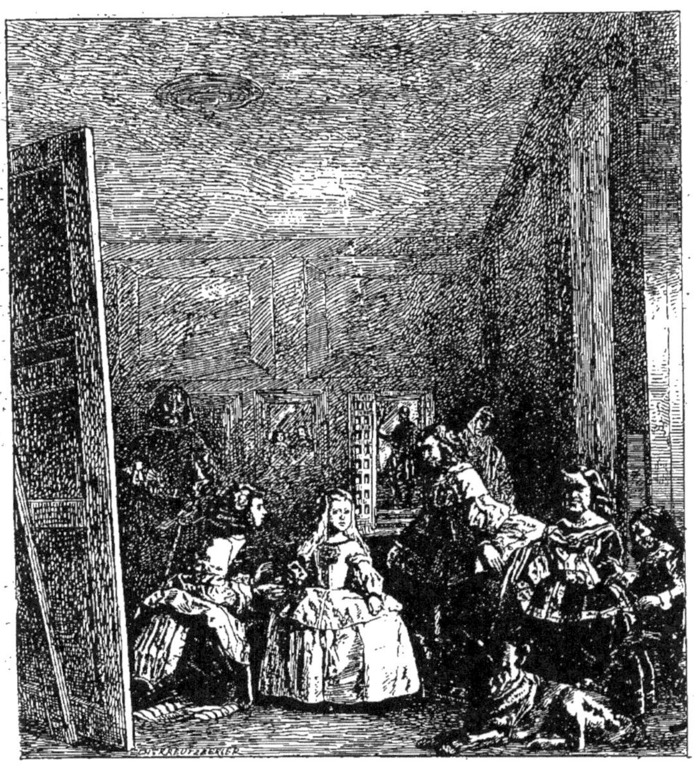

Fig. 79. — Velazquez, *les Menines*

(Musée du Prado.)

rement *les Fileuses* et *les Menines,* marquent une évo- lution caractéristique, et comme une dernière manière, dans le prodigieux talent du maître. Contraint de

déserter souvent son atelier, et voulant pourtant satisfaire aux incessants et capricieux désirs de Philippe IV,
Velazquez invente alors cette méthode hardie, que ses
compatriotes appellent sa manière sommaire, *manera
abreviada*, mais que, pour en faire mieux comprendre
la nature, nous nommerons, faute d'un terme plus
précis, de l'*impressionnisme*.

Cette méthode de peindre, toute de sensibilité et de
premier jet, spontanée, abréviative, très subtile dans
sa manœuvre, où le grand artiste trouve moyen de dire
beaucoup sans insister, sans appuyer, sans jamais
laisser voir l'effort, qui paraît lâchée, tant elle semble
faite de laisser-aller, n'est cependant chez lui, au
demeurant, que le résultat prémédité, voulu, certain,
d'une science consommée, d'une pratique ou plutôt
d'une virtuosité souveraine, absolument sûre d'elle-
même, de ses effets et de ses moyens d'expression.

Velazquez nous a donc laissé dans les *Fileuses*, les
Menines, dans les portraits du sculpteur et de l'*infante
Marie-Thérèse*, avec leurs formules les mieux définies
et les plus complètes, les exemples les plus parfaits
d'impressionnisme qu'on puisse rencontrer, même
dans la peinture moderne.

Le 3 juin 1660, un grand événement, le mariage de
Louis XIV avec l'infante Marie-Thérèse, fille de Philippe IV, venait enfin sceller la paix entre les deux
couronnes de France et d'Espagne. Chargé à cette occasion par le roi de présider à la décoration du pavillon
élevé dans l'île des Faisans, et dont chaque aile avait
été meublée par les deux nations de la manière la
plus somptueuse, Velazquez s'acquitta de sa tâche avec

le goût le plus exquis, et en fut vivement compli-

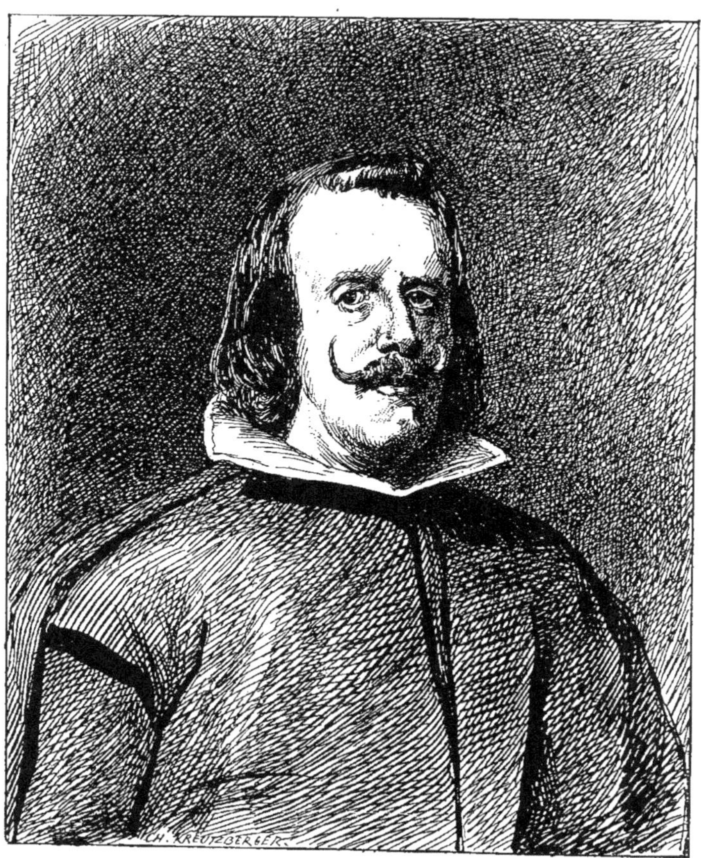

Fig. 80. — VELAZQUEZ, *Portrait de Philippe IV.*
(Musée du Prado.)

menté par les deux rois. Mais les occupations de tout
genre qu'il avait dû remplir comme *aposentador* pen-

dant le voyage de Madrid, et les préparatifs qu'il avait fallu ordonner sur toute la route pour le séjour du roi et de la cour, lui avaient causé de trop pénibles fatigues. Il tomba gravement malade dès son retour à Madrid ; puis, après un semblant de rétablissement, il éprouva de nouveau un violent accès de fièvre qui l'emportait le 6 août 1660, dans la soixante et unième année de son âge. Huit jours après, Maria Pacheco, sa digne compagne, le suivait dans la tombe [1].

L'influence exercée par le naturalisme, si distingué, quoique si sincère, de Velazquez sur tous les artistes ses contemporains, même sur ceux qui, comme Vicente Carducho, Caxès, Angelo Nardi et les Rizi, semblaient par leur éducation appelés plutôt à continuer les traditions italiennes, fut considérable, mais toutefois passagère ; son art était bien trop génial et personnel pour être réduit en formules et donner naissance à une école. Le génie ne s'enseigne pas. Velazquez forma donc des élèves, qui devinrent de très habiles peintres, sans qu'aucun cependant puisse prétendre à être proclamé son continuateur, encore moins son héritier ou son émule. Sans être un disciple direct du maître, JUAN CARREÑO DE MIRANDA (1614-1685) sut cependant, mieux qu'aucun autre et tout en conservant sa personnalité, s'assimiler, parmi les méthodes de Velazquez, ce qui pouvait s'allier avec son propre talent.

Il avait appris la peinture, qu'il n'exerça d'abord

---

1. On pourra consulter, pour de plus amples détails concernant la vie, les ouvrages et les intéressants essais de gravure de Velazquez : W. Stirling, *Velazquez et ses œuvres*, Paris, 1865 ; Paul Lefort, *Velazquez*, Paris, 1888.

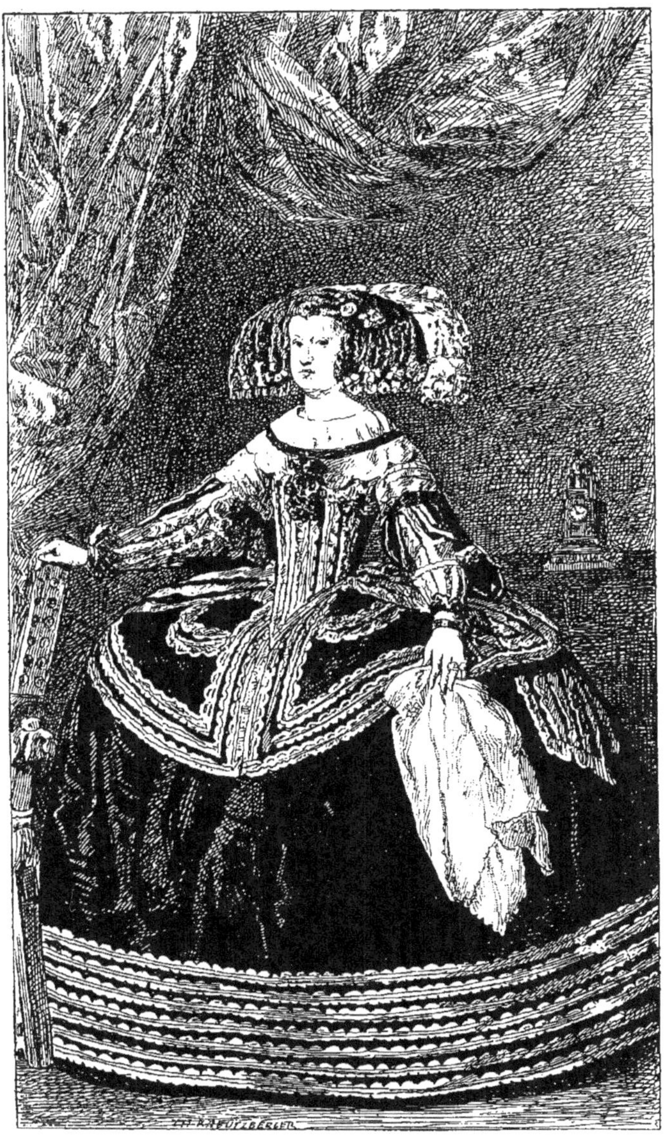

Fig. 81. — VELAZQUEZ, *Portrait de Marianne d'Autriche.*

(Musée du Prado.)

qu'en amateur, dans l'atelier de Pedro de las Cuevas,
puis avec Bartolome Roman. Velazquez, ayant vu quelques-uns de ses ouvrages, le décida à donner sa démission d'un emploi qu'il avait, pour se livrer entièrement
à l'art. Il attacha tout de suite Carreño aux travaux de
décoration qu'il dirigeait à l'Alcazar et lui fit exécuter,
pour le *Salon des glaces,* plusieurs grandes compositions mythologiques. En 1650, Carreño était nommé
peintre du roi. Plus tard, sous Charles II, il obtint la
charge d'*aide* du maréchal du palais.

Le musée du Prado renferme de très beaux portraits
de Carreño, notamment le *portrait de Charles II,* peint
en pied, vêtu de noir et portant le collier de la Toison
d'or. C'est là une œuvre d'une réalité et d'une vérité
surprenantes et où l'artiste a fait preuve de la plus
fine pénétration de la psychologie de son modèle.
Un autre portrait en pied de *Marianne d'Autriche,*
vêtue de son costume de deuil, est traité dans une
gamme de gris admirable et rappelle Velazquez. C'est,
au contraire, de Van Dyck que l'on serait plutôt tenté
de rapprocher le portrait de *Pierre Iwanowitz Potem-
kin,* ambassadeur de Russie, en 1682, auprès de
Charles II. Carreño, et nous en trouvons des exemples
au Prado dans les représentations d'un bouffon de cour,
appelé *Francisco Bazan,* et d'une naine d'un embon-
point monstrueux, eut l'occasion d'accroître l'étrange
collection royale de personnages excentriques, gro-
tesques ou contrefaits. Sa manière, dans les portraits du
bouffon Bazan et de la naine, serre encore de très près les
méthodes de Velazquez. Mais c'est surtout dans la peinture des sujets religieux que Carreño reste le plus lui-

même. Quelques églises et couvents de Madrid, de

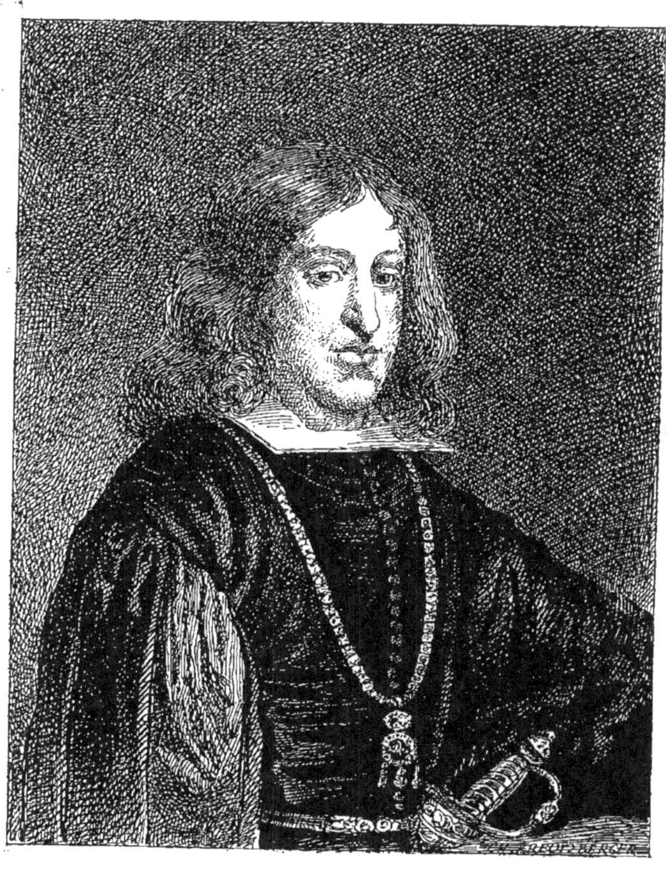

Fig. 82. — CARREÑO DE MIRANDA, *Portrait de Charles II.*
(Musée du Prado.)

Tolède, d'Alcala, de Grenade, ont conservé plusieurs
compositions de lui tout à fait remarquables. Le *Saint*

Ambroise faisant l'aumóne, de la collection Lacaze, au

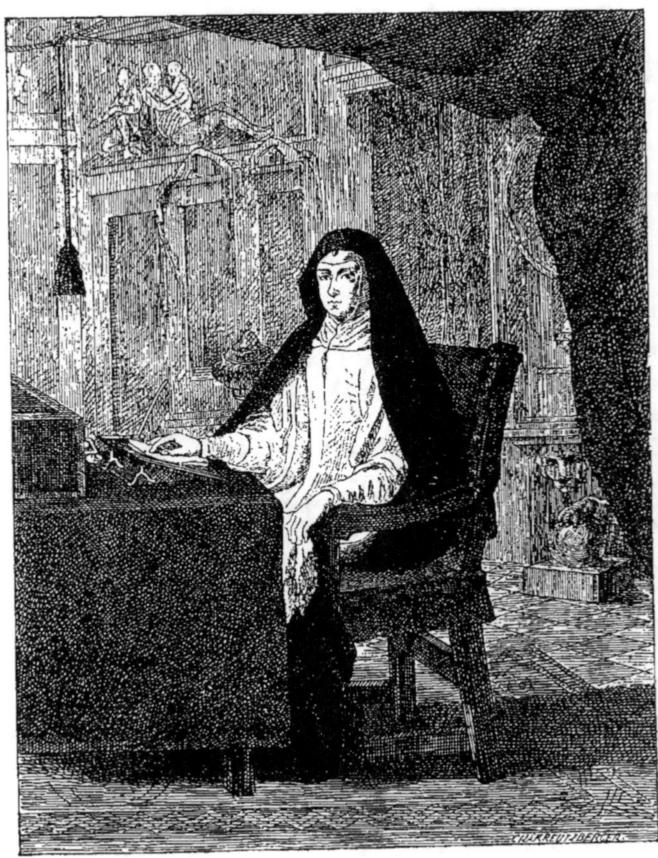

Fig. 83. — CARREÑO DE MIRANDA, *Portrait de Marianne d'Autriche.*
(Académie de San Fernando.)

Louvre, montre combien son exécution était large, saine, solide. Les élèves les plus notables qu'ait formés

Carreño de Miranda sont Ximenez Donoso (1628-1690),
Juan Martin Cabezalero (1633-1673), dont l'Académie

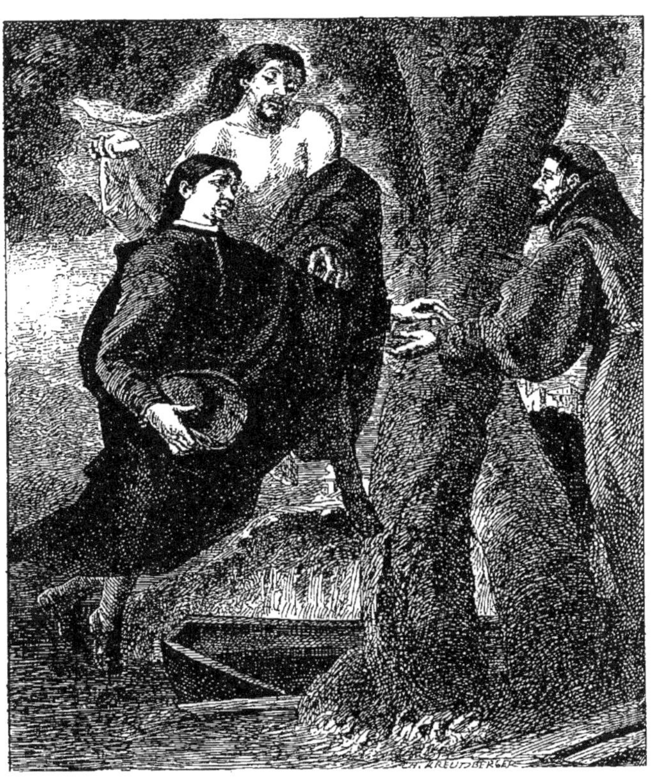

Fig. 84. — Cabezalero, *le Christ présentant un néophyte à saint François*.

(Académie de San Fernando.)

de San Fernando conserve un *sujet religieux*, Josef de
Ledesma (1630-1670), Luis de Sotomayor (1635-1673)
et enfin Mateo Cerezo (1635-1675), qui fut un colo-

riste brillant et délicat, tantôt s'inspirant de Van Dyck,
tantôt de Véronèse, mais un dessinateur quelque peu

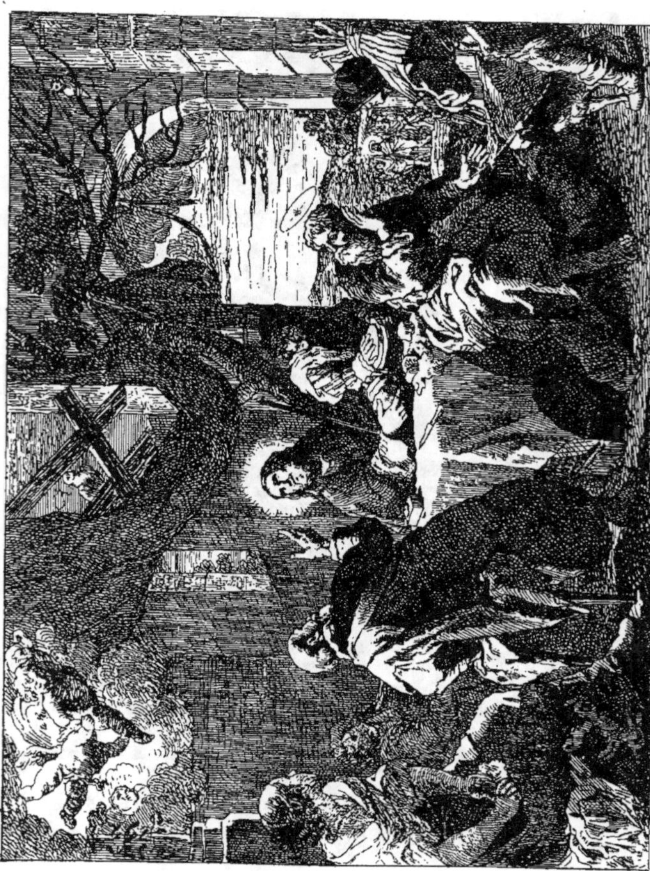

Fig. 85. — Mateo Cerezo, *les Pèlerins d'Emmaüs.*

maniéré, abusant du fracas des draperies flottantes et ne se
montrant pas toujours scrupuleux amant de la simplicité.

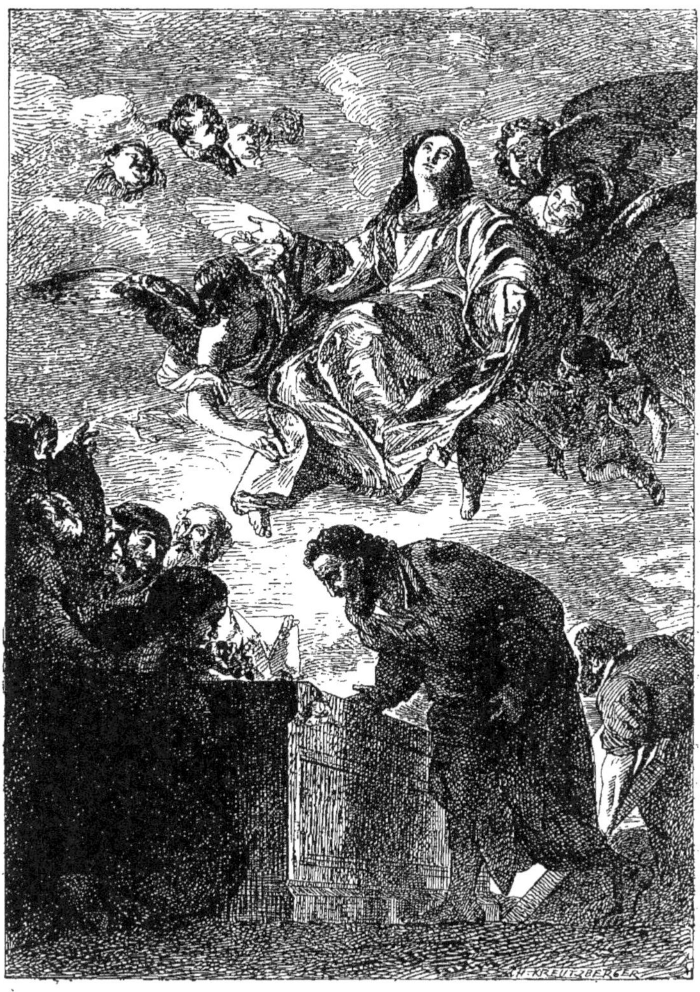

Fig. 86. — Mateo Cerezo, *Assomption de la Vierge.*

(Musée du Prado.)

Fray Juan Rizi (1595-1675) n'est pas non plus un élève de Velazquez, bien que de son plus bel ouvrage, *la Messe de saint Benoît*, que possède l'Académie de San Fernando, on puisse légitimement inférer qu'il en a profondément subi l'influence. Ce n'est pas seulement dans sa coloration, modulant sur des gris très fins, que l'on constate son affinité avec le maître, mais encore dans la vérité de son dessin, l'arrangement simple et naturel de sa composition, ainsi que dans la justesse de son éclairement.

Nous avons déjà parlé, à propos de la *Vue de Saragosse*, de Juan Bautista Martinez del Mazo (1615?-1667), qui fut le gendre de Velazquez et son élève préféré. Mazo succéda à son beau-père dans sa charge de *peintre de la Chambre* et c'est à ce titre qu'il exécuta, en imitant la manière du maître, les portraits, conservés au musée du Prado, de *Philippe IV*, vêtu de noir, portant au col la Toison d'or, et de sa veuve, *Marianne d'Autriche*, dans son intérieur, avec ses deux enfants et une *camarera*. Un autre portrait, celui de *Tiburcio de Redin*, qui fait aussi partie du même musée, présente plus d'intérêt que les précédents. Mazo y fait du moins preuve de quelque originalité dans sa facture ; sa coloration vise moins au pastiche et son dessin est plus ferme. On a aussi de lui quelques paysages ; ses *vues de l'Escurial* et du *Campillo* sont intéressantes ; mais, le plus souvent, ses paysages sont plutôt décoratifs que vrais et arrangés plutôt qu'observés. En général, et c'est une remarque à relever, l'École espagnole, quoique réaliste dans son principe, n'a que très rarement reproduit la nature telle qu'elle est.

JUAN DE PAREJA (1606-1670) était de condition ser-

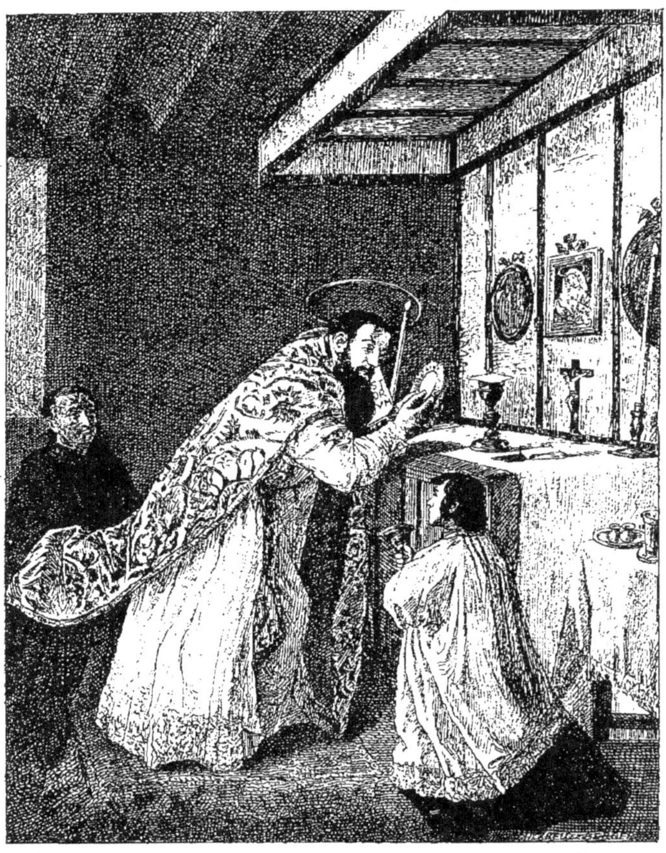

Fig. 87. — FRAY JUAN RIZI, *la Messe de saint Benoît.*

(Académie de San Fernando.)

vile. Velazquez, qui l'avait souvent pris pour modèle à ses débuts, l'amena avec lui de Séville à Madrid. Bien qu'à l'instigation de Philippe IV, son maître l'eût affranchi, Pareja n'en continua pas moins de rester fidèlement attaché au grand artiste, dont il broyait les couleurs et préparait les toiles. Un jour, il se révéla un peintre de talent. Un tableau, signé de lui, daté de 1661, et le seul authentique que l'on connaisse, est au musée du Prado. Il représente *la Vocation de saint Mathieu* et, loin qu'il rappelle Velazquez, montre que Pareja s'est plutôt inspiré des Vénitiens et du Génois Castiglione. Il est cependant admissible que, parmi les répétitions si nombreuses, dans les galeries publiques et privées de l'Europe, des portraits du roi, des reines, des infants, dont les originaux avaient été peints par Velazquez, la plupart durent certainement être exécutées soit par Mazo, soit par Pareja, qui étaient, au témoignage de contemporains, de très habiles copistes, soit encore par JUAN DE LA CORTE (1640-1680) ou NICOLAS DE VILLACIS, qui furent aussi des élèves et des imitateurs plus ou moins habiles de l'illustre maître, D'autres élèves, enfin, nous sont plutôt connus par des documents que par leurs ouvrages, comme FRANCISCO DE BURGOS MANTILLA, FRANCISCO PALACIOS (1640-1676), ANTONIO PUGA et TOMAS DE AGUIAR. Ces derniers, qui s'adonnèrent avec succès à la peinture des portraits, complètent la liste des disciples et des sectateurs de Velazquez.

Très estimé comme peintre, ALONSO CANO (1601-1667) est plus estimable encore comme sculpteur. Il était originaire de Grenade; son père, une sorte d'artiste en son genre (il construisait des retables, qui sont en Espagne de véritables monuments), pressentit les grandes

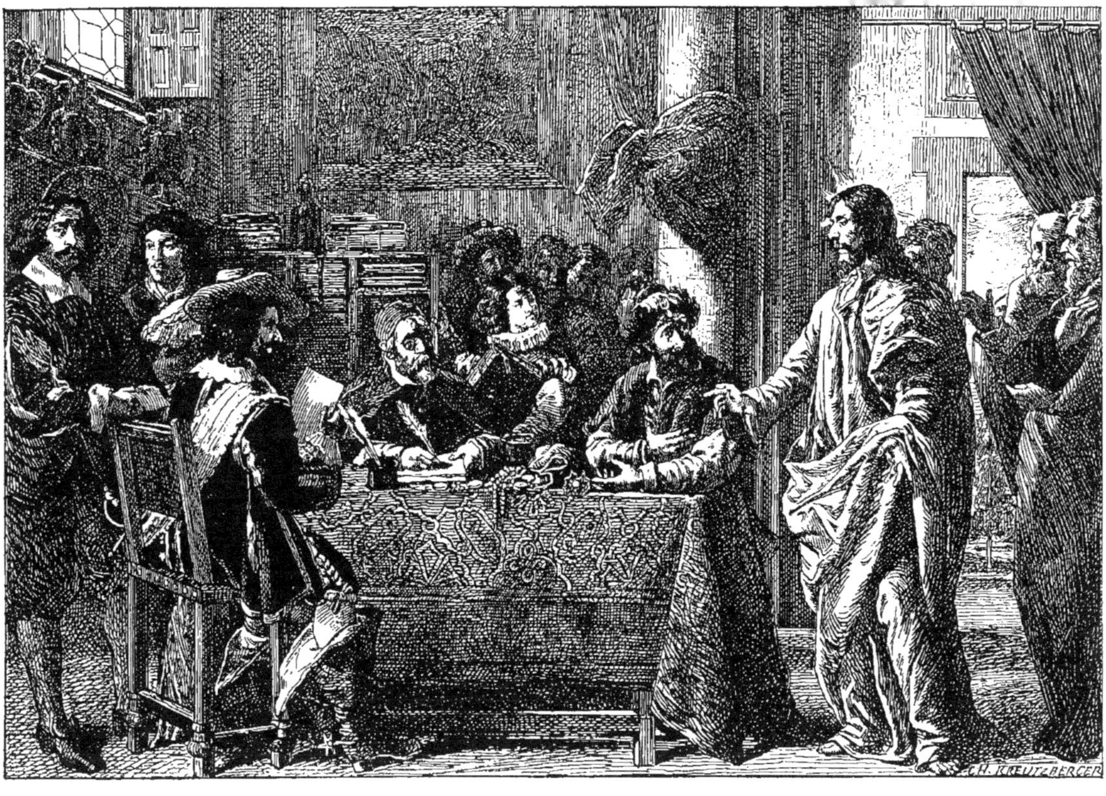

Fig. 88. — JUAN DE PAREJA, *la Vocation de saint Mathieu.* (Musée du Prado.)

dispositions de l'enfant. Il l'emmena à Séville et le confia au sculpteur Juan Martinez Montañes, l'auteur de
groupes importants et de nombreuses figures de vierges
et de saints, pour la plupart polychromes et d'un naturalisme extrêmement puissant, qu'on remarque dans la
cathédrale et quelques églises, à Séville, et en divers
musées de l'Andalousie. En même temps que la sculpture, Cano étudiait la peinture auprès de Juan del Castillo ; puis, il entra pour se perfectionner dans l'atelier
de Pacheco, où il eut Velazquez pour condisciple. Pour
ses débuts, il eut à construire et à décorer de sculptures
deux retables, au collège de Saint-Albert et au couvent
de Sainte-Paule, à Séville. Peu après, l'église paroissiale
de Lebrija lui commanda un retable, dont les peintures
sont du Flamand Pablo Legote, et pour lequel Cano
fit une statue de la Vierge avec l'Enfant, d'un sentiment exquis, ainsi que deux grandes figures d'apôtres. Le
jeune artiste montra dans ces premiers ouvrages combien il avait su mettre à profit les magistrales leçons de
Montañes, en même temps qu'il faisait entrevoir, dans
sa façon de comprendre la forme, un sens très fin de la
beauté classique, dont il était certainement redevable
aux études d'après des statues et des bas-reliefs antiques
qu'il avait faites à Séville, au palais des ducs d'Alcala.
Naturaliste délicat et châtié dans sa statuaire, empreinte
d'un sentiment religieux très élevé, toujours élégant
et gracieux dans ses représentations de la Vierge et des
saintes, mais plus viril d'expression dans ses Christs
et surtout dans ses figures d'ascètes et de saints, Cano,
dans sa peinture, est fertile en morceaux distingués, d'un
dessin correct et très étudié, mais moins saisissant d'ex-

pression et de vigueur qu'en ses beaux bas-reliefs. Son
coloris, mélange heureux des palettes vénitienne et

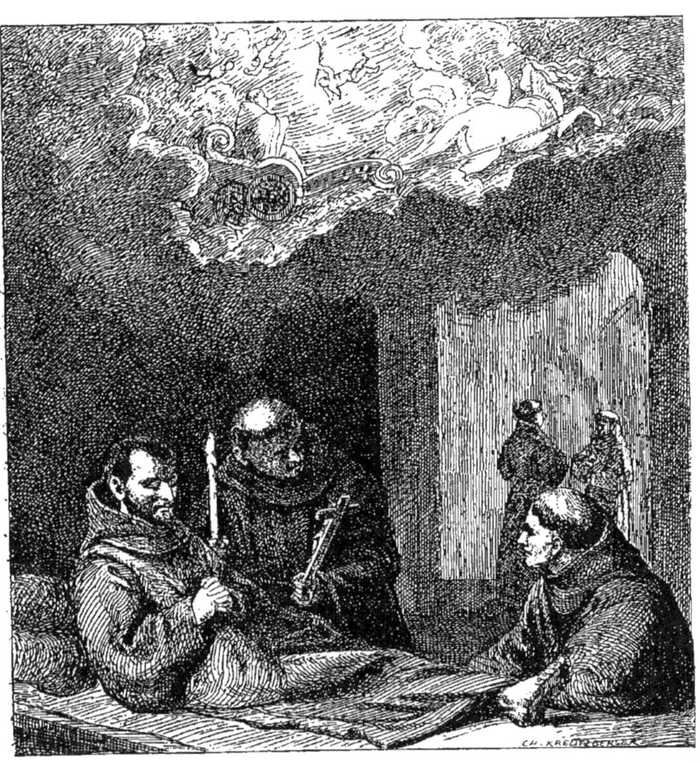

Fig. 89. — ALONSO CANO, *Mort d'un franciscain.*

(Académie de San Fernando.)

flamande, manque parfois, dans son harmonie un peu
monotone, de puissance et d'accent. Ses compositions
sont simples, pondérées, quelquefois d'une invention

qui frappe, éloquentes le plus souvent, mais dans une note trop faiblement émue et un peu débile.

On est surpris, en étudiant les peintures de Cano, du contraste qu'elles présentent avec les productions si réalistes de ses contemporains, dont il se sépare par son style où quelques formules italiennes reparaissent, et l'on n'est pas moins frappé quand, en constatant leur sage équilibre, leur correction si mesurée, on apprend par ses biographes combien l'homme en lui était d'un caractère âpre, passionné, même violent.

Venu à Madrid, en 1637, à la suite d'une querelle avec le peintre Llano y Valdès et où celui-ci avait été assez grièvement blessé, Cano trouva en Velazquez un chaud protecteur. Il lui obtint des travaux au palais et le fit nommer peintre du roi. Bientôt même Philippe IV le choisissait pour enseigner le dessin à l'héritier du trône, l'infant Baltazar Carlos, que le professeur ne laissait pas, paraît-il, de traiter assez sévèrement. Pendant la période de son séjour à Madrid, qui s'étend de 1637 à 1659, Cano produisit, en sculpture et en peinture, de très nombreux ouvrages ; il s'acquitta d'importantes commandes destinées à la cathédrale et aux couvents de Tolède, d'Avila, d'Alcala, de Valence, et dès lors son nom prenait place parmi ceux des maîtres contemporains les plus réputés dans l'une et l'autre branche de l'art.

Une légende, sans valeur puisqu'elle est sans preuves, prétend expliquer la présence de l'artiste, en 1645, au monastère de Porta Cœli, près de Valence, où il alla peindre de grandes compositions, par la nécessité de se dérober aux recherches de la justice,

soupçonné qu'il était du meurtre de sa femme. Cette
prétendue accusation, racontée tout au long par Palomino dans sa biographie de l'artiste, n'a pas trouvé créance auprès de l'exact et érudit Cean Bermudez, qui, dans son *Diccionario,* la déclare, à la suite de ses recherches dans les archives judiciaires, inventée de toutes pièces.

La vacance d'une prébende s'étant produite à la cathédrale de Grenade, Cano en sollicita l'obtention ; le chapitre consentit et le roi approuva. Une condition était cependant imposée à l'artiste : il devait, dans un délai déterminé, se faire ordonner *in sacris.* Le nouveau *racionero* prit possession de sa prébende, travailla à enrichir la cathédrale de statues, de bas-reliefs et de tableaux qui, aujourd'hui, comptent à juste titre parmi les plus beaux ouvrages qui la décorent ; mais il ne s'empressa point de remplir la condition exigée. De là de nombreux et irritants démêlés entre lui et le chapitre qui, finale-

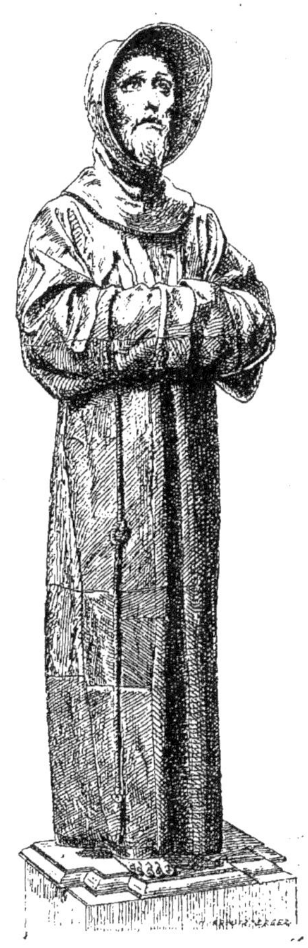

Fig. 90. — ALONSO CANO,
Saint François d'Assise.

(Statuette appartenant au trésor
de la cathédrale de Tolède.)

ment, lui retira sa prébende. Heureusement, l'artiste avait pour protecteur et pour admirateur de son talent l'évêque de Salamanque, qui n'hésita pas à lui conférer les ordres mineurs. Rentré en possession de son bénéfice, il en jouit en toute tranquillité jusqu'à sa mort.

Les peintures d'Alonso Cano sont assez peu répandues à l'étranger. Munich et surtout le musée de l'Hermitage en possèdent cependant de fort belles; la galerie espagnole, formée par le roi Louis-Philippe, en renfermait deux particulièrement remarquables : *l'Ane de Balaam* et *la Vierge et l'Enfant*. Elles sont restées en Angleterre à la suite de la vente de cette galerie. Aujourd'hui, le Louvre n'a rien de lui. En dehors de celles de ses compositions qui ornent encore les églises pour lesquelles l'artiste les avait exécutées, on retrouve dans les divers musées d'Espagne quelques importants ouvrages. Le musée du Prado en catalogue neuf, parmi lesquels on note comme les plus caractéristiques de sa manière : *le Christ à la colonne, Saint Benoît, Saint Jean écrivant l'Apocalypse, la Vierge adorant son divin fils*, et *le Christ mort soutenu par un ange*. Cette dernière peinture présente une superbe étude de nu, où le maître fait preuve dans le dessin et le modelé du corps du Christ, présenté en raccourci, de ses solides connaissances anatomiques.

En artiste consciencieux, il ne sculptait ou ne peignait rien qu'il n'eût longuement étudié et cherché son motif ou sa figure, le crayon ou la plume à la main. Ses dessins, premiers jets de sa pensée ou compositions arrêtées, offrent un grand intérêt; la plupart sont à la plume et spirituellement touchés de bistre.

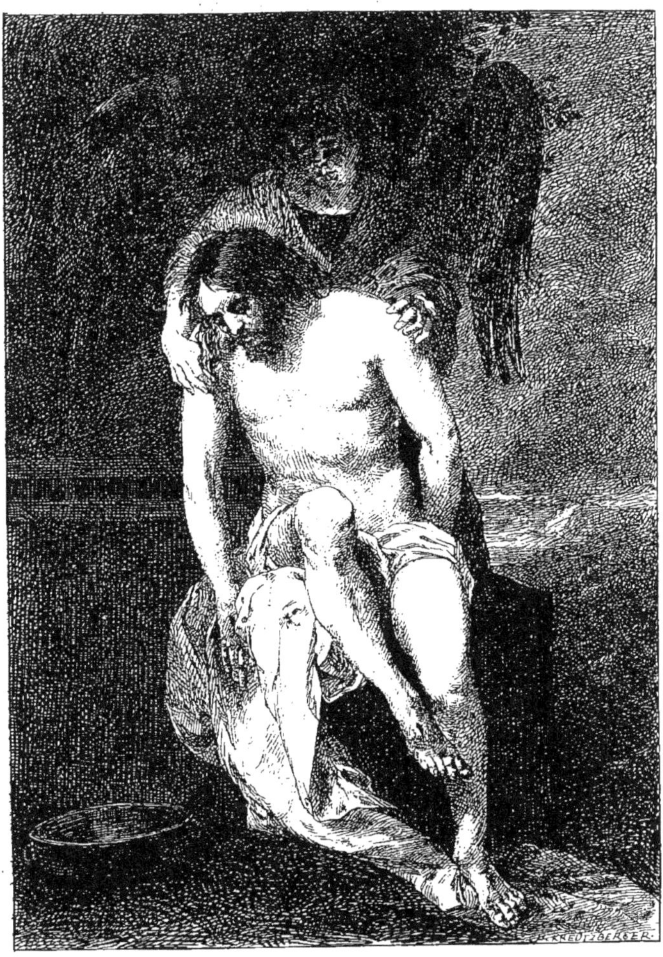

Fig. 91. — Alonso Cano, *le Christ mort soutenu par un ange.*

(Musée du Prado.)

Cano s'occupa également d'architecture; il traçait lui-même les plans des retables qu'il exécutait et on lui attribue, à Grenade, la direction de divers travaux d'art assez importants.

Son enseignement, qui fut fréquenté par de nombreux élèves, sculpteurs et peintres, eut pour résultat de créer, à Grenade, un centre d'art qui eut, pendant un demi-siècle, une certaine activité. En sculpture, ses meilleurs élèves ont été PEDRO DE MENA et JOSEF DE MORA et, en peinture, ALONSO DE MESA (1628-1668), MIGUEL GERONIMO CIEZA (1598?-1677), SEBASTIAN DE HERRERA BARNUEVO (1619-1671), PEDRO ATANASIO BOCANEGRA (1635?-1688), qui obtint le titre de peintre du roi en 1676, AMBROSIO MARTINEZ (-?-1674), SEBASTIAN GOMEZ et JUAN NINO DE GUEVARA (1632-1698), dont la cathédrale de Malaga possède quelques tableaux.

Un autre initiateur de ce groupe d'artistes grenadins, auquel les historiens espagnols attribuent improprement l'importance d'une *école,* fut PEDRO DE MOYA (1610-1666), qui avait été le condisciple d'Alonso Cano à l'atelier de Juan del Castillo. Caractère aventureux et sentant s'éveiller en lui la passion des voyages, Moya n'avait pas hésité, pour la satisfaire, à prendre le mousquet et à s'engager dans une compagnie envoyée en Flandre. L'art l'y ressaisit tout de suite. Ébloui par les chefs-d'œuvre de l'école flamande, il reprit ses pinceaux. Ni les fatigues, ni les exercices, ni les devoirs absorbants de son métier de soldat ne l'empêchèrent de dessiner et de copier les ouvrages qui faisaient son admiration. Devenu libre enfin, il partit pour l'Angleterre où se trouvait alors Van Dyck et lui demanda d'être reçu parmi ses élèves. Le grand artiste accueillit Moya avec bonté et, après avoir reconnu ses aptitudes, l'admit dans son intimité. Les progrès du jeune Espagnol furent rapides; malheureusement la mort du maître vint trop vite les interrompre. Moya retourna à Séville, où il communiqua à son camarade Murillo les études et les copies qu'il avait faites sous la direction de Van Dyck. Elles furent pour Murillo une soudaine révélation et, sans retard, il voulut lui-même partir pour ces pays du Nord dont l'art répondait si bien à ses préférences, à ses instincts personnels. Nous dirons plus loin ce qu'il advint de ce projet de Murillo. Quant à Moya, après un court séjour à Séville, il alla habiter Grenade où son existence se partagea entre son enseignement et l'exécution de nombreuses peintures qui lui étaient commandées par le chapitre de la cathédrale de Grenade et divers établissements religieux. Une grande composition, représentant une *Apparition de la Vierge à un saint évêque,* à la cathédrale, et une suite de six tableaux, dont les sujets sont empruntés à l'*Histoire de Joseph,* et qui font partie du musée du Prado, constituent le meilleur de l'œuvre, d'ailleurs assez inégale, de cet artiste. Quelques-uns de ses élèves, comme Bocanegra et Niño de Guevara, reçurent également les leçons d'Alonso Cano. D'autres procèdent exclusivement de lui, et le plus connu d'entre ces derniers est JUAN DE SÉVILLA ROMERO Y ESCALANTE (1627-1695), dont plusieurs peintures, d'un coloris évidemment inspiré d'œuvres flamandes, se trouvent à la cathédrale de Grenade et en différentes églises. Le musée provincial a recueilli une toile importante de lui, primitivement exécutée

pour un couvent aujourd'hui supprimé, et qui représente *saint Augustin, avec la Vierge et l'Enfant.* On
voit clairement dans le choix, la conception plutôt
dévote que religieuse et l'arrangement de son sujet,
qu'une notable décadence n'avait pas tardé à se produire à Grenade, après la mort d'Alonso Cano.

CHAPITRE VIII

LA PEINTURE ESPAGNOLE AU XVIIe SIÈCLE.

§ 2. — LES GRANDS ARTISTES :
MURILLO, HERRERA LE JEUNE, VALDÈS LEAL,
GERONIMO DE ESPINOSA, CLAUDIO COELLO.

BARTOLOME ESTEBAN MURILLO (1618-1682) était né à Séville d'une famille d'artisans. A l'âge de dix ans, il était orphelin et placé sous la tutelle du mari de sa tante, Antonio Lagarès, chirurgien de son office. Il ne paraît pas que ce tuteur ait entravé en rien la vocation déterminée de son pupille; car, si l'on en croit ses biographes, elle se trahissait déjà par toute sorte de dessins et de croquis. Juan del Castillo le reçut comme élève et Murillo apprit de lui les premiers rudiments de l'art. Ce peintre, qui fut aussi l'initiateur d'Alonso Cano et de Pedro de Moya, entraînait ses élèves vers l'étude du réel et du vrai. Il dessinait lui-même avec correction et sa peinture, sans être magistrale, ne manquait pas d'une certaine grâce et de quelque fraîcheur. Castillo ayant quitté Séville pour aller vivre à Cadix, Murillo resta sans maître et presque sans ressources. Pour subvenir à ses besoins, il peignit alors hâtivement des tableaux de piété, des saints, des vierges, qu'il vendait à la *feria,* sorte de marché en plein air où venaient s'approvisionner les trafiquants avec l'Amérique, les dévotes en quête de l'image de leur sainte patronne et les *pacotilleurs*. C'était se livrer à une dangereuse besogne que d'improviser ainsi et Murillo, avec ses aptitudes et sa facilité d'exécution, eût rapidement perdu tout talent, lorsque le retour à Séville de son camarade, Pedro de Moya, revenant de Flandre et d'Angleterre où il avait été quelque temps sous la direction de Van Dyck, vint heureusement lui inspirer une résolution salutaire. Moya lui avait communiqué ses études et ses copies d'après Van Dyck et Rubens; Murillo n'hésite plus, il veut, à son tour, aller étudier chez eux ces maîtres qu'il admire. Mais sa pauvreté lui est un sérieux obstacle. Sans hésiter, il peint alors sujet sur sujet, cède, vaille que vaille, ébauches et compositions, et avec la faible somme qu'il en retire, part pour Madrid. Là devait se borner son voyage. Velazquez accueillit avec bienveillance son jeune compatriote; il lui offrit sa maison, lui donna des conseils et le mit à même d'étudier les magnifiques ouvrages que renfermaient l'Alcazar, le Buen-Retiro et l'Escurial.

Tour à tour, il copia Titien, Véronèse, Rubens et surtout Van Dyck et Velazquez. C'est de telles études si suggestives que se dégagera lentement son propre talent. Avant son voyage à Madrid, l'élève de Castillo ne possède véritablement aucun caractère personnel; désormais, et l'on suit aisément cette transformation pendant une période de tâtonnements qui dure près de dix ans, il s'émancipera peu à peu des admirations qui l'ont conquis pour se produire, enfin, dans sa séduisante et incontestable individualité.

En 1645, Murillo revint à Séville. Un travail impor-

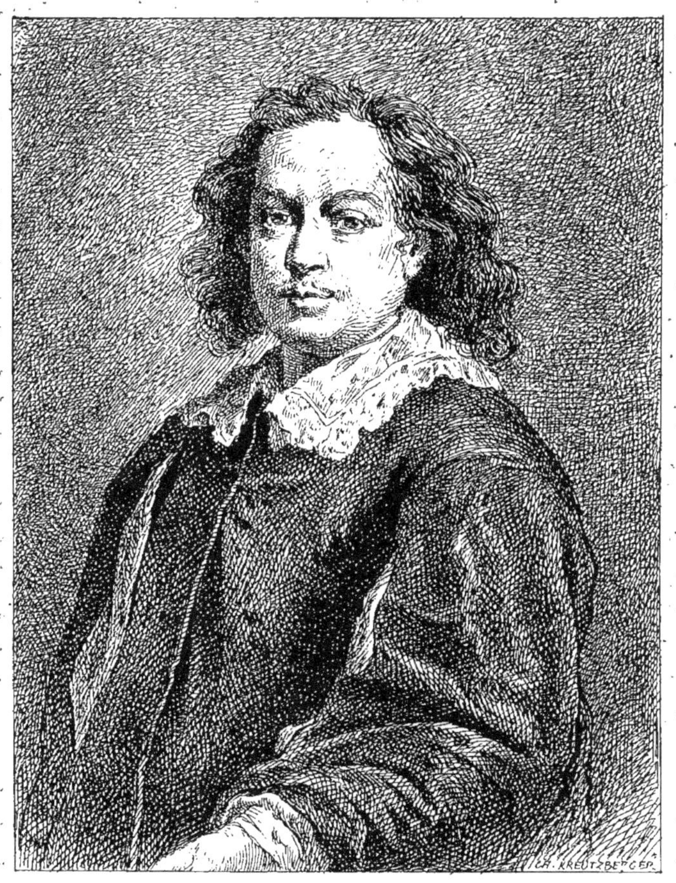

Fig. 92. — Murillo, *Portrait de Murillo.*
(D'après la gravure de Richard Collin.)

tant, une suite de onze tableaux pour leur petit cloître,
que lui demandèrent les Franciscains, marqué tout

d'abord son retour dans sa ville natale. Trois morceaux de cette suite, aujourd'hui dispersée, sont plus particulièrement connus : la *Cuisine des anges*, de notre musée du Louvre, la *Mort de sainte Claire,* qui a passé par les galeries Aguado et Salamanca, et *San Diego de Alcala avec les pauvres,* que conserve l'Académie de San Fernando. Chacun des maîtres que Murillo a admirés pourrait à bon droit revendiquer dans ces peintures une part d'influence et de paternité. Ici, l'artiste hésite et se cherche encore au milieu de souvenirs trop vivaces. A la grâce de Van Dyck, il mêle les violences de Ribera ; à l'éclat du coloris de Rubens, les gris fins et discrets de Velazquez. C'est une fusion de styles et de méthodes, mais ce n'est pas encore son style, sa manière propre.

L'année 1648 est le point de départ d'une profonde évolution et de progrès décisifs dans le talent, déjà en grande réputation, de Murillo. Il exécute pour le grand cloître des Franciscains une *Conception, avec un religieux écrivant sur ce mystère,* et pour le compte d'un chanoine, les deux figures de *Saint Isidore* et de *Saint Léandre,* représentés plus grands que nature, vêtus de leurs costumes pontificaux, qui sont placés dans la sacristie de la cathédrale, à Séville. Il y fait preuve d'un dessin vigoureux, précis, et sa coloration, mélange des palettes vénitienne et flamande, possède déjà cette fraîcheur, cette résonance et cette harmonie qui, chez lui, demeureront autant de qualités typiques.

C'est de l'année suivante que date le fameux *Saint Antoine de Padoue,* de la chapelle du Baptistère, dans la cathédrale de Séville. Cette admirable toile, d'un sentiment religieux si pénétrant, nous révèle un des

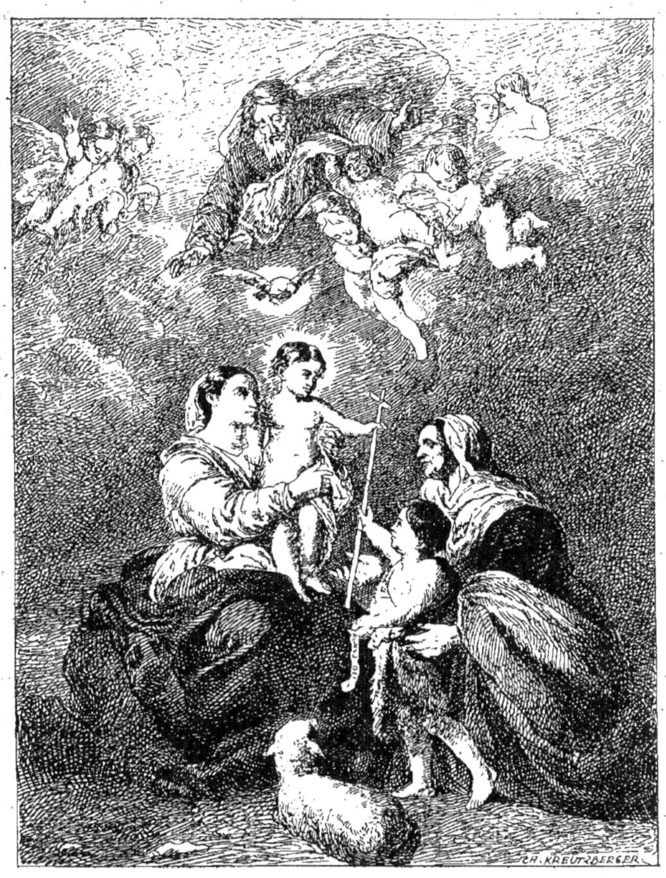

Fig. 93. — MURILLO, *Sainte Famille.*

(Musée du Louvre.)

caractères, et celui-là le plus personnel, du génie de l'artiste. C'est, chez lui, la rare faculté d'allier étroitement

le surnaturel, le rêve et la vision céleste, aux personnages, aux actions, aux familiarités mêmes de la vie réelle, et cela avec un charme, une spontanéité, une candeur et un sentiment de mysticité attendrie qui n'ont été dépassés dans aucune autre école. Évidemment, Murillo est animé de la même foi fervente et naïvement convaincue qui a inspiré les primitifs; mais il est aussi de son temps, d'un temps où l'Espagne a accueilli avec un enthousiasme passionné l'édit de Philippe IV, plaçant son royaume sous la protection de la Vierge, de la Conception immaculée, et accepté que sainte Thérèse de Jésus partageât avec saint Jacques de Compostelle — *Santiago Matamoros!* — l'honneur de son patronage. L'heure est venue des commodes pratiques dévotes, des pénitences aimables et des expiations faciles. A Séville, d'ailleurs, on est avide, comme d'un spectacle, des pompes mondaines d'un culte riant; on veut les autels décorés avec magnificence, les statues de la Vierge parées de bijoux et d'étoffes somptueuses, et Murillo est Andalous. Il traduira donc avec infiniment de bonheur les langoureuses extases, les visions paradisiaques, les martyres qui ressemblent à des triomphes, à des apothéoses; il sera enfin, et en toute excellence, le peintre de l'Enfant divin et des Immaculées Conceptions.

Quelques auteurs, en quête d'une classification des peintures de l'artiste, ont imaginé de les diviser en différents styles ou manières, qu'ils ont appelés : le style *froid*, *tempéré*, *chaud* ou *vaporeux*. Ces désignations sont arbitraires. Une fois franchie la première période d'assimilation et de tâtonnements, Murillo n'a qu'un

style. S'il varie son mode d'exécution, si sa facture est
plus ferme, plus serrée dans certains ouvrages, plus

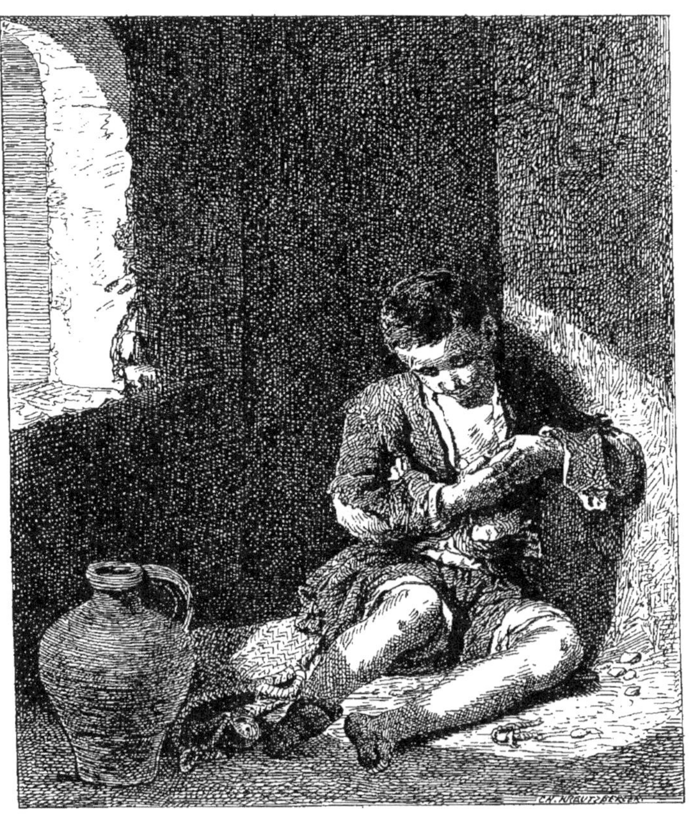

Fig. 94. — MURILLO, *Jeune mendiant.*
(Musée du Louvre.)

fondue, plus indécise dans certains autres, c'est simplement qu'il a obéi, en prenant tel ou tel parti, à ce qui

lui a paru convenir le mieux à la nature de son sujet.
Ces différences de méthodes, comme on l'a écrit à tort,

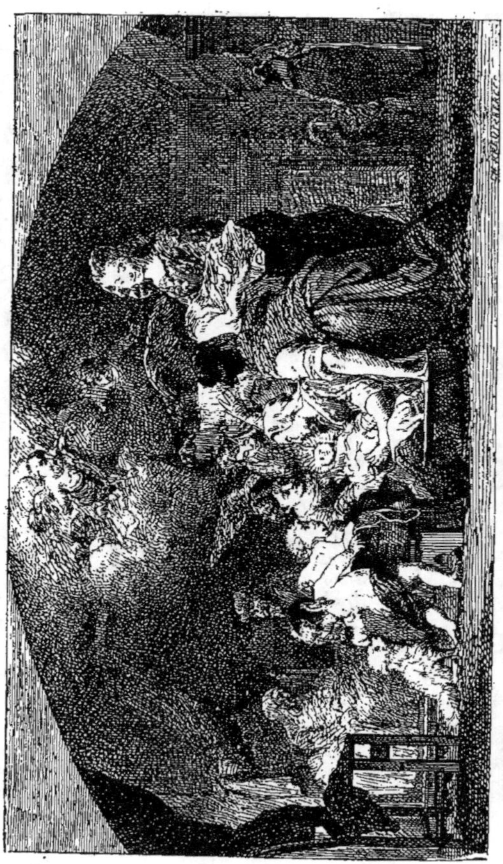

Fig. 95. — Murillo, la Naissance de la Vierge.
(Musée du Louvre.)

ne sont pas davantage successives, puisqu'on les constate en un même ensemble d'ouvrages, exécuté en
un même temps.

Ainsi qu'il en est arrivé aux peintres qui, de leur vivant, ont joui d'une grande vogue et ont beaucoup produit, l'œuvre de Murillo, considéré en son entier, est très inégal. A côté d'ouvrages où il s'est élevé à une grande hauteur, et dont l'exécution répond pleinement par sa beauté à la grandeur idéale du thème, il en est d'autres où sa manière trop efféminée dégénère en mollesse et en débilité.

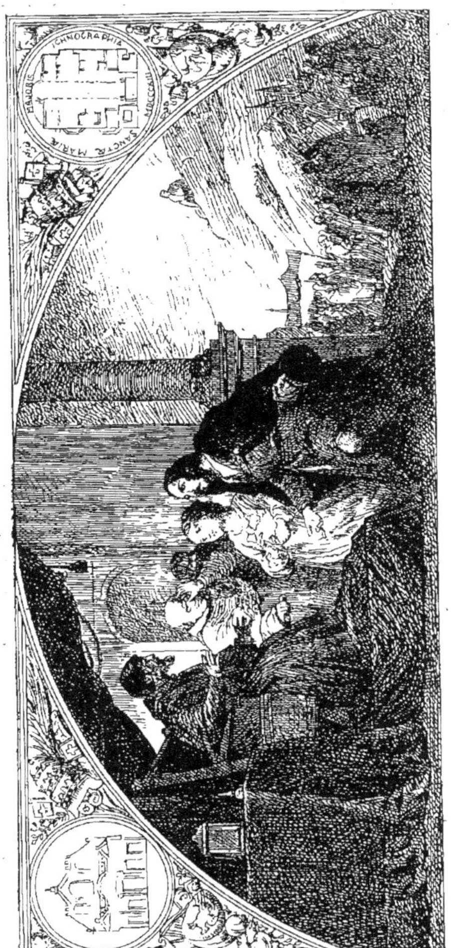

Le plus souvent, Murillo a fait usage de sa facture appuyée et solide dans

Fig. 96. — MURILLO, le Songe du patricien. (Académie de San Fernando.)

les sujets familiers et réalistes, comme le *Jeune mendiant,* du musée du Louvre, la *Galicienne à la monnaie,* la *Vieille femme filant,* du musée du Prado, et, en général, dans les tableaux représentant de jeunes mendiants, de joyeux *muchachos,* à la mine riante et futée, que l'on trouve à Munich, à l'Hermitage, au Dulwich-College, et dont les rues de Séville lui fournissaient les modèles. Il emploie encore cette même exécution attentive et serrée dans ses sujets intimes, tels que la *Sainte Famille à l'oiseau,* l'*Adoration des bergers,* l'*Enfant prodigue,* du musée du Prado, la *Nativité de la Vierge,* du Louvre, et dans ces deux superbes toiles, faisant partie de la collection de l'Académie de San Fernando, qui ont pour titre : *le Songe du patricien* et *la Révélation du songe du patricien* et que Murillo exécuta, en 1665, pour l'église de Santa-Maria-la-Blanca, à Séville. A ces œuvres parfaites, il convient d'ajouter la *Vision de saint Bernard,* *Saint Ildefonse recevant des mains de la Vierge la chasuble miraculeuse,* du musée de Madrid, et surtout *Saint Thomas de Villeneuve distribuant ses aumônes,* du musée de Séville, composition que l'artiste a traitée de son plus grand style, avec son plus beau faire, et qu'il regardait comme son meilleur ouvrage.

Pendant les années qui courent de 1658 à 1670, Murillo accomplit deux ensembles décoratifs d'une grande importance, et les ouvrages qui les composent eurent ce rare privilège de n'être marqués ni d'une trace de sénilité, ni d'une seule défaillance.

Une petite chapelle, placée sous l'invocation de saint Georges, servait de lieu de réunion à l'une des plus humbles confréries de Séville : *la Hermandad de la Caridad.*

Ses membres s'étaient donné pour mission de remplir certaines œuvres de charité; ils procuraient une sépulture au corps des noyés, que le Guadalquivir rejetait sur ses rives, et enterraient les suppliciés. Murillo désira en faire partie et sa demande fut agréée. Le frère-président était alors don Miguel de Mañara Vicentello de Leca, chevalier de Calatrava, dont la jeunesse, toute vouée

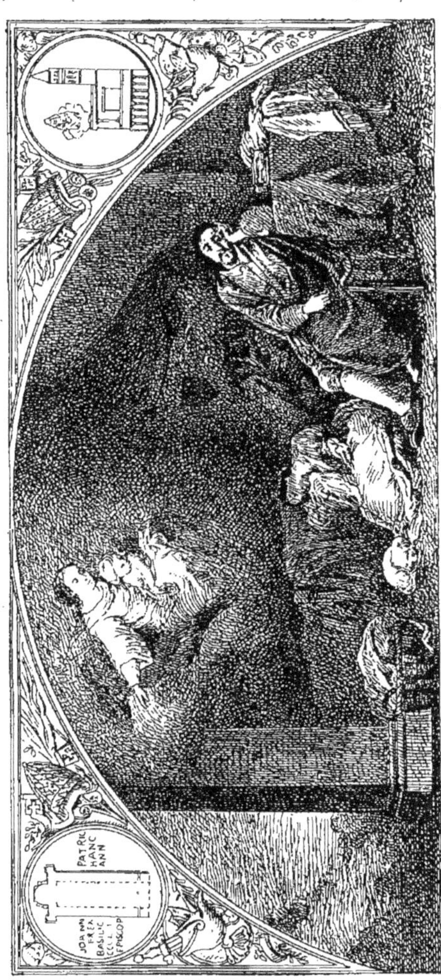

Fig. 97. — MURILLO, la *Révélation du songe du patricien.* (Académie de San Fernando.)

aux plaisirs, avait été remplie d'aventures scanda-
leuses, de meurtres et d'orgies. Don Miguel de Má-
ñara, par la grâce des poètes et des dramaturges, est
devenu don Juan de Marana, le second don Juan
dans l'ordre chronologique, puisque Séville avait déjà,
dans sa légende, don Juan Tenorio, le héros du drame
el Burlador de Sevilla, de Tirso de Molina. A la suite
d'apparitions menaçantes, d'avertissements d'en haut,
don Miguel se repentit de ses fautes et employa le restant de sa vie à la fondation d'œuvres pieuses. Par ses
soins, un hôpital s'éleva à côté de la chapelle de
Saint-Georges, rebâtie elle-même sur un plus vaste
plan. C'est cette chapelle, dite de la *Caridad*, que
Murillo a décorée d'ouvrages du plus grand intérêt et
qui font époque dans sa brillante carrière. Deux compositions, les plus vastes qu'il ait entreprises : le
Frappement du rocher et le *Miracle de la multiplica-
tion des pains et des poissons*, mesurant plus de huit
mètres en largeur, se font pendant de chaque côté de
la chapelle. La mieux connue est le *Frappement du
rocher*, que la belle estampe, gravée en 1839 par Rafaël
Esteve, a popularisée. Moïse est au désert, guidant son
peuple mourant de soif, il a frappé le rocher d'Horeb
et, sous le coup de la verge miraculeuse, l'eau a jailli;
il joint les mains et remercie Dieu. A sa gauche se tient
son frère Aaron. Autour d'eux, la foule se précipite
pour boire l'eau jaillissante. Les hommes, les femmes
remplissent des vases, des bassins; une mère désaltère
ses enfants; une autre, sourde aux cris du sien, boit
avec avidité. Des épisodes, des contrastes d'attitude se
produisent entre tous ces groupes pittoresques et mou-

vementés. Au premier plan, un enfant, assis entre
d'énormes jarres sur un cheval, montre, d'un air
joyeux, le rocher entr'ouvert. L'ordonnance de cette
composition est simple et claire; chaque partie est
d'une invention heureuse, chaque épisode attachant,
chaque type bien caractérisé. La coloration, dont tous
les tons concourent à former une vive et chantante
harmonie, est pleine d'éclat et de fraîcheur. L'exécution est délibérée, franche, tout à fait magistrale.

En regard de cette toile, le *Miracle de la multipli-
cation des pains* présente une composition tout aussi
fourmillante d'actions et de personnages. A gauche,
Jésus, entouré de ses disciples, tient les cinq pains sur
ses genoux et bénit les poissons qu'un enfant lui présente. A droite, formant un groupe épisodique, des
femmes regardent attentives. Un paysage aérien, lumineux, où s'agite l'immense foule accourue pour écouter
la divine parole, se déroule à l'infini.

Ces deux ouvrages, avec un tableau d'autel représentant *Saint Jean de Dieu portant un pauvre*, un
Enfant Jésus et un *Saint Jean-Baptiste,* sont tout ce
qui subsiste aujourd'hui de l'ensemble de huit grandes
peintures, et de deux moindres en dimensions, que
Murillo avait exécutées à la *Caridad.* Celles qui ont
disparu, enlevées lors de l'occupation de Séville pendant la guerre de l'Indépendance, comprenaient : le
*Christ guérissant le paralytique, Abraham adorant les
trois anges, Saint Pierre délivré de la prison* et le
Retour de l'Enfant prodigue. Une cinquième, un pur
chef-d'œuvre : *Sainte Élisabeth de Hongrie guérissant
les teigneux,* restituée à l'Espagne en 1815, est actuel-

lement conservée à l'Académie de San Fernando.

L'autre ensemble, entrepris ensuite par Murillo, fut la décoration de l'église du couvent des Capucins, hors les murs de Séville. Il était formé de vingt toiles où les personnages étaient figurés de grandeur naturelle. Dix composaient le maître-autel, les dix autres étaient distribuées dans le reste de l'église. Actuellement, l'une, le *Jubilé de la Porciuncula*, appartient au musée du Prado, les autres sont au musée provincial de Séville. Nous avons déjà parlé de l'admirable *Saint Thomas de Villeneuve distribuant des aumônes*, qui faisait partie de cet ensemble; mais nous devons mentionner également, avec une très belle *Conception*, avec un *Saint Antoine de Padoue* et un *Saint Félix de Cantalicie*, débordant d'amour divin, un ouvrage capital, *le Christ se détachant de la croix et embrassant saint François d'Assise*, page sublime, dont l'exécution est à la hauteur de l'inspiration, et qui dépasse par l'intensité du sentiment religieux ce que nous avons rencontré jusqu'ici de plus expressif et de plus profondément mystique dans l'œuvre du maître.

Quand il eut terminé cette importante décoration, Murillo partit pour Cadix. Il avait accepté la commande d'un grand tableau d'autel, *le Mariage mystique de sainte Catherine*, qu'il devait peindre, ainsi que divers autres sujets, dans l'église des Capucins. Il avait déjà commencé d'ébaucher le beau groupe de la sainte recevant l'anneau des fiançailles des mains de l'enfant Dieu, quand une chute qu'il fit de son échafaudage vint le forcer à laisser son ouvrage inachevé. Ce fut Menesès Osorio, son élève préféré, qui termina la *Sainte Catherine*.

Le grand artiste, se jugeant mortellement atteint,

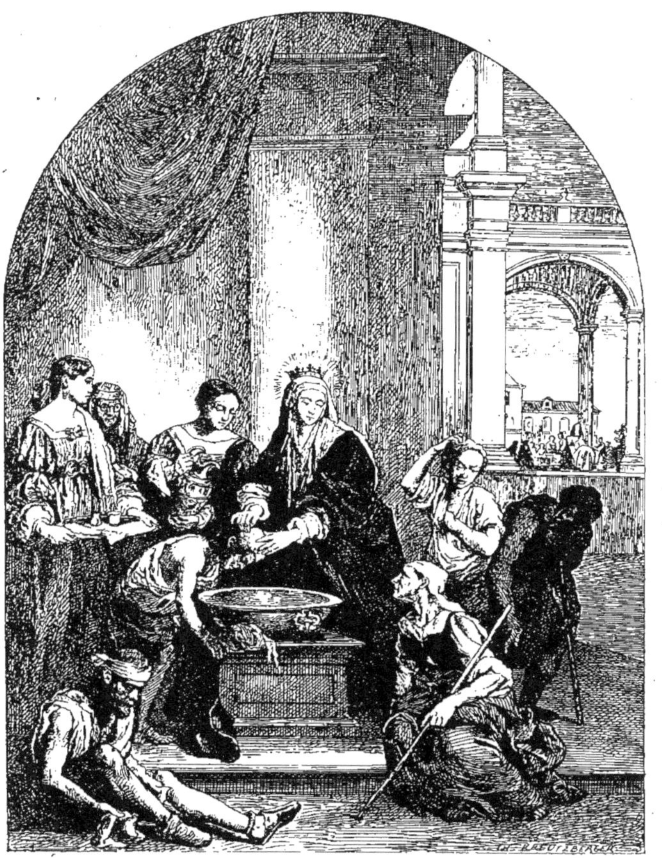

Fig. 98. — MURILLO, *Sainte Élisabeth de Hongrie guérissant les teigneux.*
(Académie de San Francisco.)

revint à Séville; mais sa vie ne fut plus que langueurs
et souffrances. Il habitait alors sur la paroisse de Santa

Cruz, et, chaque jour, il allait dans cette église méditer quelques heures devant le fameux tableau de Pedro Campana, *la Descente de croix,* pour lequel il avait une sorte de culte.

Le 3 avril 1682, se sentant pris d'une faiblesse extrême, il dicta ses dernières volontés. Son testament, dont la rédaction fut brusquement interrompue par la mort, nous a été conservé, et rien n'exprime mieux que ce document l'admirable simplicité de cœur de l'homme profondément honnête et pieux que fut Murillo [1].

Après avoir étudié l'artiste dans les manifestations élevées où s'est le plus habituellement complu son génie, il nous reste à le suivre dans les domaines moins ambitieux où le talent et l'habileté de main suffisent à produire des œuvres de mérite. Comme portraitiste, Murillo a laissé, d'après lui-même, d'admirables et vivantes effigies, notamment celles qui sont aujourd'hui dans les collections Spener et Wellington, en Angleterre, et du baron Seillière, à Paris. Deux très beaux ouvrages : les portraits de *D. Justino Neve* et de *D. Andrès de Andrada,* sont également dans des galeries anglaises ; le musée du Prado ne possède de lui que le portrait plein de vie et d'esprit du *P. Cabanillas.* Accoutumé de bonne heure à beaucoup peindre d'après les objets inanimés, il avait promptement acquis dans le rendu des fleurs, des animaux, des paysages, une virtuosité d'exécution véritablement prestigieuse.

En ce dernier genre, que Murillo n'a guère traité que comme l'ont fait les Bolonais, c'est-à-dire dans

1. P. Lefort, *Murillo et ses élèves,* suivi du catalogue raisonné de ses principaux ouvrages. — Paris, 1892.

une manière décorative, accessoire et cherchant l'effet,

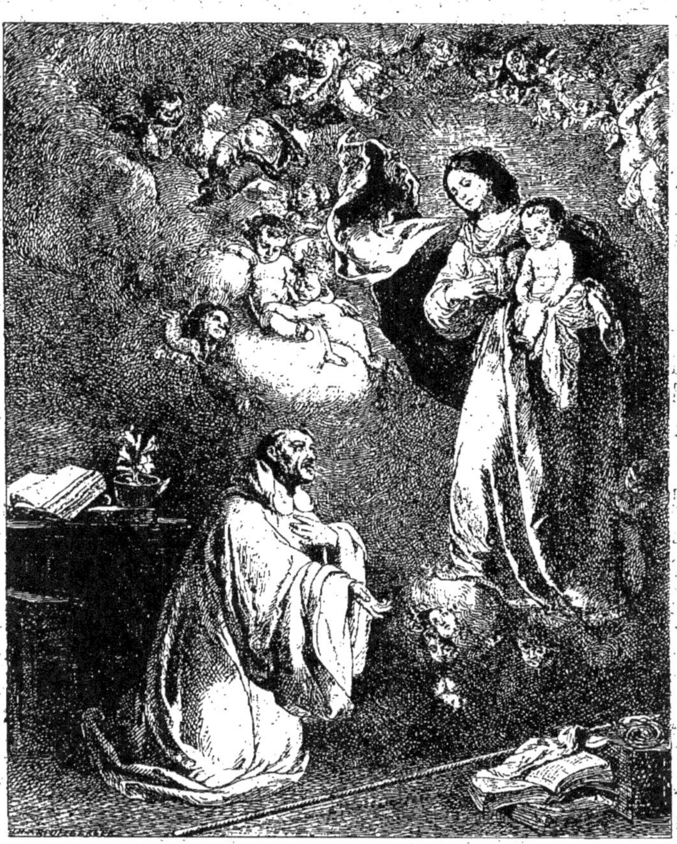

Fig. 99. — MURILLO, *Apparition de la Vierge à saint Bernard.*

(Musée du Prado.)

subordonnée au sujet, il avait eu pour initiateur
IGNACIO IRIARTE (1620-1685), élève de Herrera le Vieux,

dont les musées de Séville et de Madrid conservent quelques ouvrages. Longtemps, ils associèrent leurs pinceaux dans des tableaux de chevalet, dont Iriarte peignait le paysage, et où Murillo plaçait quelque scène de la Bible ou de l'Évangile.

Des nombreux élèves qu'il avait formés, aucun ne s'éleva à sa taille et ne dépassa en mérite ce que peuvent donner l'expérience et la pratique. Son fils, Gaspar, qui se fit prêtre, cultiva un moment la peinture et s'efforça d'imiter son père. Francisco Menesès Osorio, le plus habile des disciples du maître, et celui qui fut chargé de terminer la *Sainte Catherine*, le secondait habituellement dans les nombreuses répétitions et copies de ses tableaux, auxquelles il employait également Juan Garzon, Juan Simon Guttierrez, auteur d'une suite de sujets empruntés à la vie de saint Dominique, et enfin Sebastian Gomez, surnommé *el Mulato*, l'esclave que Murillo avait à son service, et dont il fit un véritable artiste.

Un chevalier de Malte, Pedro Nunez de Villavicencio (1635-1700), qui l'assistait à son lit de mort, et qui avait été son élève et son ami, s'inspira surtout des sujets populaires et réalistes du maître. Le musée du Prado possède de lui une très vivante peinture représentant des *Enfants jouant aux dés*.

A ces élèves, presque tous ses aides ou ses collaborateurs, il convient d'ajouter les noms des peintres qui reçurent ses conseils, ou qui ne firent que traverser son atelier. Parmi ces derniers, les plus notables furent Alonso de Escobar, Fernando Marquez Joya, Francisco Perez de Pineda, Jose Lopez et Francisco Antolinez

DE SARABIA. Ce dernier produisait, dans de petites dimensions, des paysages encadrant des sujets religieux, et ne doit pas être confondu avec JOSE ANTOLINEZ (1639-1676), son oncle, élève de Francisco Rizi, et l'auteur d'une excellente peinture représentant *Madeleine en extase*, conservée au musée du Prado.

Après ces disciples, plus ou moins directs, vinrent les imitateurs. Leur suite, très nombreuse, s'étendit jusqu'à la fin du XVIIIᵉ siècle. MIGUEL DE TOBAR (1678-1758) et son élève, JUAN RUIZ SORIANO (1701-1763), BERNARDO GERMAN DE LLORENTE (1685-1757) et JUAN DE ESPINAL (1720-1783) en sont les individualités les plus marquantes. Le musée du Prado possède du premier une bonne copie d'après un portrait de Murillo, dont l'original est perdu, et de Llorente, une *Vierge*, travestie en *Bergère divine*, gardant de blanches brebis qui lèvent vers elle leur bouche ornée d'une rose. Rapidement, la peinture à Séville en était arrivée là. Au charme pénétrant et à la grâce troublante de Murillo a succédé la fadeur : son poétique mysticisme va finissant, dans ses imitateurs, en *concetti* dévots, en sujets précieux et quintessenciés.

L'éclatant mérite de Murillo et la renommée dont il était de bonne heure entouré à Séville n'avaient pas manqué de lui susciter des envieux. Deux de ses contemporains, d'ailleurs tous deux peintres habiles, FRANCISCO DE HERRERA EL MOZO ou le Jeune (1622-1685) et JUAN DE VALDÈS LEAL (1630-1691), prétendirent lui disputer la place qu'il s'était faite dans la faveur publique. Le premier qui, après avoir volé son père, s'était enfui en Italie, se mit tout de suite à mauvaise école, celle des maniéristes. Revenu à Séville, après ce dangereux apprentissage, il peignit pour la cathédrale deux vastes compositions, les mieux ordonnées, les plus sages qu'il ait produites : *les Docteurs de l'Église adorant le saint-sacrement et la Vierge,* et *Saint François s'élevant dans les cieux soutenu par les anges.* A côté de grands défauts, Herrera a montré dans ces deux peintures ses qualités propres : la science de l'effet, une parfaite entente du clair-obscur et un coloris frais et brillant. Mais elles manquent de sérénité et, partant, de véritable grandeur. Ce qui, chez Herrera le Vieux, était exubérance et force, n'est déjà plus, chez le fils, que manière et affectation.

Lorsque, en 1660, grâce à l'initiative de Murillo, les artistes de Séville s'unirent pour établir une académie de dessin, celui-ci en fut nommé président et Herrera vice-président. Ne venir qu'au second rang, alors que son glorieux rival occupait le premier, ne pouvait convenir à l'orgueilleux Herrera. Il donna sa démission et partit pour Madrid. Reprenant un sujet admirablement traité à Séville par son père, il exécuta pour le couvent des Carmes déchaussés le *Triomphe de saint Herménegilde,* aujourd'hui au musée du Prado. La vanité déjà si grande de l'artiste fut encore exaltée par le succès qu'obtint cette peinture, pourtant si tourmentée d'attitudes, si peu vraiment puissante, en dépit de son fracas, de sa fausse apparence de vigueur. Appelé à décorer de fresques les voussures du chœur de l'église de San Felipe, puis la coupole de Notre-Dame d'Atocha, ces ouvrages grandirent encore une réputation pourtant si peu justifiée.

Nommé peintre du roi par Philippe IV, il fut en grande faveur sous la régence de Marianne d'Autriche, et plus tard encore sous le règne de Charles II. Ayant obtenu l'emploi de fourrier du palais, il fut ensuite choisi, en raison des études, malheureusement très superficielles qu'il avait faites en architecture, comme directeur des bâtiments royaux, et c'est à ce titre qu'il traça les plans du sanctuaire de Notre-Dame del Pilar, à Saragosse. Dans ces derniers travaux, comme d'ailleurs dans sa peinture, Herrera commence la série des décadents, successeurs trop immédiats des grands artistes qui avaient été la gloire de l'École. Cette nouvelle génération, tristement habile, va remplacer le génie absent par de banales et faciles formules ; elle s'enorgueillira comme d'un mérite de sa déplorable fécondité. Herrera le Jeune fait déjà pressentir *Luca Giordano* et l'empire prochain de sa désastreuse influence.

L'autre rival de Murillo, Juan de Valdès Leal, avait étudié son art à Cordoue auprès d'Antonio del Castillo, un réaliste de franc aloi, coloriste dur, heurté, mais bon dessinateur. Ayant passé quelque temps dans l'atelier de Zurbaran, il aimait les effets contrastés de lumière et d'ombre, et il en donna le goût à son élève.

Quand Valdès Leal fut venu se fixer à Séville, il ne tarda pas à donner à Murillo et à tous ses confrères des preuves de son détestable caractère. Élu à une fonction de surveillance à l'Académie de dessin, en même temps que Murillo en était nommé président et Herrera vice-président, il donna sa démission au bout de quelques mois, la reprit, obtint plus tard d'être choisi pour la présidence, eut alors toute sorte de démêlés avec ses collègues et finalement abandonna l'Académie. Quoi qu'il en soit de son humeur insociable, Valdès Leal n'en est pas moins un vrai peintre, accusant fortement son originalité dans une note de réalisme qui parfois dépasse, en violence et en horreur, Ribera lui-même. La cathédrale de Séville conserve deux ouvrages importants de lui, *le Christ flagellé par ses bourreaux* et *Saint Ildephonse recevant la chasuble miraculeuse des mains de la Vierge*. Mais c'est surtout à l'hôpital de la *Caridad*, pour lequel Murillo avait peint des chefs-d'œuvre, que Valdès a le mieux donné toute la mesure de son énergique talent. Indépendamment d'une grande composition : *l'Exaltation de la croix,* dont une superbe esquisse existe au palais de San-Telmo, à Séville, il exécuta pour la crypte, placée sous le chœur de la chapelle, deux peintures farouches, terribles, où il commente en mystique, tout en s'exprimant en réaliste, la fatalité de la mort et le néant des grandeurs terrestres. L'une de ces menaçantes compositions représente un pourrissoir, où, sur le premier plan, *deux cadavres,* celui d'un évêque et d'un gentilhomme, couchés dans leur cercueil, sont la proie des vers ; l'autre, *la Mort, entourée des emblèmes de la vanïté humaine.*

Valdès a peint un excellent portrait du fondateur de la *Caridad,* D. Miguel de Mañara, placé dans la sacristie de la chapelle. Quelques autres peintures de l'artiste, qui a d'ailleurs beaucoup produit, sont conservées au musée provincial de Séville. Parmi les plus caractéristiques de son talent de coloriste et de ses méthodes d'exécution, sommaires, parfois hardies

jusqu'à la brutalité, et d'autrefois tout aussi délicates
et caressées que chez Murillo, on peut noter : *la Ten-*

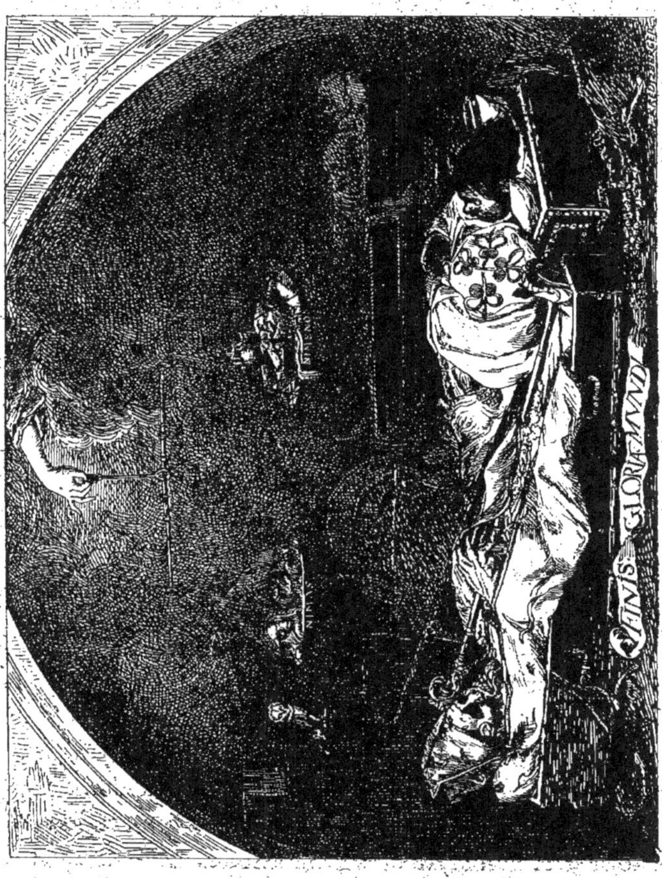

Fig. 100. — Valdès Leal, *les Deux cadavres*. (Chapelle de la *Caridad*, à Séville.)

tation de saint Jerôme, *Saint Jérôme flagellé par les
anges* et le *Baptême de saint Jérôme.*

Valdès Leal a été également un habile graveur à l'eau-forte; on a de lui différentes pièces reproduisant l'ostensoir de la cathédrale, ouvrage fameux de l'orfèvre Juan de Arfe, et différentes autres estampes, représentant la décoration intérieure de la cathédrale, lors des fêtes de la canonisation de saint Ferdinand, pour laquelle Valdès avait lui-même composé tous les dessins. L'un de ses meilleurs élèves, MATIAS DE ARTEAGA (1640?-1703), a lui-même gravé plusieurs peintures du maître; ses autres disciples furent son propre fils, LUCAS DE VALDÈS, qui termina quelques ouvrages laissés inachevés par son père, IGNACIO DE LÉON, PÉDRO DE UCEDA, CRISTOBAL DE LEON, et CLEMENTE DE TORRÈS (1665-1730). Valdès, pendant un séjour qu'il fit à Cordoue, eut aussi l'occasion de donner des conseils au jeune Antonio Palomino et de guider ses premiers pas dans l'art.

Tandis que la peinture espagnole jette un dernier et fulgurant éclat à Séville avec Murillo et Valdès Leal, un artiste de valeur, mais dont les ouvrages ne sont pas suffisamment connus, JACINTO GERONIMO DE ESPINOSA (1600-1680), continuait, dans les provinces de Valence et de Murcie, les traditions des Ribalta, mais en les alliant à un naturalisme plus franc, plus prononcé que ne l'avaient pratiqué ses maîtres. Il avait eu pour condisciple Jose de Ribera; il se pourrait donc que Geronimo de Espinosa ait subi, au moins dans une certaine mesure, l'influence de son glorieux camarade. En tout cas, son style et ses méthodes ont un cachet bien marqué d'individualité. C'est à Valence et au musée provincial, où sont conservés les ouvrages qu'il peignit pour divers couvents de la région, que l'on peut seulement l'étudier. Parmi les compositions qui caractérisent le mieux sa manière, nous devons citer *la Communion de la Madeleine,* qui est une œuvre capitale, puis quatre tableaux où l'artiste a reproduit divers épisodes de la vie de saint Louis Beltran, et quelques portraits, aussi beaux que ceux de Zurbaran et de Murillo. Ses peintures allusives à la vie de Constantin, son *Saint Louis,* évêque de Toulouse, et surtout une *Sainte Famille,* dont le réalisme confine d'assez près à la trivialité, offrent également de l'intérêt.

Geronimo de Espinosa est le dernier peintre, dans cette région de Valence, qui ait fait preuve de talent et d'originalité.

Son fils, Miguel Geronimo de Espinosa, continua assez faiblement les traditions de son père, dont l'influence ne disparut pas avec lui, et qui peut se constater encore, au musée de Valence, dans quelques peintures des deux frères Salvador Gomez, de Gregorio Bausa, Luis Domingo (1718-1767) et Garcia Ferrer.

Un condisciple de Geronimo de Espinosa dans l'atelier de Ribalta, et son contemporain, Mateo Gilarte (1620?-1700), produisit quelques ouvrages qui rappellent plutôt le style de Zurbaran que celui du maître valencien. Gilarte travailla principalement à Murcie, et les musées du Prado et du Fomento conservent quelques-unes des toiles qu'il peignit pour des couvents de cette province. A diverses reprises, il eut pour collaborateur le capitaine Juan de Toledo (1611-1665), élève de Michel-Ange Cerquozzi et peintre de marines, qui l'aida à composer *la Bataille de Lépante,* pour la chapelle du Rosaire, à la cathédrale. Le musée du Prado possède de ce dernier quelques sujets de marine, d'une très brillante exécution, représentant un *Combat naval entre Turcs et Espagnols,* un *Débarquement* sur une plage et un *Abordage.*

En 1615, un élève du Greco, PEDRO ORRENTE (1570?-1644), étant venu s'établir à Valence, y ouvrit un atelier. Il avait précédemment exécuté pour la cathédrale de Tolède deux compositions remarquables : *Sainte Léocadie apparaissant à saint Ildephonse* et *la Nativité;* pour la cathédrale de Valence, il peignit un *Saint Sébastien* d'un très beau caractère et d'une coloration rappelant, pour l'éclat, l'école vénitienne.

Ses tableaux de chevalet, représentant des animaux, des bergeries, des troupeaux en marche, et dont on trouve des spécimens aux musées du Prado et de Valence, montrent d'ailleurs clairement chez Orrente l'évidente préoccupation d'imiter le genre et la chaude couleur de Jacopo Bassano. D'humeur pérégrinante, Orrente habita successivement, après avoir quitté Tolède, Murcie, Cuenca, Valence, Séville, Madrid, pour revenir enfin mourir à Tolède. A Cuenca, il avait formé CRISTOBAL GARCIA SALMERON (1603-1666), et à Valence, ESTEBAN MARCH (1598?-1660), auteur d'un portrait de Mazo, qui fait partie du musée du Prado, et d'un grand nombre de tableaux de bataille, d'une touche hardie et d'un arrangement pittoresque et mouvementé. Esteban, qui signe parfois Estève, eût pour élèves son fils MIGUEL MARCH, dont le musée de Valence possède un *Martyre de saint Barthélemy,* œuvre assez médiocre, et JUAN CONCHILLOS FALCO (1641-1711), dont quelques ouvrages, conservés au même musée, ne sont dépourvus ni de talent ni d'habileté. Un autre élève d'Orrente, PABLO PONTONS, décora, en collaboration avec Geronimo de Espinosa, le maître-autel de l'église de Sainte-Marie, à Morella, et cette association montre assez que Pontons inclinait plutôt, comme style, vers la manière d'Espinosa que vers celle d'Orrente.

A la suite de ces peintres, nous n'avons plus à mentionner que GASPAR DE LA HUERTA (1651-1714), qui exerce son art à Valence, mais un art déjà bien déchu et qui n'est guère fait que d'imitation et de réminiscences. Après lui, c'est la décadence absolue, avec EVARISTO MUNOZ (1671-1737), médiocre élève de Conchillos, JOSEF VERGARA (1726-1799), le P. ANTONIO DE VILLANUEVA et JOSE CAMARON (1730-1803).

Ce déclin rapide de la peinture, à Grenade, à Séville et à Valence, suivant de si près la mort des maîtres, se produit presque aussi promptement et dans les mêmes circonstances, à Madrid. Un artiste d'un véritable mérite, CLAUDIO COËLLO (1623?-1694), y défendra cependant encore, mais pour un temps bien court, les saines traditions de l'école nationale contre les désastreuses tendances de Herrera le Jeune et contre l'engouement dont les ouvrages et les méthodes expéditives du trop fécond Luca Giordano allaient être l'objet. Claudio Coëllo avait d'abord été l'élève de Francisco Rizi, puis il s'était perfectionné avec Carreño, qui l'avait mis à même d'étudier dans les palais, les chefs-d'œuvre des collections royales. S'étant lié d'amitié avec JOSE XIMENEZ DONOSO (1628-1690), élève de Carreño, de retour de Rome, où il avait passé de longues années, les deux artistes entreprirent en commun divers travaux décoratifs à Tolède, à l'Alcazar de Madrid, où ils ornèrent de fresques l'appartement de la reine, et à la Panaderia, située sur la place Mayor, dont ils décorèrent l'escalier principal et la salle d'honneur. Il ne subsiste plus de ces ouvrages que quelques fragments. Lors des fêtes données à Madrid, à l'occasion du mariage de Charles II avec Marie-Louise d'Orléans, Donoso et Coëllo furent chargés des dessins et des peintures pour les arcs de triomphe élevés sur le passage de la jeune reine. Les ingénieuses inventions des deux peintres furent très admirées, et le roi goûta particulièrement celle de leurs allégories qui représentait *les Provinces d'Espagne offrant des fleurs, des fruits et des objets précieux à la nouvelle Reine;* cette décoration a été gravée. Coëllo avait également tracé les projets pour l'ornementation de la place de la Ville où étaient représentés les douze travaux d'Hercule, exécutés sous sa direction par Francisco de Solis (1629-1684), coloriste habile et gracieux, mais dessinateur insuffisant. En 1684, et après avoir peint à fresque la coupole de l'église des Augustins, à Saragosse, Coëllo fut nommé peintre du roi; puis deux ans après, par suite de la mort de Herrera le Jeune, *peintre de la chambre;* enfin, en 1686, il était appelé à succéder à Carreño dans ses titres et dans son emploi de fourrier du palais. Francisco Rizi ayant laissé inachevés divers ouvrages, qui lui avaient été commandés pour la sacristie de l'Escurial, Coëllo fut chargé de les terminer.

Ce fut pour lui l'occasion de produire un chef-d'œuvre. Abandonnant les premiers projets de Rizi, il

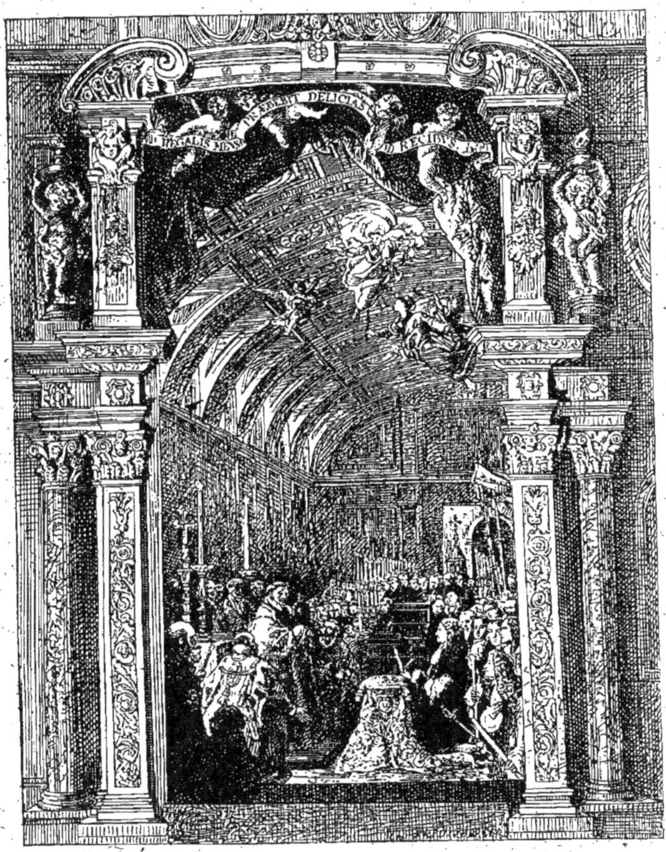

Fig. 191. — CLAUDIO COELLO, *la Sainte Forme.*
(Sacristie de l'Escurial.)

composa pour l'autel, dit de la *Santa-Forma*, parce
qu'on y conserve une hostie miraculeuse, un tableau

d'une invention hardie et d'une ordonnance saisissante. L'artiste y représenta précisément le cortège royal, apportant solennellement la sainte hostie sur l'autel qui lui est consacré; l'instant choisi est celui où le prêtre donne la bénédiction aux assistants agenouillés. Ce sont autant de portraits. Toute la cour est là représentée : le roi, le prieur de l'Escurial, un ministre d'alors, le duc de Medina-Cœli, et une cinquantaine de personnages. La scène a pour cadre l'intérieur de la sacristie de l'Escurial. Cette peinture, d'un arrangement original et d'une exécution bien personnelle, est désignée sous le nom de *Cuadro de la Santa-Forma*. Elle coûta près de trois ans de travail à l'artiste. Le succès qu'elle obtint fut énorme. Coëllo lui dut d'être chargé de peindre nombre de tableaux et de portraits, et parmi ces derniers ceux du roi, de sa seconde femme, Marie-Anne de Neubourg, de la reine-douairière, Marianne d'Autriche. Il obtint en même temps la direction des travaux d'embellissement au palais, notamment la décoration de la galerie *del Cierzo,* pour laquelle il s'adjoignit Antonio Palomino. Enfin, en 1691, le chapitre de la cathédrale de Tolède le choisissait pour son peintre. A cette époque, Coëllo avait atteint à l'apogée de la gloire et de la fortune, et aucun autre artiste ne pouvait prétendre lui disputer la suprématie. Tout à coup, la situation change. Luca Giordano est appelé d'Italie, en 1692, pour exécuter de grands travaux à l'Escurial. Il s'empare de la faveur de l'imbécile Charles II, obtient commandes sur commandes, les exécute, à la grande admiration des sots, avec cette déplorable facilité qui lui a mérité le surnom de *fa presto*, et règne enfin en maître souverain sur l'école, qu'il pervertit et entraîne dans la voie de la plus complète décadence. Coëllo, blessé dans son amour-propre, dans son patriotisme, et ayant la juste notion du mal profond que les pratiques de l'Italien allaient causer parmi les jeunes artistes, abandonna ses pinceaux et se laissa mourir.

Il est le dernier peintre de l'éclatante période du xviie siècle, qu'il clôt d'ailleurs on ne peut plus dignement. Le musée du Prado possède deux de ses plus importantes compositions religieuses, portant la date de 1669, et un portrait de Charles II; au Fomento, se trouve une excellente peinture représentant *Saint Augustin*, signée et datée de 1664. Le catalogue du musée de l'Hermitage, à Saint-Pétersbourg, enregistre un portrait de l'artiste, peint par lui-même. Il s'essaya dans la gravure à l'eau-forte, et on connaît de lui un *Calvaire* et des portraits de *Charles II* et de *Marianne d'Autriche*. Ses élèves les plus connus sont SEBASTIAN MUNOZ (1654-1690), dont le musée du Prado possède le portrait, peint de sa main, et TEODORO ARDEMANS (1664-1726); l'un et l'autre obtinrent le titre de peintre du roi.

Eux et quelques autres artistes, leurs contemporains, comme ISIDORO ARREDONDO (1653-1702), comme ACISCLO ANTONIO PALOMINO Y VELASCO (1653-1725), l'auteur du *Museo pictorico*, publié à Madrid en 1715 et en 1724, et encore comme le Catalan ANTONIO VILADOMAT (1678-1755), instruits aux leçons des maîtres, conservent encore quelque chose des saines traditions reçues. Mais à côté d'eux et après eux, la chute est profonde et complète. ALONSO DEL ARCO (1625-1700), JUAN GARCIA DE MIRANDA (1677-1749), PEDRO RODRIGUEZ DE MIRANDA (1696-1766), GERONIMO ANTONIO DE EZQUERRA et DIONIS VIDAL, ces deux derniers élèves de Palomino, méritent à peine que leurs noms soient retenus.

Un spécialiste dans la peinture des fleurs, JUAN DE ARELLANO (1614-1676), dont le musée du Prado conserve quelques tableaux dans la manière de Mario *deifiori,* fut en grande vogue au XVIIe siècle. Il forma un très bon élève, BARTOLOME PEREZ (1634-1693), dont on trouve, au même musée, de gracieux *floreros,* exécutés avec plus de naturel et de légèreté de pinceau que chez Arellano.

Un peintre, à Cadix, que l'on ne connaît que par son surnom, HENRIQUE DE LAS MARINAS (1620-1680), s'était fait, vers le même temps, en Andalousie, une sérieuse réputation par sa très grande habileté en un genre où il excellait : la peinture des marines,

CHAPITRE IX

LA PEINTURE ESPAGNOLE AU XVIIIe SIÈCLE.

FRANCISCO GOYA.

Le petit-fils de Louis XIV a succédé à Charles II sur
le trône d'Espagne, et les débuts de son règne ont été
marqués par les longues luttes de la guerre de succession. La paix une fois conquise et son trône consolidé,
Philippe V n'a plus autour de lui, pour travailler à
l'embellissement des palais qu'il fait construire à
Madrid et à San-Ildefonso, aucun artiste de valeur.
L'art espagnol est mort. Il s'adresse alors à Le Brun,
qui lui envoie Houasse (René-Antoine); celui-ci ne fait
en Espagne qu'un séjour peu prolongé. Au père succède le fils, Michel-Ange Houasse (1675-1730). Il
forme quelques élèves : JUAN BAUTISTA PENA, PABLO
PERNICHARO et ANTONIO GONZALEZ RUIZ, qui furent
envoyés comme pensionnaires du roi à Rome. Ils en
revinrent médiocres peintres, inclinant tantôt vers
Carlo Maratta, tantôt vers Natoire.

Un quatrième artiste indigène, ANDRÉ DE LA CAL-
LEJA (1705-1785), élève de Ezquerra, exécute vers ce
même temps quelques compositions sans intérêt. A
Michel-Ange Houasse succède, comme premier peintre

du roi, Jean Ranc, le meilleur élève de Rigaud; Ranc est principalement employé à peindre des portraits et ne laisse pas d'élève marquant. Il meurt à Madrid, en 1735, et est remplacé par Louis-Michel Vanloo, qui reste en Espagne jusqu'en 1752. Mais ce n'est pas uniquement à la France que Philippe V et, plus tard, son fils Ferdinand VI demandent des artistes. D'Italie, arrivent successivement Vanvitelli, Procaccini, Amiconi et Corrado.

Comment espérer voir renaître un art original et indigène au milieu de cette confusion de doctrines et de méthodes étrangères? On songe alors à créer un enseignement officiel et à en confier la surveillance et la direction à une académie. Ce projet prend lentement corps, et en 1751, après quelques années de préparations, l'Académie de San Fernando est définitivement fondée avec des cours de peinture, de sculpture, d'architecture et de gravure. Les résultats produits furent, au début, des plus insignifiants. On s'en prit aux méthodes d'enseignement, qui furent modifiées.

Mais c'est seulement sous le règne de Charles III et à Raphaël Mengs, regardé alors comme le Messie d'une nouvelle Renaissance, et appelé à exercer la surintendance des beaux-arts en Espagne, que revient le mérite d'avoir constitué l'enseignement académique sur des bases plus rationnelles. Aux modèles graphiques, que copiaient les élèves des cours de dessin, aux têtes d'expression d'après Maratta, Procaccini, Vanloo, etc., il substitue l'étude directe d'après le relief et les moulages des bustes et des statues antiques. C'était déjà un progrès. Mais, quant à l'enseignement de la peinture, il n'en alla pas aussi heureusement. L'éclectisme de Mengs, qui ne prétendait à rien moins qu'à concilier et à unir le fier dessin de Michel-Ange, la correction de Raphaël, le clair-obscur et la grâce du Corrège avec le coloris harmonieux des grands Vénitiens, pour en créer un style nouveau, n'aboutit en réalité qu'à former des élèves impuissants, inhabiles à s'abstraire des formules apprises, incapables de penser et de produire de leur propre fonds. Parmi ces artistes trop bien disciplinés, et que Mengs emploie de préférence dans les grands travaux de décoration qu'il dirige, les plus marquants sont FRANCISCO BAYEU (1734-1795) et son frère RAMON, MARIANO SALVADOR MAELLA (1739-1819), JOSEF DEL CASTILLO (1737-1793), FRANCISCO RAMOS, FRANCISCO AGUSTIN, GREGORIO FERRO (1742-1812) et les frères LUIS, ALEJANDRO et ANTONIO GONZALÈS-VELAZQUEZ, anciens pensionnaires du roi à Rome. Dans tous, on ne parviendrait pas à trouver l'étoffe d'un seul véritable peintre. Il en existe cependant un, LUIS MENENDEZ (1716-1780), élève de son père FRANCISCO ANTONIO, miniaturiste de Philippe V; mais ce Menendez ne s'adonne guère aux compositions ambitieuses, il ne peint que quelques rares et excellents portraits, et le plus habituellement que de solides tableaux de nature morte. Le musée du Prado en possède de fort beaux spécimens.

Mengs quitte Madrid après avoir inutilement professé et tenté vainement d'élever, à la hauteur d'une école, son pseudo-classicisme. Pour accélérer la décoration du nouveau palais, commencé sous Philippe V par l'architecte Sachetti, Charles III fait venir d'Italie les Tiepolo (1763). Le vieux Giambatista meurt à Madrid, en 1770, après avoir orné, d'un monde de figures allégoriques et charmantes, les plafonds des salles d'honneur du palais. Son fils Domenico achève quelques autres parties et meurt aussi à Madrid.

Mengs parti, la mode revient au gracieux et au joli. C'est à la peinture française, que s'adresse encore une fois l'Espagne, pour revivifier sa veine appauvrie. Tour à tour, les ouvrages de Watteau, Boucher, Nattier, Natoire, Fragonard sont l'objet de l'engouement des riches particuliers et de la cour. Tandis qu'un peintre français, Barthélemy Ollivier, de Marseille, qui imite Pater, travaille en Espagne avec succès, un élève de Boucher, Charles de la Traverse, attaché à l'ambassade française du marquis d'Ossun, et qui peint, tantôt comme son maître, tantôt comme Lancret, et dessine comme Eisen et Cochin, forme, pendant son premier séjour à Madrid, de nouveaux adeptes.

Luis Paret y Alcazar (1747-1799) est un de ces rejetons que l'école française a fait pousser sur le sol de la Péninsule. Lorsque Luis Paret sortit des mains de la Traverse, il était tout préparé pour peindre les jolis sujets qu'il préférait, ces *romerias,* fêtes populaires où s'agite toute une population en joie ; ces vues de *parcs* à la Watteau, où, sous des allées ombreuses, passent des couples enlacés ; ces aspects divers de certains coins de Madrid, et de préférence la *Puerta del sol,* fourmillante de promeneurs : gentilshommes, abbés, dames en falbalas, petits-maîtres, élégante cohue que traversent de majestueux carrosses, traînés par de longs attelages de mules empanachées ; et encore ces amusants intérieurs où l'artiste nous montre, comme dans le *Magasin d'étoffes*, de l'ancienne collection Sala-

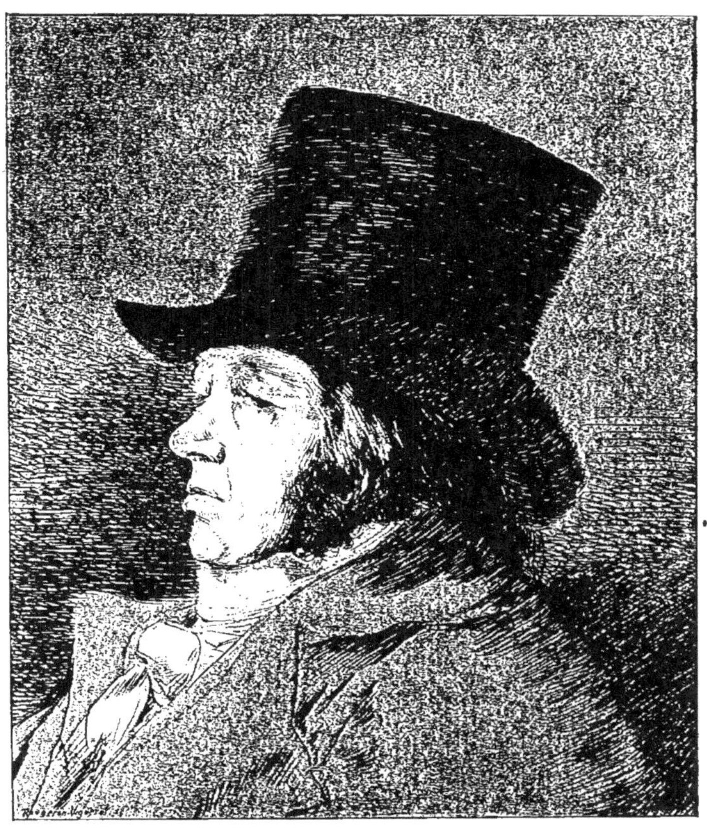

Fig. 102. — FRANCISCO GOYA, *Portrait de l'artiste.*

(D'après l'eau-forte de la suite des *Caprices*.)

manca, les chalands débattant le prix d'une emplette, le marchand gravement planté derrière son comptoir, et ses commis, rangeant ou déployant quelques pièces de soie aux chatoyantes couleurs.

Paret fut, en effet, le peintre de toutes ces choses charmantes qu'il sut traiter d'un pinceau fin, délicat, spirituel, et avec une délicieuse pointe d'originalité. Il a fait aussi du paysage, des vues des *Ports d'Espagne*, à la manière de Joseph Vernet, et, comme son maître, il a dessiné nombre d'illustrations, de titres et de culs-de-lampe pour divers ouvrages, comme le *Parnasse* de Quevedo, les *Nouvelles* de Cervantes, etc.

Tel était l'état de l'École, profondément troublée au contact de tous les éléments étrangers qui se disputaient sa direction, lorsque Goya apparut.

FRANCISCO JOSE GOYA Y LUCIENTES (1746-1828), né à Fuendetodos, petite localité de la province d'Aragon, apprit à Saragosse, dans l'atelier de JOSE LUZAN MARTINEZ (1710-1785), les premiers éléments de son art. Ce Luzan, qui fut le promoteur, avec PABLO RABIELLA, peintre de batailles, de la création de l'Académie de San-Luis, à Saragosse, peignait comme les Napolitains Solimène et Mastroleo dont il avait été le condisciple et l'élève. Il ne paraît pas avoir été pour Goya un maître bien tyrannique, puisqu'il sut respecter en lui ses goûts innés, se bornant à modérer sa fougue déjà exubérante. De Saragosse, Goya vint à Madrid, où l'appelait son condisciple et ami Francisco Bayeu, chargé par Mengs d'importants travaux de décoration au palais. Ce séjour à Madrid fut de courte durée. Écoutant peut-être les conseils de Mengs, Goya partit pour l'Italie. Une fois en présence des chefs-d'œuvre des maîtres, il se créa pour les étudier une méthode singulière; il ne copiait guère, peignait peu, comparait et

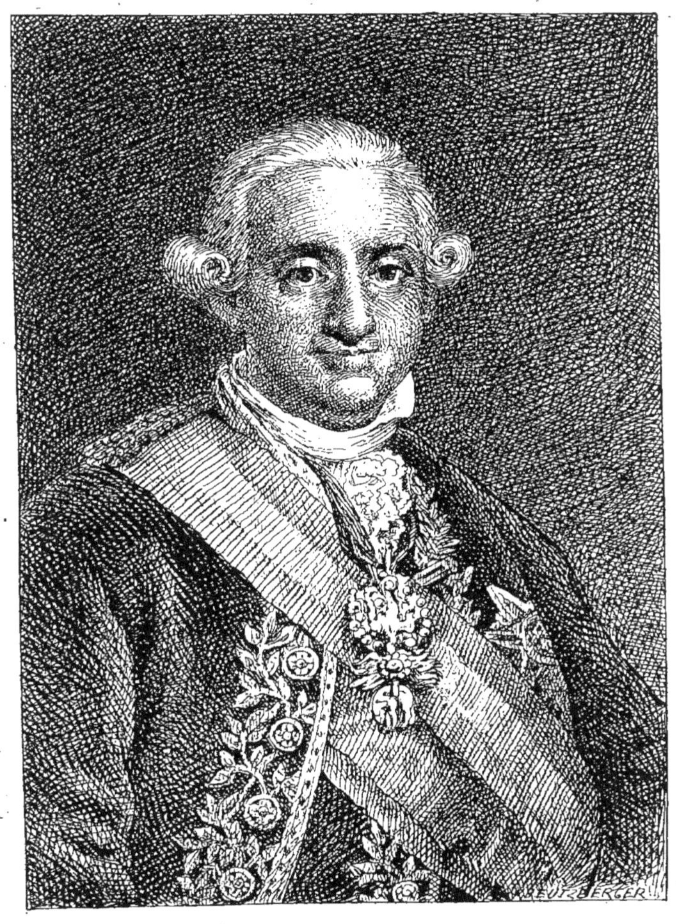

Fig. 103. — FRANCISCO GOYA, *Portrait de Charles IV.*
(Musée du Prado.)

réfléchissait plutôt, passant parfois des jours entiers

devant un même tableau ; puis il sortait de là plus que jamais rebelle à toute velléité d'assimilation de style ou de manière, ne paraissant chercher d'autre profit, dans ces analyses tout intuitives, qu'une connaissance approfondie des procédés d'exécution propres à chaque maître. A Rome, Goya se lia avec David, alors pensionnaire du roi ; mais cette liaison semble avoir été rompue tout de suite après la séparation des deux jeunes peintres. Une trace du passage de Goya en Italie se trouve dans le *Mercure de France* de janvier 1772, qui nous apprend que l'artiste participa à un concours, ouvert à Parme, en 1771, par l'Académie royale des beaux-arts, sur le sujet d'*Annibal vainqueur, contemplant du haut des Alpes les campagnes d'Italie.* Goya, qui avait pris quelques libertés avec le programme académique, n'obtint que le second prix.

En 1772, il revint à Madrid, où, trois ans après, il épousait Josefa Bayeu, la sœur de son ami. Son premier ouvrage fut pour Saragosse, où il alla peindre une *gloire d'anges* sur la voûte de la chapelle de la Vierge de Notre-Dame del Pilar. Puis, ayant été agréé par Mengs, il fut chargé de composer et de peindre des cartons, destinés à la fabrique royale de tapisseries de Santa-Barbara.

Le 31 octobre 1776, Goya livrait son premier carton, le *Déjeuner sur l'herbe,* suivi à quelques mois de cette autre gracieuse composition, la *Danse au bord du Manzanarès;* successivement et jusqu'en 1791, époque où il cessa de peindre pour la fabrique de Santa-Barbara, quarante nouveaux cartons furent terminés et servirent de modèles pour l'exécution de deux ou trois fois autant d'exemplaires de tapisseries,

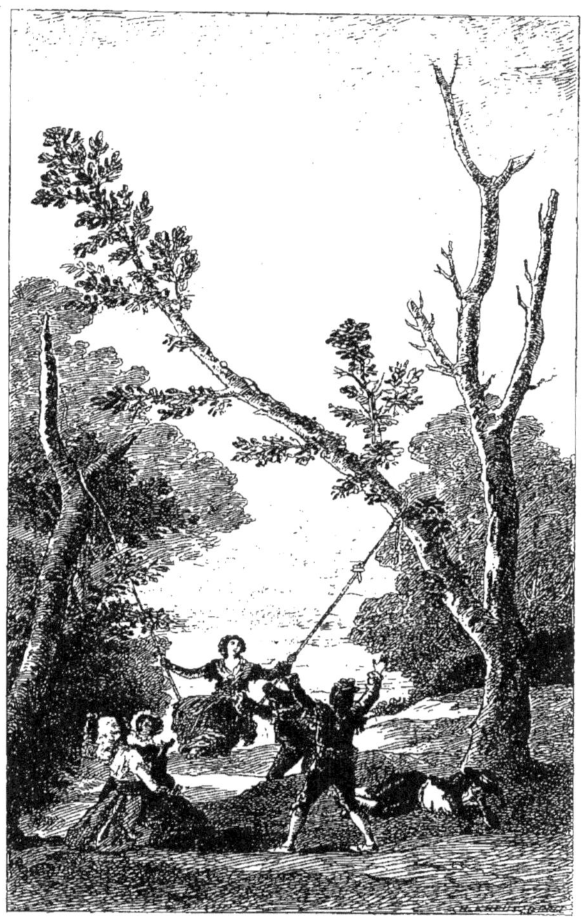

Fig. 104. — FRANCISCO GOYA, *la Balançoire.*
(Alameda du duc d'Ossuna.)

employées à la décoration des palais royaux. Conservés

au musée du Prado, ces cartons forment une collection précieuse pour l'étude de cette intéressante partie de l'œuvre de l'artiste.

Parmi ces compositions, où Goya s'est presque uniquement inspiré des mœurs et des jeux populaires, et où son esprit, sa verve, sa fécondité d'imagination se sont donné libre carrière, nous citerons, comme les plus piquantes et les plus originales : la *Dispute à la Venta nueva*, une *Promenade en Andalousie*, l'*Aveugle jouant de la guitare*, le *Jeu de paume*, la *Boutique de faïences*, la *Balançoire*, les *Lavandières du Manzanarès*, la *Fleuriste*, la *Moisson*, la *Noce villageoise* et le *Colin-Maillard*.

Les cartons de Goya obtinrent le plus vif succès; il leur dut l'origine de sa réputation, et c'est par là aussi qu'il inaugura son rôle de peintre national.

Transportant en des tableaux de chevalet les sujets qui lui avaient si bien réussi dans ses cartons, il produisit dès lors un nombre considérable de peintures de genre, dont les thèmes étaient empruntés aux mœurs et aux coutumes de son temps. Courses de taureaux, processions, mascarades, idylles galantes, rencontres de voleurs sur les grands chemins : toutes ces scènes pittoresques lui offrent autant de vifs et amusants sujets où il prodigue son sens exquis de la vie populaire et son esprit observateur. Dans ces tableaux de petit format, son coloris est clair, pimpant, argentin, parfois très finement empâté, pétillant d'éclat, mais toujours très harmonieux et délicat dans son parti pris. Ses plus heureux morceaux en ce genre décorent une maison de plaisance, dans la banlieue de Madrid,

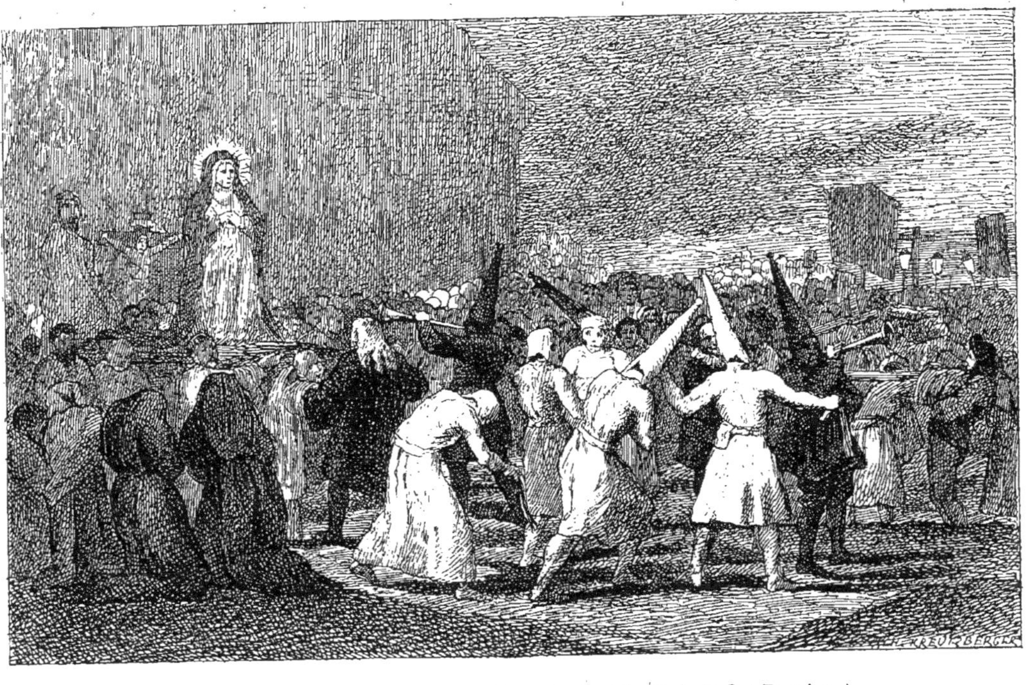

Fig. 105. — FRANCISCO GOYA, *les Flagellants*. (Académie de San Francisco.)

appelée l'*Alameda*, et qui appartient au duc d'Ossuna. Parmi les vingt-deux sujets, exécutés de 1787 à 1798, et qui ornent ce petit palais de campagne, nous citerons principalement : *Un accident comique,* spirituelle scène à la Fragonard, des *Gitanos jouant sur une escarpolette,* l'*Attaque de la berline par des brigands,* les *Taureaux avant la course,* les *Saisons,* le *Mât de cocagne,* la *Fête de San-Isidro* et l'*Apparition du Commandeur;* tout le côté souriant, léger et finement malicieux du talent de l'artiste se reflète dans ces jolies peintures, dont l'Académie de San Fernando possède également de précieux spécimens intitulés : l'*Enterrement de la sardine,* une *Scène de l'Inquisition,* la *Maison des fous* et les *Flagellants.*

Les *Manolas au balcon,* de l'ancienne galerie de l'infant D. Sébastien, et les deux charmantes toiles de l'Académie de San Fernando, qui représentent la même jeune femme, nue ici, vêtue là, et qu'on appelle la *Maja,* montrent chez l'artiste un peintre de race. C'est, en toute évidence, dans la peinture de genre que réside la meilleure part du talent de Goya. Il s'en faut cependant, que tout soit de même valeur dans sa production, souvent hâtive, improvisée, fougueuse, et se rapprochant pour l'audace des méthodes, de ce que l'art moderne présente actuellement de plus osé.

Les aptitudes naturalistes de Goya, ses éminentes qualités de coloriste et d'observateur le servirent merveilleusement dans la peinture du portrait. Ses premiers essais en ce genre ayant été salués par un complet triomphe, à la cour, à la ville et parmi la grandesse, ce fut tout de suite une mode, un véritable engouement

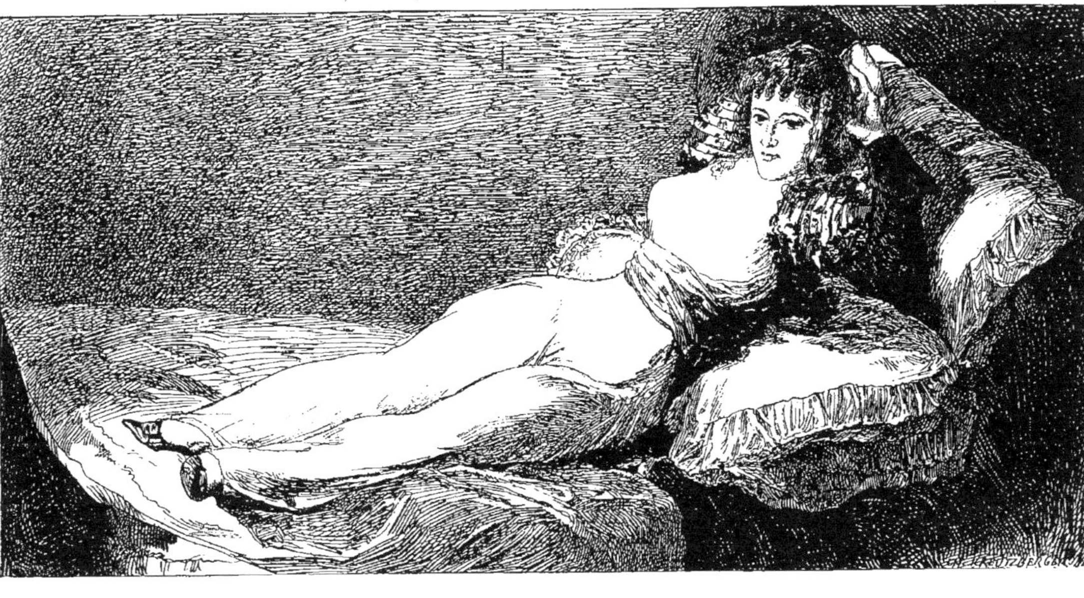

Fig. 106. — Francisco Goya, *la Maja.*

(Académie de San Fernando.)

de se faire peindre par lui. Les personnages politiques, les poètes, les savants, les grandes dames et les comédiennes, toutes les célébrités, à un titre quelconque, de l'époque, obéirent à cette mode, qui persista, du reste, pendant la plus grande partie de la carrière de l'artiste. Il y a, dans les portraits de Goya, quelque chose de Velazquez, de Reynolds, de Greuze et de Fragonard; les uns, comme les *portraits de l'infant D. Luis et de sa famille,* du *comte de Florida Blanca* (1783), du *général Urrutia* (1798), du *duc d'Albe* (1799), comme la *Famille de Charles IV* (1800), du musée du Prado, ainsi que les portraits équestres du roi et de sa femme *Maria-Luisa*, paraissent être inspirés par la magistrale tournure et la sobriété de tons des portraits de Velazquez; d'autres, moins fastueux, plus intimes, rappellent tantôt le lumineux coloris des aimables Vénitiens du xviiie siècle, tantôt les colorations claires et fleuries de notre école française. Parfois, Goya mêle heureusement, mais en restant toujours lui-même, Tiepolo à Fragonard, et parfois encore, Greuze à Reynolds, ainsi qu'on l'a vu dans ce portrait du *Jeune homme en habit gris,* qui a fait jadis partie de la galerie Salamanca, et comme on peut le voir encore, au musée du Louvre, dans le portrait du conventionnel *Ferdinand Guillemardet,* ambassadeur de France à Madrid, en 1798, et surtout à l'Académie de San Fernando, où sont conservés les beaux et si vivants portraits de Moratin, de Bayeu, de Villanueva et de Goya lui-même.

On s'efforcerait en vain de décrire toute la variété de manières, toute l'étonnante souplesse de talent, dont Goya a fait preuve dans ses nombreux portraits de femmes. Ceux de la *duchesse d'Albe*, au palais de Liria, à Madrid, de *Josefa Bayeu*, sa femme, au musée du Prado, et de l'actrice la *Tirana*, à

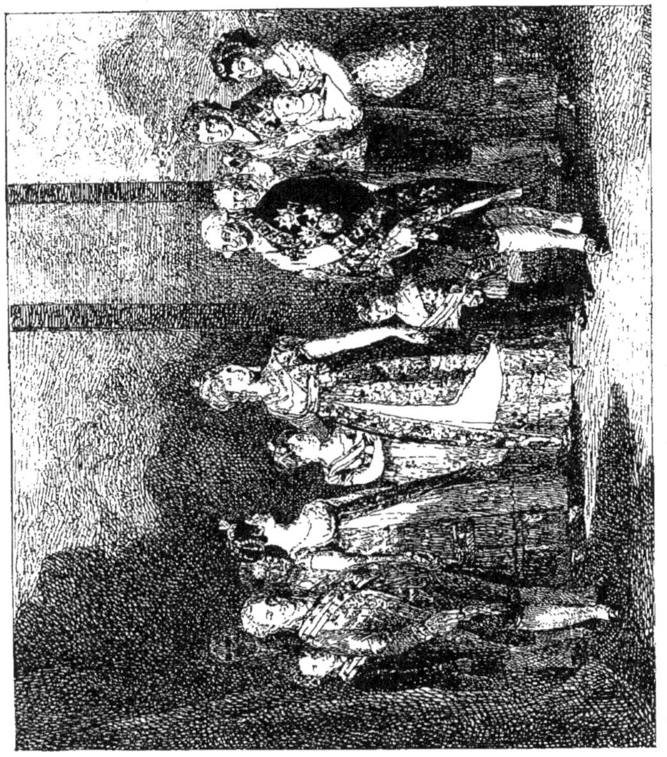

Fig. 107. — Francisco Goya, *la Famille de Charles IV.* (Musée du Prado.)

l'Académie de San Fernando, sont, à bon droit, particulièrement célèbres, soit pour l'esprit et le pétillant de la touche, soit encore pour le charme et la fraîcheur de leur coloris.

Ennemi des conventions et des formules traditionnelles, épris par-dessus tout du pittoresque, du caractère et de l'effet, profondément sceptique d'ailleurs en matière de croyances religieuses, nul artiste ne paraissait aussi peu doué que l'était Goya, pour entreprendre la peinture décorative des sanctuaires. Aussi, ses grands ouvrages en ce genre sont-ils froids et dépourvus de toute émotion comme de tout sentiment. Sa fresque de Notre-Dame del Pilar, à Saragosse, qui raconte le *Triomphe de la Vierge et des saints martyrs,* n'est qu'une vaste machine, savamment agencée il est vrai, correcte, et qu'on pourrait peut-être rapprocher, pour l'éclat des colorations, des peintures exécutées par les Tiepolo, au palais de Madrid; mais aucun souffle de foi n'anime et ne réchauffe cette composition, que l'on serait tenté de trouver poncive, trop sage et presque banale. Il s'en faut aussi que le *Saint Bernardin de Sienne,* qu'il peignit pour l'église de San Francisco el Grande, à Madrid, ainsi que les deux compositions représentant des sujets empruntés à la vie de *saint François de Borja,* qui décorent une des chapelles de la cathédrale de Valence, et de même encore que les *Saintes Justine et Rufine,* à la cathédrale de Séville, soient des œuvres inspirées ou seulement émues. On ne saurait même faire d'exception pour la *Trahison de Judas,* qui est dans la sacristie de la cathédrale de Tolède, composition fougueuse où Goya a cherché à imiter le clair-obscur de Rembrandt, mais dont les figures, d'un caractère trop vulgaire et brutal, sont bien éloignées d'éveiller la pitié et la ferveur dans l'âme du spectateur. Il n'existe non plus trace de sentiment religieux dans les grandes décorations à fresque exécutées

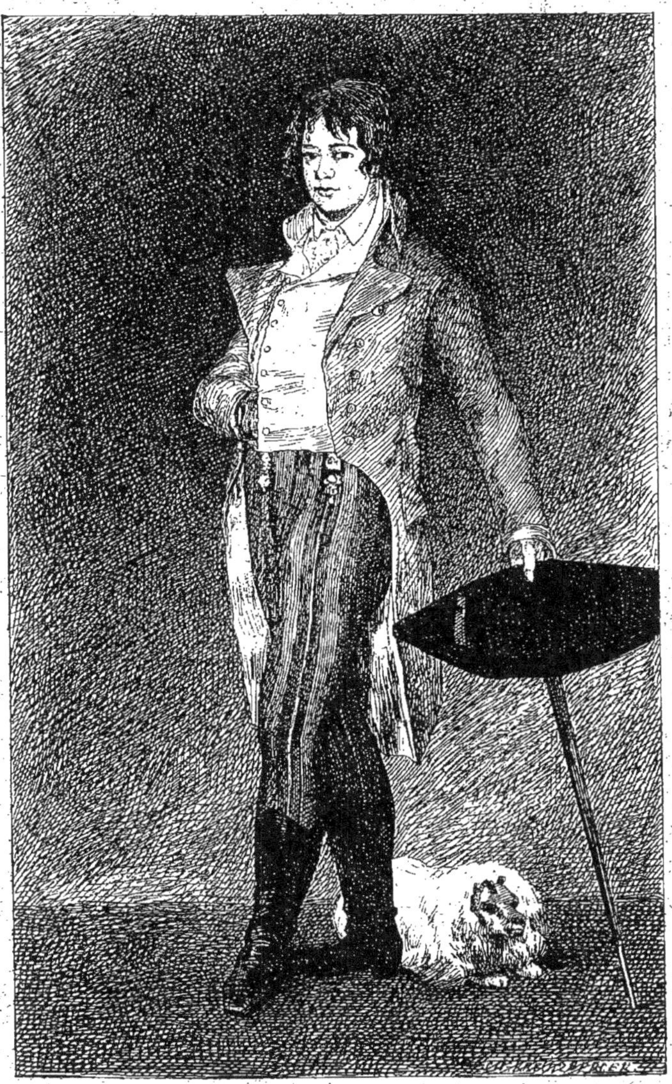

Fig. 108. — FRANCISCO GOYA,
le Jeune homme en habit gris, portrait du petit-fils de l'artiste.

par lui à la coupole, et en diverses autres parties, de la chapelle de San Antonio de la Florida, située près du Manzanarès. Ces fresques sont fameuses, mais sous un tout autre rapport que celui de l'inspiration mystique. Celle qui orne la coupole représente *Saint Antoine de Padoue ressuscitant un mort*, et ce qui frappe le plus, lorsqu'on l'étudie, c'est moins l'action principale que l'accessoire. Ce qui s'impose plutôt au regard, c'est la foule des assistants, une foule qui s'agite dans les costumes et les attitudes les plus pittoresques et les plus vivantes. Rompant avec les traditions d'école, Goya n'a obéi, dans cette création mouvementée, qu'à son seul goût de naturalisme. Loin de se préoccuper, dans les costumes et dans le choix de ses types, de la vérité historique, il s'est au contraire complu à moderniser ses personnages. Ses femmes sont de piquantes *manolas*, coiffées de la mantille blanche ou noire ; ses hommes, des gens du peuple, les premiers venus, mêlés de quelques pimpants *majos*, fièrement drapés dans leur *manta* aux couleurs bigarrées. Aux retombées des voûtes, il peignit des chérubins, des archanges soulevant ou retenant des draperies ; mais il dota ces figures de tant de charmes féminins et de grâces si sensuelles qu'elles évoquent beaucoup trop les séductions de la chair. Toute cette décoration, achevée en l'année 1798, est toutefois très réussie au point de vue de l'exécution ; la tonalité en est délicate et claire, et la couleur, sobrement comprise, résonne, très harmonieuse, dans son large et lumineux parti pris.

Le talent primesautier, parfois génial, et si personnel de Goya, talent qui tranchait vivement par ses au-

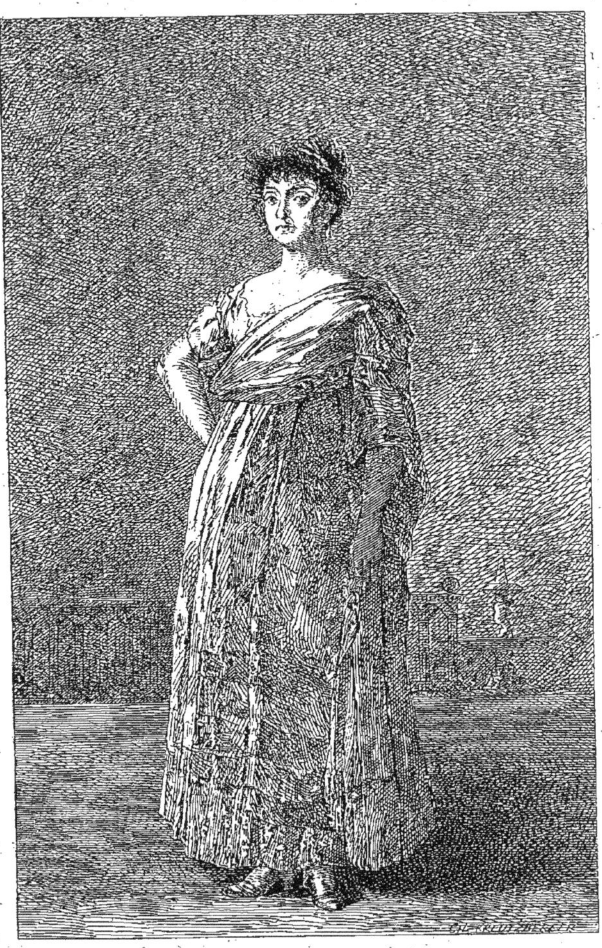

Fig. 109. — Francisco Goya, *Portrait de l'actrice la Tirana.*
(Académie de San Fernando.)

daces sur la manière froide et académique des peintres,

ses contemporains, lui avait conquis une étonnante popularité ; elle ne fit encore que grandir lorsqu'il eut publié ses eaux-fortes.

De 1796 à 1797 parurent les *Caprices*, recueil de

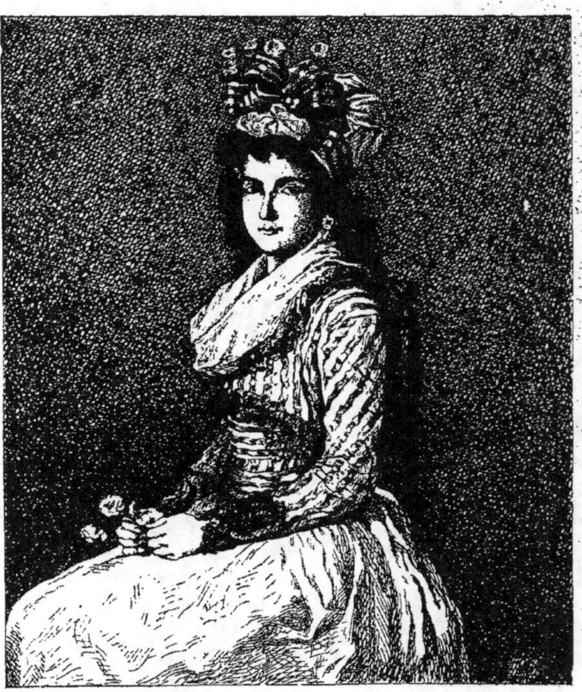

Fig. 110. — Francisco Goya, *Portrait de la petite-fille de l'artiste.*

80 planches, où l'artiste se révèle à la fois sous l'aspect d'un coloriste puissant et d'un moraliste profondément caustique et original. Dans ces mordantes compositions, Goya s'en prend, en effet, à tout et à tous. A côté de scènes de mœurs ironiquement inter-

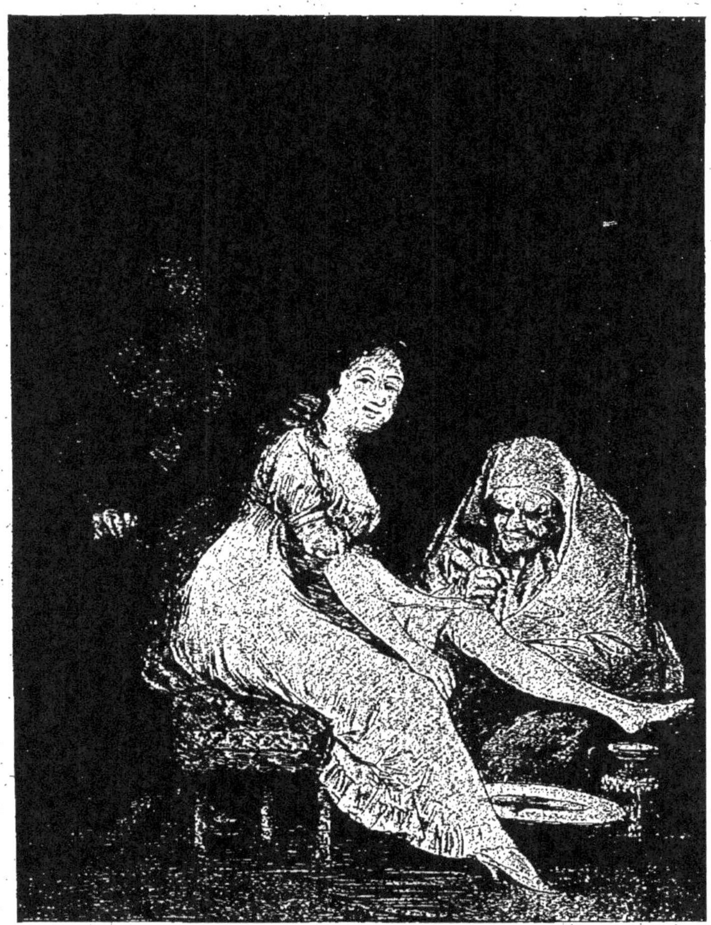

Fig. 111. — FRANCISCO GOYA, *Il est bien tiré.*
(Fac-similé de la planche 17 de la série des *Caprices*.)

prétées, d'allusions railleuses à des superstitions populaires, de rêves étranges et de visions fatidiques de l'avenir; à côté de sujets où il prend à partie l'aristocratie, la reine, le favori, les ministres et les institutions sociales, Goya prodigue les attaques, d'une profondeur et d'une audace inouïes pour le milieu et l'époque où elles virent le jour, visant tantôt la royauté, la religion et ses dogmes, tantôt l'Inquisition et surtout les ordres monastiques. Telle est cette œuvre singulière à tant de titres et dont la portée satirique se dissimule à peine sous le voile d'une apparente fantaisie.

Aux *Caprices* l'artiste fit succéder la *Tauromachie,* les *Prisonniers,* les *Proverbes* et les *Malheurs de la guerre,* où se déroulent tant et de si poignantes scènes.

Il avait gravé, avant ces diverses suites, plusieurs eaux-fortes d'après Velazquez et, plus tard, quelques pièces originales isolées, comme le *Supplicié par le garrot, Une scène populaire,* le *Colosse* et des *paysages fantastiques* [1].

Pendant l'époque tourmentée qui s'étend de 1803 à 1814, et durant les luttes dont l'Espagne fut le théâtre, Goya ne prit aucune part active dans les événements qui bouleversèrent sa patrie. Il resta le premier peintre en titre du roi Joseph, comme il avait été celui de Charles IV, et comme il devait l'être plus tard de Ferdinand VII. S'il peignit le portrait du roi Joseph, il peignit également ces deux scènes de massacres, si furieusement brossées, que conserve le musée du Prado

---

1. Cf. *Francisco Goya, étude biographique et critique, suivie de l'essai d'un catalogue raisonné de son œuvre gravé et lithographié.* P. Lefort. Paris, 1877.

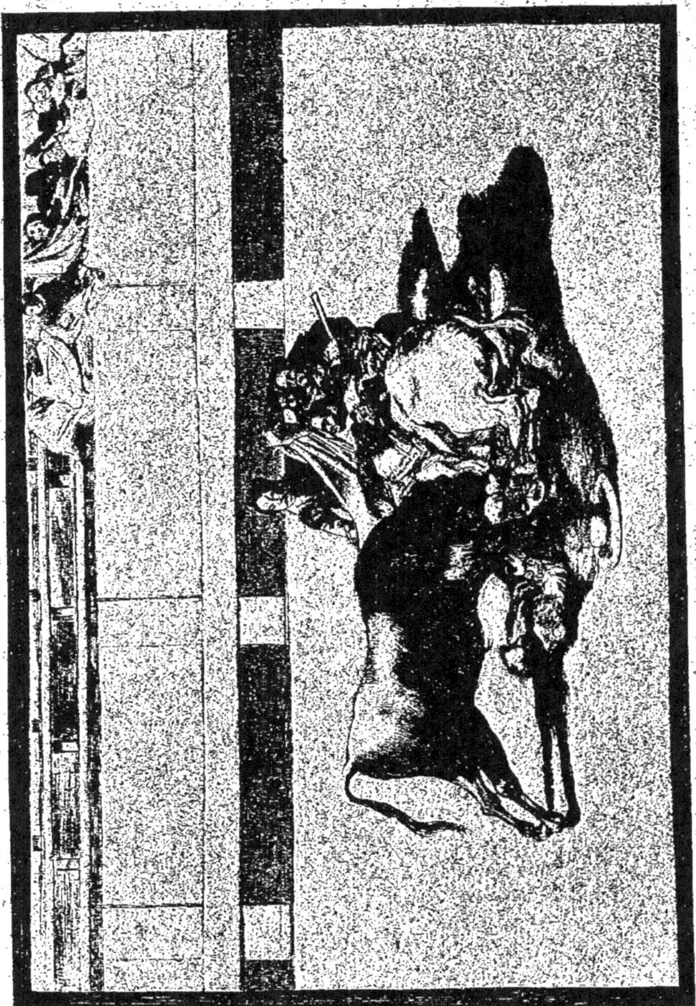

Fig. 112. — FRANCISCO GOYA, *la Chute d'un picador*. (D'après une eau-forte de la *Tauromachie*.)

et qui reproduisent de sanglants épisodes du soulèvement des Madrilènes, dans les journées des 2 et 3 mai 1808.

Goya, dont les idées libérales et philosophiques s'étaient clairement manifestées dans ses eaux-fortes, resta suspect aux yeux des royalistes qui l'accusèrent d'avoir manqué de patriotisme. Aussi, au retour de Ferdinand VII, redoutant d'être en butte aux persécutions des *ultras,* prit-il de lui-même le parti de s'éloigner de Madrid. Il demanda un congé et vint s'établir à Bordeaux, au milieu de familles espagnoles amies, alors exilées. C'est à Bordeaux qu'il poursuivit, malgré son grand âge et l'affaiblissement de sa vue, les essais de lithographie qu'il avait commencé de pratiquer à Madrid dès 1819. Les *Courses de taureaux,* qui se composent de quatre pièces lithographiées, et dont Eug. Delacroix admirait tant le mouvement et la couleur, furent exécutées à Bordeaux, en 1825, en même temps que diverses autres petites pièces. A l'occasion d'un voyage que Goya dut faire à Madrid, en 1827, pour obtenir de continuer à résider en France, Ferdinand VII, en l'y autorisant, lui imposa la condition qu'avant de quitter l'Espagne, il se laisserait peindre par le Valencien Vicente Lopez (1772-1850), alors peintre de la Chambre. Ce portrait figure aujourd'hui au musée du Prado et c'est assurément le meilleur ouvrage qu'ait exécuté le fécond, mais médiocre, Vicente Lopez.

Goya, de retour à Bordeaux, s'y éteignit à l'âge de quatre-vingt-deux ans. Météore brillant, mais passager dans le ciel de l'art, il eut des aides plutôt que des élèves, tels que Gil Ranz et Julia Asensio, et surtout des imitateurs dont les médiocres productions ne sau-

raient être comparées avec celles du maître. C'est, en
réalité, parmi les artistes de notre temps, que cet entêté

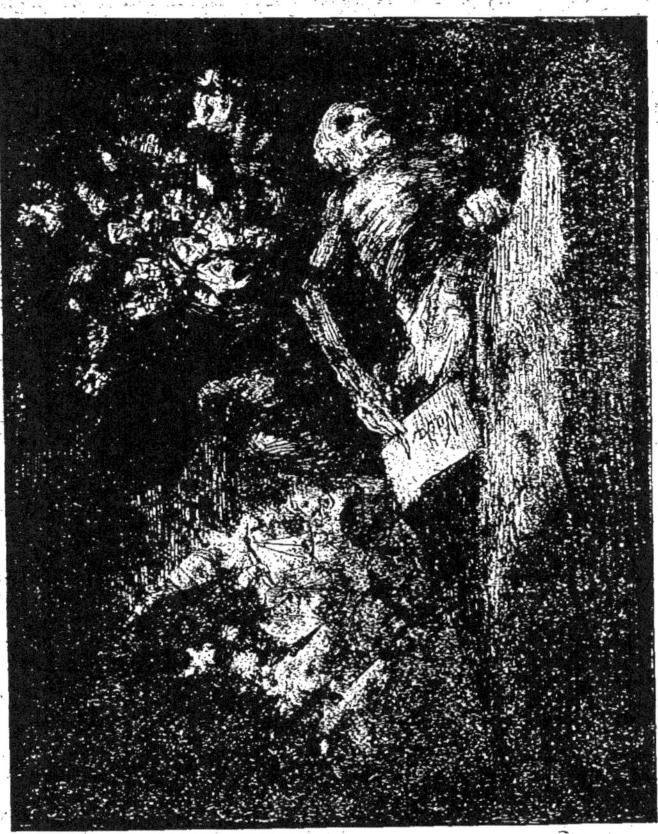

Fig. 113. — Francisco Goya, *Rien !* (Fac-similé de la pl. 69 de la série des *Malheurs de la guerre.*)

Aragonais, qui sut constamment rester lui-même et
conserver intacts ses dons innés, qui sont ceux de sa
race et de son terroir, et les mêmes, quoiqu'à un degré
supérieur, qu'ait possédés Velazquez, a rencontré ses

plus éclairés et ses plus enthousiastes admirateurs. Parmi ceux-là, il suffit de rappeler que Henri Regnault, Fortuny, Manet, Sargent et d'autres encore ont étudié Goya avec passion, et que le résultat de cet entraînement demeure nettement marqué dans quelques-uns de leurs ouvrages.

CHAPITRE X

L'art espagnol, qui, avec Goya, et pendant un quart
de siècle, avait retrouvé quelque chose de sa saveur,
de son éclat et de son originalité d'autrefois, s'éclipse
de nouveau et disparaît en même temps que le grand
artiste.

A la suite de la guerre de l'Indépendance, et après
la restauration de Ferdinand VII, la peinture redevint
d'abord tributaire de l'art français. L'école de David
régnait alors sans partage sur une grande partie de
l'Europe ; elle eut aussi ses adeptes parmi les peintres
espagnols ; JOSE APARICIO (1773-1838), JUAN ANTONIO
RIBERA Y FERNANDEZ (1779-1860) et JOSE DE MADRAZO
(1781-1859) furent des élèves directs de Louis David.
Le musée du Prado conserve, du premier, une vaste
et mélodramatique composition intitulée *la Disette à
Madrid* (1811-1812), d'une extrême dureté d'exécution ;
du second, un *Cincinnatus,* dans la tradition classique
du maître, et un *Wamba,* et du dernier, *la Mort de
Viriathe* et une allégorie : *l'Amour divin et l'amour
profane.* Un autre artiste, RAFAEL TEJEO (1800-1856),
élève d'Aparicio, puis pensionnaire à Rome, jouit,
comme les précédents, d'une célébrité que d'ailleurs

justifient assez mal ses principaux ouvrages, d'une certaine correction de dessin, mais que ne rehaussent pas suffisamment l'extrême froideur et la trop grande pauvreté de l'exécution. Son meilleur tableau, au musée de Madrid, est une *Madeleine au désert*.

Malgré les efforts et l'autorité de ses propagateurs, le style de David ne put prendre racine en Espagne. A côté d'eux, les survivants de l'idéal du siècle passé, comme Maella, Vicente Lopez, Diego Monroy, Francisco Ramos, continuaient leurs débiles errements, issus des doctrines de Mengs et de Bayeu. Un mélange de styles, de manières, un amalgame confus d'emprunts et de réminiscences, provenus de toutes les écoles, et l'absence de toute force, comme de tout caractère, tel est le lamentable spectacle que présente la peinture pendant la période qui s'étend de 1814 jusque vers 1835. C'est à peine si, dans ce désarroi, on relève les quelques tentatives isolées d'Antonio Maria Esquivel (1806-1857) pour faire revivre quelque chose des méthodes et du coloris de Murillo, de Jose Elbo (1804-1844) et de Leonardo Alenza (1807-1845) qui s'efforcent vainement de retrouver, en peignant de préférence les mœurs et les types populaires, l'originalité, la verve et le succès de Goya.

Heureusement, un suggestif et vivifiant courant d'art, né de l'autre côté des Pyrénées, vint arracher l'école à son apathie et lui inspirer des tendances et des préoccupations nouvelles. Le romantisme, accueilli en Espagne avec passion par les littérateurs et les poètes, compta bientôt de fervents prosélytes dans la peinture. Il se produisit alors comme un renouveau

Une génération surgit, qui s'émancipa des étroites
formules d'antan, pour embrasser hardiment les nou-

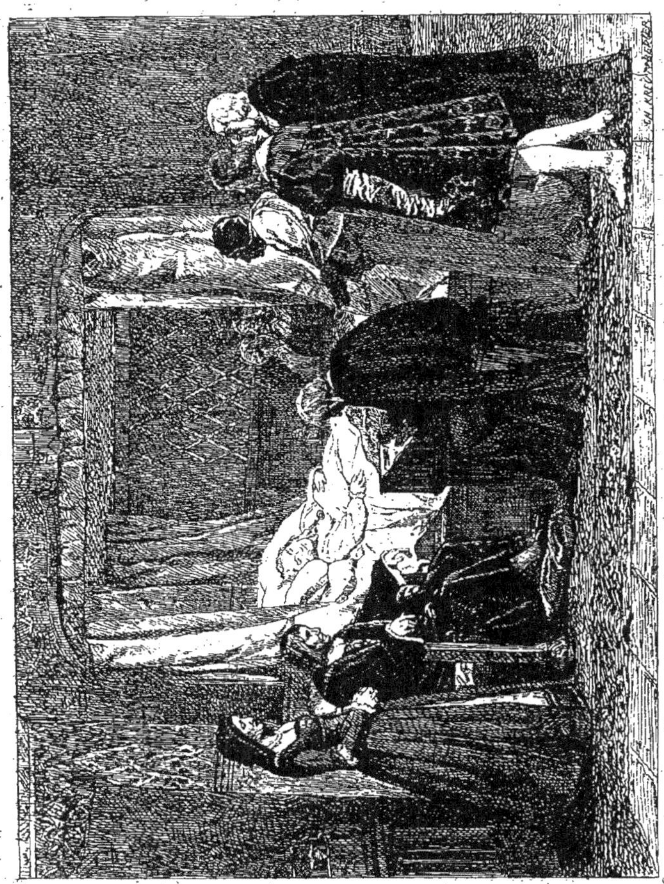

Fig. 114. — EDUARDO ROSALES, *Testament d'Isabelle la Catholique.* (Musée du Prado.)

velles et libératrices doctrines, si bien en accord,
du reste, avec le tempérament de la race. Parmi la jeu-

nesse artiste, le plus grand nombre accourut à Paris étudier les créations de Géricault, de Delacroix, de Devéria, d'Ary Scheffer, de Decamps, de Delaroche, de Meissonier; d'autres s'en allèrent à Rome, séduits par le symbolisme archaïque et chrétien d'Overbeck. L'Espagne était donc de nouveau fécondée par des germes apportés du dehors. Aussitôt la peinture d'histoire, le portrait, le sujet de genre, même le paysage retrouvèrent toute une phalange d'éminents praticiens, parmi lesquels marquèrent au premier rang MM. Federico de Madrazo, Luis de Madrazo, Carlos Luis de Rivera, auteurs, tous trois, de portraits et de compositions du plus sérieux mérite; Jose de Utrera, mort à vingt et un ans, après avoir produit son célèbre tableau intitulé *Guzman el bueno*; Antonio Brugada, élève de Gudin et peintre de marine remarquable; Jose Galofre, qui étudia à Rome avec Overbeck; Genaro Villaamil, peintre d'intérieurs et de vues pittoresques d'une grande sincérité; Manuel Bejarano et Joaquim Becquer, qui travaillèrent à Séville et y contribuèrent, par leur enseignement, au progrès de la peinture. Lors de la première exposition, faite à Madrid en 1856, on vit paraître plusieurs compositions de valeur, œuvres de jeunes artistes qui s'appelaient : Benito Murillo, Bernardino Montanes et Francisco Sainz. Deux ans plus tard se produisaient Francisco Sanz, élève de Couture, Carlos Haes, paysagiste renommé et qui a formé de nombreux élèves, Casado del Alisal, Isidoro Lozano et Antonio Gisbert, dont les tableaux intitulés : le *Supplice des Communeros* et le *Débarquement des puritains en Amérique,* ont établi la réputation. En même temps, EDUARDO CANO, qui avait déjà, dans une brillante mise en scène, représenté *Isa-*

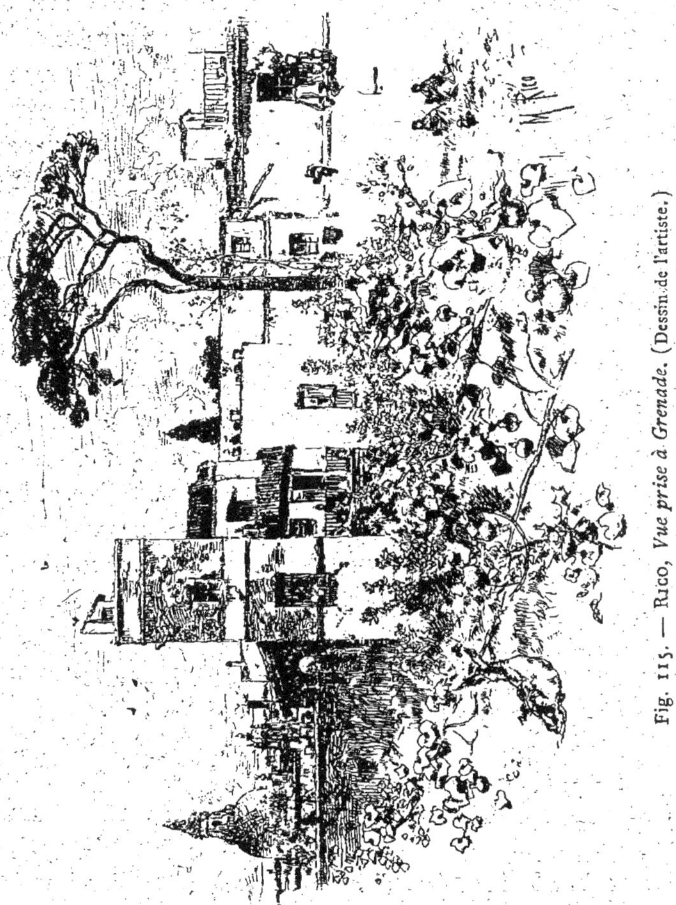

Fig. 115. — RICO, *Vue prise à Grenade.* (Dessin de l'artiste.)

belle la Catholique après la conquête de Malaga, exposait les *Funérailles de D. Alvaro de Luna* et *Christophe*

Colomb au couvent de la Rabida. L'École espagnole obtenait alors de grands et légitimes succès par ses envois aux Salons annuels parisiens, ainsi qu'aux expositions nationales. En 1867, EDUARDO ROSALÈS, l'auteur du *Testament d'Isabelle la Catholique*, remportait, à Paris, la médaille d'honneur, à la suite de l'Exposition universelle, alors que VICENTE PALMAROLI, avec le *Sermon à la chapelle Sixtine*, et PABLO GONZALVO, avec un *Intérieur de la cathédrale de Tolède*, conquéraient des médailles d'argent.

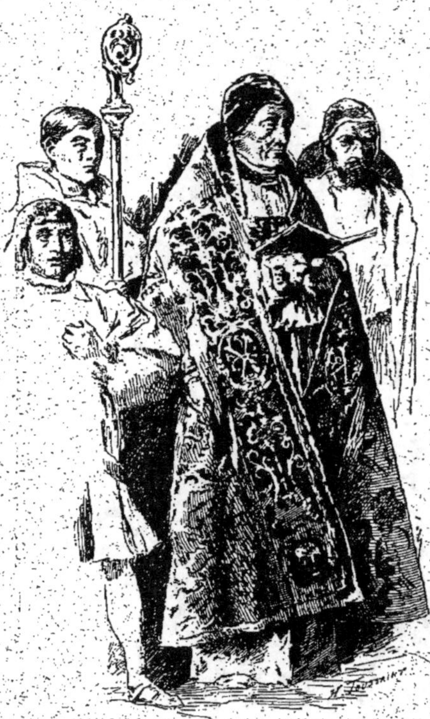

Fig. 116. — MORENO CARBONERO,
la Conversion du duc de Gandia (fragment).

A cette même Exposition, figuraient un grand nombre de peintures très remarquées, signées des noms, déjà réputés, de VICTOR MANZANO, élève de Picot, de ALEJO VERA, LUIS RUIPEREZ, BERNARDO FERRANDIZ, DOMINGO Y MARQUÈS et MARTIN RICO.

En 1878, à l'occasion de l'Exposition universelle, de nouveaux et jeunes talents, épris presque tous des

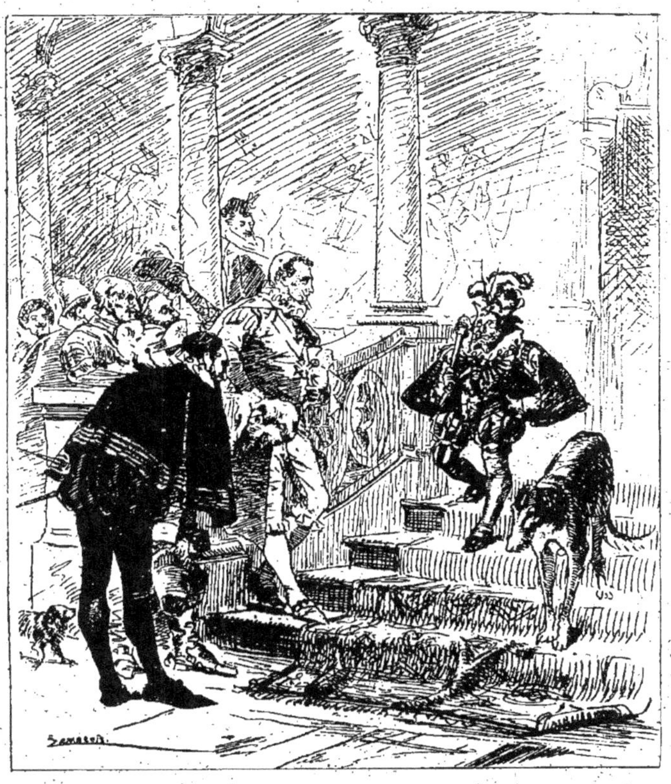

Fig. 117. — Zamacoïs, *le Favori du roi.*

(Dessin de l'artiste.)

méthodes françaises, se produisirent à Paris. Dans la peinture d'histoire et du portrait, on retenait particulièrement les noms de Manuel Dominguez, Alejandro

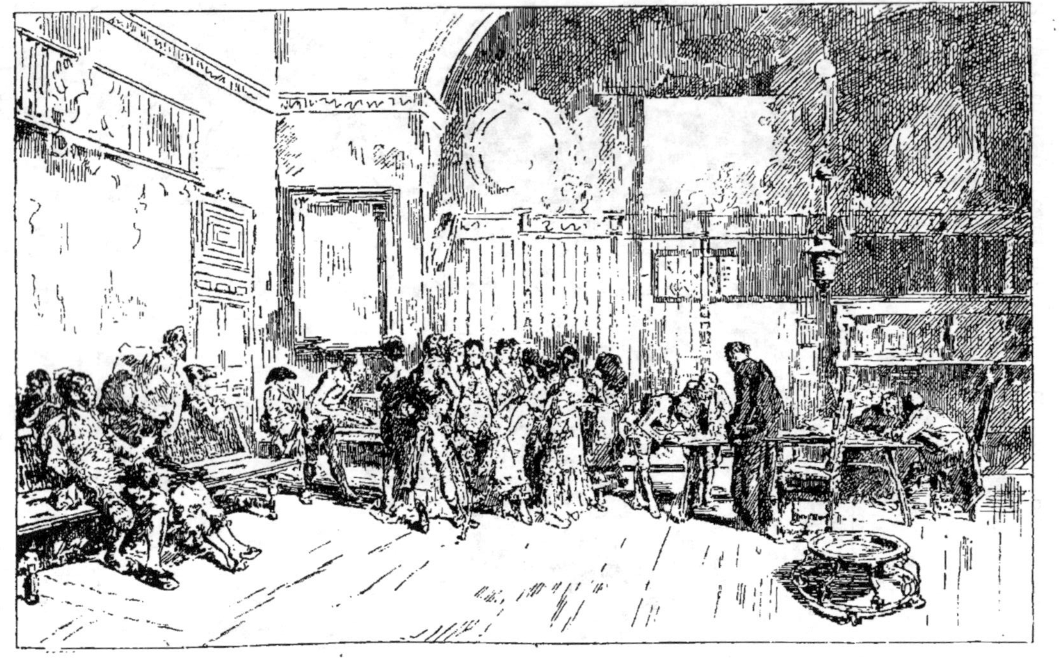

Fig. 118. — FORTUNY, *le Mariage à la Vicaria*. (Collection de Mme de Cassan.)

Ferrant, Leon y Escosura, Raimundo de Madrazo, qui exposait de savoureux portraits, bien parisiens de tournure et d'exécution, Salvador Martinez Cubells,

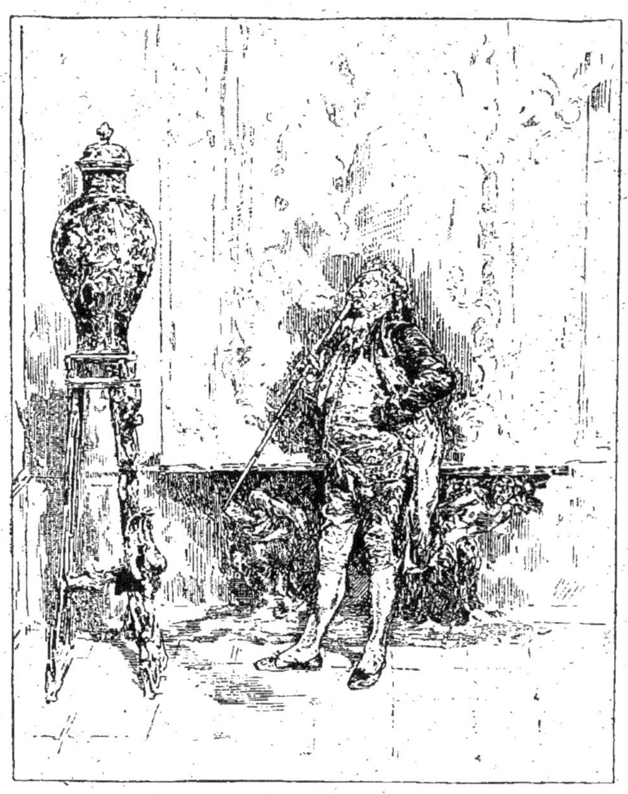

Fig. 119. — Fortuny, *l'Antiquaire*. (D'après un dessin de l'artiste.)

Casto Plasencia, mort bien jeune encore, Moreno Carbonero, auteur de la *Conversion du duc de Gandia*, Francisco Pradilla, qui obtenait une médaille d'honneur avec son beau tableau de *Jeanne la Folle*, et encore MANUEL RAMIREZ, MUÑOZ-DEGRAIN et EMILIO SALA. Toutefois, c'était surtout dans les sujets de

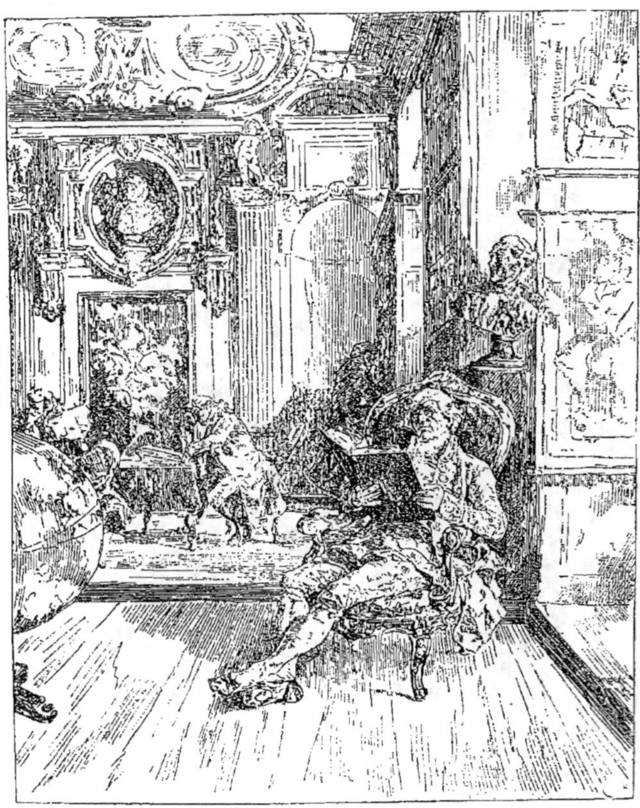

Fig. 120. — FORTUNY, *le Bibliophile*. (D'après un dessin de l'auteur.)

genre, traités d'ailleurs avec une certaine préférence par les artistes espagnols, qu'ils donnaient toute la mesure de leur qualité prédominante, l'habileté. Au milieu d'œuvres piquantes et colorées, de JOSE BENL-LIURE, ANTONIO CASANOVA, R. DE EGUSQUIZA, ENRIQUE MELIDA, mort récemment, GARCIA HISPALETO, JOSE GIMENEZ Y ARANDA, JUAN GONZALEZ et C. DE RIVERA, se détachaient nettement les spirituelles compositions de EDUARDO ZAMACOÏS (1840-1871) et les tableaux de genre, d'une si merveilleuse et subtile exécution, de MARIANO FORTUNY (1839-1874). Du premier, on regrettait l'absence de l'*Éducation d'un prince,* mais on avait le *Jeu d'échecs* et le *Favori du roi,* déjà paru, et très remarqué, au Salon de 1868. Du second, à défaut de son célèbre *Mariage à la Vicaria,* on retrouvait quelques-unes de ses toiles les plus admirées : le *Choix du modèle,* le *Jardin des Arcadiens,* l'*Antiquaire,* le *Faune endormi,* le *Jardin à Grenade,* exécutées dans sa plus lumineuse et plus éclatante manière, ainsi qu'un grand nombre de scènes marocaines, telles que le *Charmeur de serpents,* la *Fantasia,* le *Rémouleur arabe, Souvenir du Maroc,* avec quelques vues prises à Grenade et dans l'Alhambra. La mort si prématurée de ces jeunes maîtres a laissé un grand vide dans l'école espagnole dont ils représentaient le mieux, surtout Fortuny, les tendances encore actuellement en grande faveur, et dont les caractères marqués sont : la recherche de la couleur et du ton rare, l'exubérance dans le rendu du détail, et la préoccupation, dans la facture et la manœuvre du pinceau, d'une dextérité et d'une virtuosité extrêmes.

FIN.

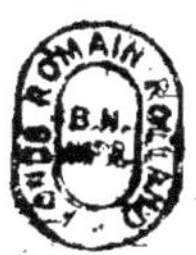

TABLE

DES NOMS DES ARTISTES CITÉS

TABLE DES GRAVURES

TABLE DES MATIÈRES

———

Pages.

Paris. — May & Motteroz, libr.-impr. réunies, 7, rue Saint-Benoît.

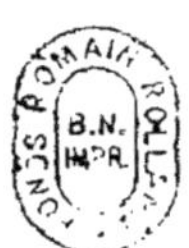